古典文獻研究輯刊

二四編

潘美月・杜潔祥 主編

第 21 冊

清代散見戲曲史料彙編
（筆記卷・初編）（下）

趙興勤、蔣宸 編

國家圖書館出版品預行編目資料

清代散見戲曲史料彙編（筆記卷・初編）（下）／趙興勤、蔣宸
編 — 初版 — 新北市：花木蘭文化出版社，2017〔民 106〕
目 18+252 面；19×26 公分
（古典文獻研究輯刊 二四編；第 21 冊）
ISBN 978-986-485-011-2（精裝）
1. 戲劇史 2. 史料 3. 清代
011.08   106001918

ISBN-978-986-485-011-2

9 789864 850112

古典文獻研究輯刊
二四編　第二一冊   ISBN：978-986-485-011-2

清代散見戲曲史料彙編（筆記卷・初編）（下）

編　　者	趙興勤、蔣宸
主　　編	潘美月　杜潔祥
總 編 輯	杜潔祥
副總編輯	楊嘉樂
編　　輯	許郁翎、王筑　美術編輯　陳逸婷
企劃出版	北京大學文化資源研究中心
出　　版	花木蘭文化出版社
社　　長	高小娟
聯絡地址	235 新北市中和區中安街七二號十三樓
	電話：02-2923-1455／傳眞：02-2923-1452
網　　址	http://www.huamulan.tw 信箱 hml810518@gmail.com
印　　刷	普羅文化出版廣告事業
初　　版	2017 年 3 月
全書字數	559 千字
定　　價	二四編 32 冊（精裝）新台幣 62,000 元

版權所有・請勿翻印

清代散見戲曲史料彙編

（筆記卷・初編）（下）

趙興勤、蔣宸 編

目

次

俞樾

俞樾（1821～1907），字蔭甫，號曲園，德清（今屬浙江）人。四歲隨父鴻漸遷仁和臨平，母姚口授四子書，過目不忘。道光三十年（1850）進士，改庶吉士。咸豐二年（1852）散館，授編修。五年簡放河南學政。罷職後僑居蘇州，主講蘇州紫陽、上海求志各書院，而主杭州詁經精舍三十餘年，最久。課士一依阮元成法，遊其門者咸有聲於時。東南遭亂，典籍蕩然。樾總辦浙江書局，建議江、浙、揚、鄂四書局分刻《二十四史》，又於浙局精刻子書二十二種，海內稱爲善本。著述宏富，有《春在堂全集》。戲曲創作方面，作有傳奇《驪山傳》、《梓潼傳》，雜劇《老圓》等。見《清史稿》卷四八二、《（民國）杭州府志》卷一七○等。

【丁僊現】宋蔡絛《鐵圍山叢談》云：熙盉初，介甫當軸，神廟一切委聽。以君相之威權，不能有所帖服者，獨一教坊使丁僊現，遇介甫法制適一行，必因燕設於戲場中，作爲嘲諢，肆其誚難。介甫不堪，然無如之何也。故一時諺語有云：「臺官不如伶官。」

元吳自牧《夢梁錄》云：向者汴京教坊大使孟角毬曾做雜劇本子，葛守城撰四十大曲，丁僊現捷才知音。（俞樾：《茶香室叢鈔》卷三，清光緒二十五年刻春在堂全書本）

【舉人流落教坊】宋范公偁《過庭錄》云：丁石，舉人也。與劉莘老同里發貢，莘老第一，丁第四。丁亦才子也，後失途在教坊中。莘老拜相，與丁線見教坊之長。同賀莘老。莘老引見於書室中，再三慰勞。丁石曰：「某憶昔與相公同貢，今貴賤相去如此！」線見因啓相公：「石被相公南巷口頭

擲下，至今趕逐不上。」劉爲大笑。按：宋時舉人未爲科目，然既列士流，且負才名，乃至流落伶官，亦可異矣。

國朝李斗《揚州畫舫錄》云：廣東劉八，工文詞，因赴京兆試，流落京腔，成小丑。絕技如演《廣舉》一齣、《毛把總到任》一齣，曲曲如繪。按：此亦丁石之流亞矣。（俞樾：《茶香室叢鈔》卷三，清光緒二十五年刻春在堂全書本）

【妲己】國朝劉廷璣《在園襍記》云：妲己姓鍾，名妲，字己。此說未知所本。按《晉語》云：殷辛伐有蘇，有蘇氏以妲己女焉。韋注曰：「有蘇，己姓之國。妲己其女也。」《史記索隱》亦云：「妲字己姓。」然則姓鍾之說，當是俗傳，不足據也。

《說文・女部》妠女字，從女己聲。此似即妲己之己，乃許君以爲女字，則又不以爲姓矣。

曩聞人言，有用老杜《北征》詩韻者，於妲字竟無他義可用。余按宋周密《武林舊事》：元夕，大小全棚傀儡，有驪妲、細妲，又官本襍劇段數有婍賣妲、長壽僊妲，又有老姑遣妲、襤嗲店休妲、雙賣妲。但未詳其名義。

明王志堅《表異錄》云：後唐瓊花公主有二貓，一白而口銜花朵，一烏而白尾，主呼爲銜蟬奴、崑崙妲己。按：妲己之名施之於貓，義亦未詳。（俞樾：《茶香室叢鈔》卷四，清光緒二十五年刻春在堂全書本）

【十四鹽】國朝董恂《宮閨聯名譜》引《續幽異錄》云：黃妍麗，河朔閒女子也，與蕭玉涵以詩唱和，遂成配偶。好事者爲撰《十四鹽》傳奇，以唱和詩皆用「鹽」韻也。（俞樾：《茶香室叢鈔》卷四，清光緒二十五年刻春在堂全書本）

【院君】宋周密《武林舊事》：官本襍劇段數有《醉院君瀛府》。知不足齋本有注云：陳刻「院」作「縣」。

按：今世小說家有員外、院君之稱，不知院君爲何義。今觀此，乃知是縣君之誤。蓋古婦人有郡君、縣君之封，稱縣君，猶今稱孺人也。（俞樾：《茶香室叢鈔》卷五，清光緒二十五年刻春在堂全書本）

【堆墨書】宋王闢之《澠水燕談錄》云：陳文惠善八分書，點畫肥重，自是一體。世謂之「堆墨書」。鎭鄭州日，府伶人戲以一幅大紙，濃墨塗之，當中以粉筆點四點。問之「何字也？」曰：「堆墨書田字。」文惠大哂。（俞樾：

《茶香室叢鈔》卷九，清光緒二十五年刻春在堂全書本）

【李鐵枴】八僊中李鐵枴無可考。國朝褚人穫《堅瓠集》引《僊蹤》云：鐵枴姓李，質本魁梧。早歲聞道，修真巖穴，李老君與宛邱先生嘗降山齋。一日，李將赴老君之約於華山，屬其徒曰：「吾魄在此，倘遊魂七日不返，方可化吾魄也。」徒以母病迅歸，六日化之。李至七日歸，失魄無依，乃附一餓莩之屍而起，故其形跛惡耳。

宋蔡絛《鐵圍山叢談》云：魏漢津，黥卒也。自云遇李良僊人，以其八百歲，世號「李八百」者，得尸解法，已六世尸解，復投他尸而再生。按：枴僊事，恐即因此事而附會之。

元人襍劇中有岳伯川所作之《李鐵枴樂》。（俞樾：《茶香室叢鈔》卷十四，清光緒二十五年刻春在堂全書本）

【何蓑衣】蘇州元妙觀有蓑衣真人肉身。世傳真人為何立，即為秦檜訪東南山行者，歸報東窗事發者也。乃考岳珂《桯史》載姑蘇何蓑衣事，絕不及秦檜事，但云何本淮陽胊山人，書生也。祖執禮，仕至朝議大夫，遭亂來寓於郡，一旦，焚書裂衣遁去。既歸，被草結廬於天慶觀之龍王堂。臥草中，不垢不穢，晨必一至吳江溲焉，往反不數刻。有瘵者拜謁乞醫，何命持一草去，旬而愈。始翕然傳蓑可愈病。孝宗在位，忽夢有蓑而跣、哭而來弔者，問之，曰：「臣，蘇人也。」寤，以語左璫。居月餘，成恭后上僊，莊文繼即世。璫因進勉釋而及之，欲以驗前定、寬上心。上憶昨夢，輒泣而歎。璫進曰：「臣微聞蘇有何姓者，類其人。」因道其所為。上大驚，有詔諭遣，不至。慶元間猶在，相傳百餘歲矣。使當時固有歸報秦檜事，岳氏子孫必當詳載之。然則世俗所傳，或不足據也。

宋葉紹翁《四朝聞見錄》云：先是，吳中號何蓑衣者，頗能道人禍福，至聞於上。上屢遣使問之，皆有異，遂召之至京，親洒宸翰，扁「通神菴」。州郡以上所賜，迎拜奔走。周南居里中，見而嫉之，對策中謂：「雲漢昭回，至施之閭閻乞丐之小夫。」光皇惡其訐，故因湜疏以發之。

明郎瑛《七修類稿》云：元平陽孔文仲有《東窗事犯》樂府，杭金人傑有《東窗事犯》小說。盧陵張光弼有《蓑衣僊》詩，詩有引云：「宋押衙何立，秦太師差往東南第一峰搆幹。恍惚一人引至陰司，見檜對岳事，令歸告夫人：『東窗事犯矣！』復命後，即棄官學道，蛻骨今蘇州元妙觀，蓑衣僊

是也。」據此，則似當時實有其事者。余按《太平廣記》引《耳目記》云：
會昌中，有王瑤者，自云遠祖本青州人，事平盧節使。時主公姓李，不記其
名，患背疽，瑤祖以牲幣禱於岱宗，遂感見形。瑤祖叩頭，願垂矜憫。嶽神
曰：「爾之主帥，位居方伯，職在養民。而虐害生民，廣爲不道。所患背瘡，
蓋鞭笞之驗，必不可愈。」瑤祖因拜乞一見主公。及歸青邱，主公已歿，具
白於夫人，云：「何以爲驗？」瑤祖曰：「某在冥中，亦慮不信。主公遂裂近
身衣袂方圓寸餘，以授某曰：『爾將此示吾家夫人。』」得之，遂驗臨終服之
衣，果有裁裂之處，瘡血猶在，知其不謬。按：此與世傳何立事頗相類，殆
當時深惡秦檜，附會古事而成之。（俞樾：《茶香室叢鈔》卷十四，清光緒二十五年
刻春在堂全書本）

【田相公】國朝汪鵬《袖海編》云：習梨園者共搆相公廟，自閩人始。
舊說爲雷海青而祀，去「雨」存「田」，稱田相公。此雖不可考，然以海青之
忠，廟食固宜。伶人祖之，亦未謬若祀老郎神者。以老郎爲唐明皇，實爲輕
褻，甚所不取。（俞樾：《茶香室叢鈔》卷十五，清光緒二十五年刻春在堂全書本）

【曲海】國朝李斗《揚州畫舫錄》云：乾隆丁酉，巡鹽御史伊齡阿奉旨
於揚州設局，修改曲劇，凡四年事竣。總校黃文暘著《曲海》二十卷。
按：《曲海》載雜劇、傳奇之名，多世所未見。據其中有元人馬致遠所作
《黃粱夢》褉劇，然則湯臨川之《邯鄲夢》，有先之者矣。又國朝傳奇中有《續
牡丹亭》一種，作者姓名失考，是又繼臨川《還魂記》而作者。
國朝褉劇中有蝸寄居士《長生殿補闕》，殆於洪氏原本外，別搜天寶閒逸
事以補之，而今不傳。明人鄭若庸作《繡繻記》，國朝又有作《後繡襦》者。
國朝吳縣李元玉作《一捧雪》，其後又有作《後一捧雪》者，作者姓名無考，
而書亦不傳。
李笠翁「十種曲」盛行於世，乃據《曲海》，則尚有《偷甲記》、《四元記》、
《雙鐘記》（編者案：應作《雙錘記》）、《魚籃記》、《萬全記》五種。
《平妖傳》、《禪眞逸史》、《金瓶梅》，皆平話也；《倭袍》、《珍珠塔》、《三
笑姻緣》，皆彈詞也，乃曲海所載，則皆有曲本。學問無窮，即此可見矣。（俞
樾：《茶香室叢鈔》卷十七，清光緒二十五年刻春在堂全書本）

【元微之崔鶯鶯《商調·蝶戀花》詞】宋趙德麟《侯鯖錄》載王性之

《傳奇辨正》，乃證明元微之所作傳奇張生、崔鶯鶯事，張生即其自寓也。又載【商調‧蝶戀花】詞，先有序，略云：夫傳奇者，唐元微之所述也。至今士大夫無不舉此以爲美話。惜乎不能比之以音律，故不能播之聲樂，形之管絃。今因暇日，詳觀其文，略其煩褻，分之爲十章，每章之下屬之以詞。又別爲一曲，載之傳前。詞曰〔商調〕，曲名【蝶戀花】。句句言情，篇篇見意。奉勞歌伴，先聽格調，後聽蕪詞。按：全文凡千餘言，將《會眞記》元文分爲十章，各繫以詞，而傳之前別爲一曲，傳之末復綴一曲，故爲詞十有二，此乃南北《西廂》之先河也。今《西廂記》膾炙人口，而此詞則知者鮮矣，因備錄於此。至《會眞》原文，人所共知，故不載焉。……（俞樾：《茶香室叢鈔》卷十七，清光緒二十五年刻春在堂全書本）

【《東廂記》】《曲海》載有楊國賓之《東廂記》，余未之見。所見有道光間琴城楊世潔所撰之《東廂記》，未知同異何如也。

《東廂記》卷首引《納書楹曲譜補遺》載《崔鶯鶯》時劇【山坡羊】一曲，大略言其父爲相國，關漢卿應舉不取，乃作《西廂記》以汚衊之。果如其說，則《西廂》之作，乃借《會眞記》舊事以謗時相，猶高則誠之借蔡伯喈以譏王四矣。未知其何所本也。（俞樾：《茶香室叢鈔》卷十七，清光緒二十五年刻春在堂全書本）

【《後琵琶》】國朝劉廷璣《在園襍志》云：任邱邊長白掘李自成祖墓，自敘其事曰《虎口餘生》，曹銀臺子清寅演爲塡詞五十餘齣，亦大手筆也。復撰《後琵琶》一種，用證前《琵琶》之不經。大意以蔡文姬之配偶爲離合，備寫中郎之應徵而出，傷董而死，並文姬被擄，作《胡笳十八拍》，及曹孟德追念中郎，命曹彬以兵臨塞外，脅贖而歸。旁入銅雀大宴，禰衡擊鼓，仍以文姬原配團圓。用外扮孟德，不塗粉墨。蓋此一節，實孟德憐才尙義豪舉，表而出之，實寓勸懲微旨。按：《虎口餘生》曲本，余曾見之，今梨園亦有演之者，然其爲曹子清手筆，則知者罕矣。《後琵琶》情事殊勝，惜今不傳。

又云：前《琵琶》則高東嘉撰於處州郡城之西姜山上懸藜閣中，予守括蒼，曾經其地，閣雖已圮，而青山如故。明都穆《都公談纂》云：「溫州瑞安縣有元進士高明則誠墓，上有穹碑。宣德間黃少保准鋸其半作其家墓碑。高有裔孫，出語黃曰：『公鋸去碑，何太薄邪？』黃曰：『足矣！』乃曰：『吾恐後人復來鋸公碑耳。』黃慚，無以對。」按：高即撰《琵琶記》者，世多

知《琵琶記》爲高則誠撰，至其名明，則或不盡知矣。（俞樾：《茶香室丛钞》卷十七，清光緒二十五年刻春在堂全書本）

【馬絢娘即杜麗娘事所本】宋郭彖《睽車志》云：有士人寓三衢佛寺，忽有女子夜入其室，士人惑之。自此，比夜而至，月餘，乃曰：「我實非人，乃數政前郡倅馬公之第幾女，小字絢娘。死於公廨，叢塗於此，即君所居鄰空室是也。然將還生，得接燕寢之久，體已甦矣。君可具斤鍤，夜密發棺，我自於中相助。然棺既開，則不復能施力矣，當懵然如熟寐，君但逼我，連呼我小字及行第，當微開目。即擁致臥榻，飲之醇酒，放令安寢。既寤，即復生矣。」士人如其言，果再生。脫金握臂，俾士人辦裝，與俱遁去。轉徙湖湘閒，數年，生二子。其後，馬倅來遷葬此女，棺空無物，盡逮寺僧鞫之。一僧念數歲前士人不告去，物色得之。問得妻之由，女曰：「可併以我書寄父，業已委身從人，惟父母勿念。」父得書，眞其亡女手札，不復終詰，亦忌見其女，第遣人問勞而已。按：此事乃湯臨川《牡丹亭》傳奇藍本，絢娘即麗娘，但姓不同耳。（俞樾：《茶香室叢鈔》卷十七，清光緒二十五年刻春在堂全書本）

【傳奇《白羅衫》有所本】《太平廣記》引《原化記》云：唐天寶中，清河崔氏子居滎陽，受吉州太和縣尉。母盧氏戀故產，不之官，爲子娶太原王氏女赴任。有吉州人姓孫，云空舟欲返，傭價極廉，遂擇日登舟。舟人窺其囊橐，伺崔不意，推落深潭。是夜，抑納王氏。王方娠，後生男，舟人養爲己子，居於江夏。爾後二十年，子年十八九，入京赴舉，過鄭州，遇夜迷路，常有一火前引，而不見人。隨火而行，至莊門寄宿，乃崔莊也。其家人竊窺報母。母見此子，慟哭謂曰：「昔有一子赴官，遂絕消息。今見郎君狀貌，酷似吾子，不覺悲慟。郎君回日，必須相過，亦有奉贈。」此子應舉不捷，歸至鄭州。母留數日，贈貲糧，兼與衣一副。此子歸，亦不爲父母言之。後忽著老母所遺衣衫，下襟有火燒孔，其母驚問何處得此衣，乃述本末。母因言其事：「此衣是吾與汝父所製。初熨之時，誤遺火所爇。汝父臨發，阿婆留此爲念。」其子聞言慟哭，詣府論冤，誅孫氏。妻以不早自陳，斷合從坐，其子哀請而免。案：今有《白羅衫》傳奇，似即演此事也。又有二事，亦與此似，並錄於後。

其一事引《乾饌子》云：陳彝爽與周茂方，皆東洛福昌人，同於三鄉習業。彝爽擢第，娶郭悟女。天寶中，調集受蓬州儀隴令。其母戀舊居，不從

之官。郭氏以縑裁衣，上其姑云：「新婦手自成此衫子，上有翦刀誤傷血痕，不能澣去。大家見之，即不忘息婦。」其姑亦哭。彝爽固請茂方同行，其子義郎纔二歲。及去儀隴五百餘里，茂方忽生異志，命僕夫等先行具饌，二人徐步自牽馬行。忽於山路斗拔之所，抽金鎚擊彝爽，碎顙，擠之浚湍。伴號哭云：「馬驚踐長官，殂矣。」一夜會喪，爽妻及僕御感慟。茂方曰：「事既如此，人無知者。吾便權與夫人乘名之官，且利一政俸祿，逮可歸北，即與發哀。」乃從其計到任。秩滿移官，家於遂州長江，又選授遂州曹掾。居十七年，子長十九歲矣。茂方秩滿，挈子應舉。茂方取北路，令子取南路。途次三鄉，有鬻飯媼留食。將酬其值，媼曰：「吾憐子似吾孫姿狀。」因出郭氏所留血污衫子以遺，泣而送之。明年，下第歸長江。其母見血污衫子，驚問故，子以三鄉媼對。因大泣，具言之。其子密礪霜刃，候茂方寢，斷吭詣官。連帥義之，免罪。即侍母東歸。按：此事亦與《白羅衫》事相類，但為其客所殺，非舟人耳。

又一事，引《聞奇錄》云：唐李文敏者，選授廣州錄事參軍。將至州，遇寇殺之，俘其妻崔氏。有子五歲，隨母而去。賊即廣州都虞候也。其子漸大，令習明經，詣京赴舉。下第，乃如華州。及渭南縣東，馬驚，走入一莊，遂投宿。有所衣天淨紗汗衫半臂，主媼見之曰：「此衣似頃年夫人與李郎送路之衣。郎既似李郎，復似小娘子。」取其衣視之，乃頃歲製時為燈燼燒破，半臂帶猶在其家，遂以李文敏遭寇事說之。此子罷舉，歸問母，具以其事對，乃白官擒都虞候誅之。此事跡似小異，但亦有一衫則同也。(俞樾：《茶香室叢鈔》卷十七，清光緒二十五年刻春在堂全書本)

編者案：第二節引《乾臊子》「陳彝爽與周茂方」句，《叢鈔》作「周茂芳」，據《太平廣記》及《登科記考》改。

【漆盒盛兒浮江中】 宋周密《齊東野語》云：有某郡倅江行遇盜，殺之。其妻有色，盜脅之曰：「能從我乎？」妻曰：「吾事夫十年，僅有一兒，纔數月。吾欲浮之江中，庶有遺種。吾然後從汝。」盜許之。乃以黑漆圓盒盛此兒，藉以文褓，且置銀二片其旁，使隨流去。如是十餘年，盜至鄂，艤舟，挾其妻入某寺設供。至一僧房，黑盒在焉。妻乘間問僧何從得此，僧言：「某年月日得於水濱，有嬰兒、白金在焉。吾收育之。今在此，年長矣。」呼視之，酷肖其父。乃為僧言始末，僧為報尉，一掩獲之，遂取其子以歸。按：《西遊演義》述元奘事，似本此也。(俞樾：《茶香室叢鈔》卷十七，清光緒二

十五年刻春在堂全書本）

【黃鬚翁】宋范公偁《過庭錄》云：舊家多藏異書，兵火之後，無復片紙。尚記有一《黃鬚傳》云：李靖微時，甚窮，寓於北郡一富家。一日，靖竊其家女而遁。行至暮，投一旅舍，飯罷，濯足於門，見一黃鬚老翁坐於側，且熟視，神色非常。靖恐富家捕己者，欲避之。頃於皮篋中取一人頭切食，甚閒暇。靖異之，乃就問焉。翁曰：「今天下大亂，汝當平天下。然有一人在汝上，若其人亡，則汝當為王。汝可從我尋之。」靖隨翁數程，至汴州，見一大第中數人奕。翁同竚立，云：「不見其人矣。」頃見一披衣從中出視奕者，蓋太宗也。翁驚曰：「即此人當之。汝善佐其事。」遂別，語靖曰：「此去四十五年，東夷中有一黃鬚翁殺其君而自立者，即我也。」靖既佐唐平亂，貞觀中，東夷果奏一黃鬚翁殺其君而自立。按：此即唐人所傳虬髯公事，而情節小異。今世人皆知有虬髯公，莫知有黃鬚翁矣。（俞樾：《茶香室叢鈔》卷十七，清光緒二十五年刻春在堂全書本）

【李勣救元吉】唐劉餗《隋唐嘉話》云：英公始與單雄信俱臣李密，結為兄弟。密既亡，雄信降王世充，勣來歸國。後與海陵王元吉圍雒陽，元吉恃其膂力，每親行圍。王世充召雄信告之，雄信馳馬而出，槍不及海陵者尺。勣惶遽，連呼曰：「阿兄！阿兄！」雄信攬轡而止。按：世俗相傳，以為救太宗，不知實救元吉也。

國朝宋長白《柳亭詩話》云：貫休作《懷素草書歌》曰：「忽如鄂公捉住單雄信，秦王身上搭著棗木槊。」史稱敬德善避稍，與元吉鬪勝，嘗三奪之。後秦王與王世充戰，雄信躍馬奮槊，幾及秦王，敬德橫刺雄信墜馬。蓋實事也。（俞樾：《茶香室叢鈔》卷十七，清光緒二十五年刻春在堂全書本）

【小關索】宋范公偁《過庭錄》曰：忠宣守信陽時，漢上有巨賊曰羅塹，擁眾直壓郡界。忠宣集郡僚謀守禦，皆懦怯，無敢當者。有酒吏秦生請行，獨以數十騎直對敵壘。賊副小關索者，領十餘騎飲馬河側，秦射中賊關索心而死，賊眾竄走。按：世俗以關索為漢前將軍之子，實無其人。乃宋時賊盜中即有小關索之名，則其流傳亦遠矣。

《癸辛襍識》載龔聖與《宋江等三十六人讚》，其賽關索楊雄讚云：「關索之雄，超之亦賢。」則似古來真有關索其人也。（俞樾：《茶香室叢鈔》卷十七，清光緒二十五年刻春在堂全書本）

【王魁】世傳王魁負桂英事，王魁實無其人，乃宋狀元王俊民事也。《齊東野語》云：王俊民，嘉祐中登科爲第一。後得狂疾，服金虎碧霞丹而死。有道士奏章達上清，訴問鬼神，傳冥中語云：「五十年前打殺謝吳留不結案事。」俊民死時纔二十七歲。五十年事，必在宿生矣。其後遂有妄人託夏噩姓名，作《王魁傳》。

國朝許嗣茅《緒南筆談》載：葉忠節公映榴，六七歲時，夢人口授一詩云：「君是王魁三世身，桂英仍著石榴裙。一枝遙寄湘江水，半幅平裁楚岫雲。弔古有情憐賈誼，請纓無路歎終軍。春風得意長安日，莫負香羅帕上人。」後公大參，楚省兵變殉難。公初有妾某小忤，指斥之，妾憤自縊。至正命時，妾某亦見，公叱之，拜曰：「君今歸冥，婢又當復侍巾櫛耳。」按：此婢豈即桂英邪？桂英事已屬子虛，何數百年後又有此公案也？（俞樾：《茶香室叢鈔》卷十七，清光緒二十五年刻春在堂全書本）

【劉天敘】明朱國楨《湧幢小品》云：劉天敘，鳳陽人，與其黨三人擡一小佛像，募緣至南京。妄言能畫地地陷、指天天開，且知人三世事。有納錢者，來生爲指揮等官。一婦人哭於陌上。呼而視之，曰：「來生當爲后妃。」遂攜與俱去行淫。衛軍某得其情，告之操江豐城侯李某等，張大其事。其實，天敘等數人，皆庸流下賤，餘四十人，則南都柔傭踏麲人也。時丁敬宇方爲操江都御史，改擬磔一人、斬一人，餘悉充戍。今彈詞中有及劉天敘者，蓋眞有此人此事也。（俞樾：《茶香室叢鈔》卷十七，清光緒二十五年刻春在堂全書本）

【秋香】國朝董恂《宮閨聯名譜》引王行甫《耳談》云：陳元超，吳人，父以疏論嚴氏謫死。元超少年倜儻不拘，嘗與客登虎邱，見宦家從婢佼好，笑而顧己，悅之，跡至其家，求傭書焉。留侍二子，文日奇，父、師大駭。已而以娶求歸，二子不從，曰：「室中惟汝所擇。」曰：「必不得已，秋香可。」即前遇婢也。一子白父母，嫁之。元既娶，婢曰：「君非虎邱遇者乎？」曰：「然。」曰：「君既貴公子，何自賤若此？」曰：「汝昔笑顧我，不能忘情耳。」曰：「妾昔見君服喪，表素而華其裏。少年佻健可笑，非有他也。」會有貴客過，元因假衣冠謁客，言及白吏部，蓋元之外父，正柄國尊顯。主人聞，大駭，亟治百金裝，並婢贈之。按世傳唐解元事，即此。

國朝黃蛟起《西神叢語》云：俞憲號是堂，次子見安，偶從舟次，見一女郎，心悅之，買舟尾其後，至吳門，知其爲某富室青衣也，因語舟人與其

僕曰：「留此一月待我，勿移泊他所。」徑獨造女郎家，求爲蒼頭。主人留伴其子讀，見安爲其子代筆，爲塾師所覺，頗向主人稱其才。主人將欲於群婢中擇佳者授之室。時吳中大戶多以糧役傾家，主人深以爲憂。蘇郡守某，是堂之同年也，見安潛入己舟，呼僕隨詣守署，以年家子晉謁，力爲主人求罷役。守允其請，翌日訪見安，居停答拜。主人初不知，見郡守無端及門，倉皇失措，而見安已出迎道款矣。守既別，主人揖見安上坐，問所欲，乃以實告。且聞重役已釋，驚喜出意外，遂飾此青衣爲己女，厚嫁之。近人以其事爲唐寅，余詢其從孫祖源，始得其本末。女郎號美娘，蓋好事者駕言子畏耳。按：黃蛟起字孝存，無錫人也，所著《叢語》，即記無錫之事。然則俞見安固無錫人，而婢家則在蘇州，與世傳唐子畏至無錫訪華氏婢適相反也。惟子畏此事，世知其僞託，而言人人殊。此記之說，世罕知者，故并載之。

國朝褚人穫《堅瓠集》引《桐下听然》云：華學士鴻山艤舟吳門，見鄰舟一人，獨設酒一壺，斟以巨觥，科頭向之極罵。既而奮袂舉觥，作欲吸之狀，輒攢眉置之，狂叫拍案，因中酒，欲飲不能故也。鴻山注目良久，曰：「此定名士。」詢之，乃唐解元子畏。喜甚，肅衣冠過謁，子畏科頭相對。談謔方洽，學士浮白屬之，不覺盡一觴，因大笑極歡。日暮後，大醉矣。當談笑之際，華家小姬隔簾窺之而笑，子畏作《嬌女篇》貽鴻山，鴻山作《中酒歌》答之。後人遂有傭書獲配秋香之誣。按此，則其事全屬子虛矣。（俞樾：《茶香室叢鈔》卷十七，清光緒二十五年刻春在堂全書本）

【《清風閘》】國朝李斗《揚州畫舫錄》云：浦琳字天玉，右手短而捩，稱拗子。少孤，乞食城中。鄰婦爲之媒妁，偕至一處，香奩甚盛，納拗子而強爲婚焉。逾年，大東門釣橋南一茶爐老婦授拗子以呼盧術，百無一失，由是積金滿室。鄰婦有姪以平話爲生，拗子耳濡已久，以平話不難學而各說部皆人熟聞，乃以己所歷之境，假名皮五，撰爲《清風閘》故事。養氣定辭，審音辨物，聞者驪咍嗚喙，進而毛髮盡悚，遂成絕技。按：此書余曾見之，亦無甚佳處，不謂當日傾動一時也。殆由口吻之妙，有不在筆墨間耶？

《畫舫錄》又云：郡中稱絕伎者：吳天緒《三國志》、徐廣如《東漢》、王德山《水滸記》、高晉公《五美圖》、浦天玉《清風閘》、房山年《玉蜻蜓》、曹天衡《善惡圖》、顧進章《靖難故事》、鄒必顯《飛駝傳》、謊陳四《揚州話》，皆獨步一時。（俞樾：《茶香室叢鈔》卷十七，清光緒二十五年刻春在堂全書本）

【雷峰白蛇】國朝徐逢吉《清波小志》引《小窗日記》云：宋時法師鉢貯白蛇，覆於雷峰塔下。似宋時實有此事也。

國朝陸次雲《湖壖襍記·雷峰塔》一條，有洪昉思附記云：杭州舊傳有三怪：金沙灘之三足蟾、流福溝之大黿、雷峰塔之白蛇。隆慶時，黿已爲屠家釣起，蟾已爲方士捕得，惟白蛇之有無，究不可知也。按今世已罕知有黿、蟾二怪者矣，惟傳後湖有一大蚌，又有一大龜，或與黿、蟾二怪代興者乎？

（俞樾：《茶香室叢鈔》卷十七，清光緒二十五年刻春在堂全書本）

【明季傳奇】黃梨洲先生《思舊錄》云：史磐字叔考，長於塡詞，如《鶼釵》、《合紗》、《金丸》、《夢磊》諸院本，皆盛行於世。又云：吳炳號石渠，長於塡詞，所著有《西園》、《情郵》、《畫中人》、《療妬羹》、《綠牡丹》，雖多勦襲，而不落俗。按：明季人喜著院本，蓋亦一時風氣使然也。

又按：國朝葉廷琯《鷗陂漁話》云：覺阿開士有《書壯悔堂集後》四絕句，其末章云：「傳奇爭愛《桃花扇》，誰唱溫家《綠牡丹》？」余按陸桴亭先生《復社紀略》云：「凡天如介生游跡所及，兩越貴介子弟與素封家兒拜門下者無數，執贄後亦名流自負，目無前達。烏程溫育仁者，首輔體仁介弟也，心醜之，著《綠牡丹》傳奇誚之。杭俗好異，爭相搬演。西張親蒞浙，言之學臣黎元寬，因禁書肆、毀刊本，究作傳主名，而婁江、烏程顯開大隙矣。又張秋水《冬青館集·書綠牡丹傳奇後》云：此吾鄉溫氏啓釁於復社之原。據此，則《綠牡丹》一書在當日頗有關係。《鷗陂漁話》又引汪謝城曰：據李笠翁《閒情偶寄》，此劇爲吳石渠所作。今以黃氏《思舊錄》證之，其說信矣。石渠固端人，何以爲溫氏作此？不可解也。

阮大鋮所著傳奇《燕子牋》、《春燈謎》，外尙有《雙金榜》、《牟尼合》、《獅子賺》等名，見《韻石齋筆談》及《池北偶談》，今皆不傳，且知者亦尠矣。

國朝王應奎《柳南隨筆》云：徐復祚字陽初，大司空栻之孫，博學能文，尤工詞曲。錢宗伯題其小令，以高則誠爲比。傳奇若《紅梨》、《投梭》、《祝髮》、《宵光劍》、《一文錢》、《梧桐雨》諸本，至今流傳於世，然不知其爲陽初作也。（俞樾：《茶香室叢鈔》卷十七，清光緒二十五年刻春在堂全書本）

【季麻子】國朝李斗《揚州畫舫錄》云：評話盛於江南，如柳敬亭、孔雲霄、韓圭湖諸人，屢爲陳其年、余澹心、杜茶村、朱竹垞所賞鑒。次之季

麻子，平詞爲李宮保衛所賞。按：李敏達所賞，必非常技，乃不得與前諸人齊名，何邪？然前諸人亦惟柳敬亭最著，孔、韓二人，有知有不知矣。

又云：紫痢痢絃詞，蔣心餘爲之作古樂府。紫痢痢之名，亦新奇可喜也。

（俞樾：《茶香室叢鈔》卷十七，清光緒二十五年刻春在堂全書本）

【蚩尤戲】梁任昉《述異記》云：秦漢間說蚩尤氏頭有角，與軒轅鬬，以角觝人，人不能向。今冀州有樂，名「蚩尤戲」，其民兩兩三三，頭戴牛角而相觝；漢造角觝戲，蓋其遺制也。按：「角觝」亦作「彀抵」，見《史記·李斯傳》。亦作「角抵」，見《漢書·武帝紀》。《李斯傳》注引應劭曰：「角者，角材也；抵者，相抵觸也。」常疑其望文生訓，今讀《述異記》，乃知本於蚩尤戲，故表出之。又案：蚩尤戲即後世扮演古事之權輿矣。（俞樾：《茶香室叢鈔》卷十八，清光緒二十五年刻春在堂全書本）

【演戲之始】國朝納蘭成德《淥水亭襍識》云：梁時，《大雲之樂》作，一老翁演述西域神僊變化之事。優伶實始於此。（俞樾：《茶香室叢鈔》卷十八，清光緒二十五年刻春在堂全書本）

【猿騎】晉陸翽《鄴中記》云：石虎正會，殿前作樂、設馬車，立木橦其車上，長二丈，橦頭安橫木，兩伎兒各坐木一頭，或鳥飛，或倒挂。又衣伎兒作獼猴之形走馬上，或在脅，或在馬頭，或在馬尾，馬走如故，名爲「猿騎」。按：今時尚有此伎，江湖間跑馬走索，皆此類也。

《武英殿叢書》按語曰：《太平寰宇記》載此條云：作戲馬，令人於馬上立書，而字皆正好。又衣伎兒作獼猴形走馬，或在頭尾、臥側縱橫，名爲「猿騎」。按：馬上作字，此伎今未見也。（俞樾：《茶香室叢鈔》卷十八，清光緒二十五年刻春在堂全書本）

【襍劇】明沈德符《顧曲襍言》云：襍劇如《王粲登樓》、《韓信胯下》、《關大王單刀會》、《趙太祖風雲會》之屬，不獨命詞高秀，而意象悲壯，自足籠蓋一時。他如《千里送荊娘》、《元夜鬧東京》之屬，則近粗莽；《華光顯聖》、《目連入冥》、《大聖收魔》之屬，則太妖誕。按：此等襍劇，今傳者無多，惟《關王單刀》尚盛行於世。未知與明代有異同否也。（俞樾：《茶香室叢鈔》卷十八，清光緒二十五年刻春在堂全書本）

【元曲】世傳元人以曲取士，此於《元史》無徵。明沈德符《顧曲雜言》云：元人未滅南宋時，以此定士子優劣。每出一題，任人填曲。如宋宣和畫學，出唐詩一句，能得畫外趣者登高第。故宋畫、元曲，千古無匹。（俞樾：《茶香室叢鈔》卷十八，清光緒二十五年刻春在堂全書本）

【傀儡戲】元吳自牧《夢粱錄》云：傀儡者，起於陳平六奇解圍故事也。今有金線盧大夫、陳中喜等，弄得如真無二。（俞樾：《茶香室叢鈔》卷十八，清光緒二十五年刻春在堂全書本）

【影戲】元吳自牧《夢粱錄》云：更有弄影戲者。汴京初以素紙雕簇，自後人巧工精，以羊皮雕形，用以綵色妝飾，不致損壞。杭城有賈四郎、王昇、王閏卿等，熟於擺布，立講無差，其話本與講史書者頗同。公忠者雕以正貌，奸邪者刻以醜形。

宋周密《武林舊事》：影戲有三賈二伏。注云：賈偉、賈儀、賈佑，伏大、伏二、伏三。又有黑媽媽，當是女流。按：此戲今惟村落中有之，士大夫罕有寓目者。不謂此伎中亦有傳人也。

又有放風箏周三、呂偏頭，此兩人者，殆放風箏之妙手邪？余舊有《美人風箏》詩云：「楚楚臨風張小腳，眈眈注目呂偏頭」，以太纖小，不入集，聊識於此。張小腳，見《板橋雜記》。（俞樾：《茶香室叢鈔》卷十八，清光緒二十五年刻春在堂全書本）

【過錦】明宦官劉若愚《酌中志》云：過錦之戲，約有百回，每回十餘人不拘。濃淡相間，雅俗並陳，全在結局有趣，如說笑話之類。又如雜劇故事之類，各有引旗一對，鑼鼓送上，所扮者備極世間騙局醜態，並閭閻拙婦騃男及市井商匠刁賴詞訟、褻要、把戲等項，皆可承應。按：吳梅村詩中有所謂「過錦」者，初不知何戲，觀此乃得其詳。（俞樾：《茶香室叢鈔》卷十八，清光緒二十五年刻春在堂全書本）

【扮馬上故事】明張岱《陶庵夢憶》云：楓橋楊神廟九月迎臺閣，扮馬上故事，二三十騎扮傳奇一本。其人與傳奇中人必酷肖方用。人定，然後議扮法，果其人其袍鎧須某色某緞某花樣，雖匹錦數十金不惜也。又云：壬申七月，村村禱雨，余里中扮《水滸》，於是分頭四出尋黑矮漢，尋梢長大漢，尋頭陀，尋胖大和尚，尋茁壯婦人，尋姣長婦人，尋青面，尋歪頭，尋

赤鬚，尋美髯，尋黑大漢，尋赤臉長鬚。大索城中，無則之郭，之村，之山僻，之鄰府州縣，用重價聘之，得三十六人。梁山泊好漢，箇箇呵活。按：此二則，可見明季風俗之侈。（俞樾：《茶香室叢鈔》卷十八，清光緒二十五年刻春在堂全書本）

【弄假婦人】唐段安節《樂府襍錄》云：咸通以來，即有范傳康、上官唐卿、呂敬遷等三人弄假婦人。按：此即戲旦之濫觴也。《隋書・音樂志》云：周宣帝即位，廣召襍伎，好令城市少年有容貌者，婦人服而歌舞。此又弄假婦人之始。（俞樾：《茶香室叢鈔》卷十八，清光緒二十五年刻春在堂全書本）

【花旦】元人雪簑釣隱《青樓集》云：凡妓以墨破其面者曰「花旦」。（俞樾：《茶香室叢鈔》卷十八，清光緒二十五年刻春在堂全書本）

【點戲】唐崔令欽《教坊記》云：凡欲出戲，所司先進曲名上，以墨點者即舞，不點者即否，謂之「進點」。（俞樾：《茶香室叢鈔》卷十八，清光緒二十五年刻春在堂全書本）

【桂府面具】陸放翁《老學庵筆記》云：政和中大儺，下桂府進面具。比進到，稱一副。初訝其少，乃是以八百枚爲一副，老少妍陋，無一相似者。
宋范成大《桂海虞衡》云：桂林人以木刻人面，窮極工巧，一枚或值萬錢。（俞樾：《茶香室叢鈔》卷十八，清光緒二十五年刻春在堂全書本）

【打野呵】宋周密《武林舊事》云：瓦子勾欄，城內隸修內司，城外隸殿前司。或有路歧不入勾欄，只在要鬧寬闊之處做場者，謂之「打野呵」，此又藝之次者。（俞樾：《茶香室叢鈔》卷十八，清光緒二十五年刻春在堂全書本）

【倒喇】國朝徐釚《南州草堂詞話》云：倒喇，金元戲劇名也。錢塘陸雲士次雲賦《滿庭芳》詞云：「左抱琵琶，右持琥珀，胡琴中倚秦箏。冰絃忽奏，玉指一時鳴。唱到繁音入破，龜茲曲，盡作邊聲。傾耳際，忽悲忽喜，忽又恨難平。 舞人，矜舞態，雙甌分頂，頂上然燈。更口噙湘竹，擊節堪聽。旋復迴風滾雪，搖絳蠟，故使人驚。哀豔極，色飛心駴，四坐不勝情。」按：倒喇之戲，今所未聞。朱竹垞、查初白俱有《觀倒喇》詩，讀之亦不知爲何技。觀此詞，乃始得其大概矣。（俞樾：《茶香室叢鈔》卷十八，清光緒二十五

年刻春在堂全書本）

【紐元子】元吳自牧《夢粱錄》云：舊有百業皆通者，如紐元子學像生叫聲。按：即今之口技。《紐元子》乃褻劇名目，見宋人耐得翁《都城紀勝》。

（俞樾：《茶香室叢鈔》卷十八，清光緒二十五年刻春在堂全書本）

【五更曲】今世俗有俚曲名《歎五更》，考宋時已有之。宋王楙《野客叢書》云：陳伏知道《從軍五更轉》有曰：「一更刁斗鳴，校尉逴連城。遙問射鵰騎，懸憚將軍名。二更愁未央，高城寒夜長。試開弓竝月，聊持劍比霜。」似此五轉。今教坊演爲五曲，爲街市唱。然則此曲固原於宋教坊也。

唐南卓《羯鼓錄》所列諸宮曲，《太簇商》有《五更轉》。（俞樾：《茶香室叢鈔》卷十八，清光緒二十五年刻春在堂全書本）

【呂文穆讀書龕】宋吳處厚《青箱襍記》云：洛陽龍門有呂文穆讀書龕，云文穆昔嘗棲偃於此。今梨園演《呂蒙正破窰》事，小非無因。

葉夢得《避暑錄話》云：呂文穆公，父龜圖，與其母不相能，併文穆出之，衣食不給。龍門山利涉院僧識其爲貴人，延致寺中，爲鑿山巖爲龕居之。文穆處其間九年。其後諸子即石龕爲祠堂，名曰「肄業」，富韓公爲作記。（俞樾：《茶香室叢鈔》卷十九，清光緒二十五年刻春在堂全書本）

【陳季常妻柳氏】宋洪邁《容齋三筆》云：黃魯直元祐中有《與季常簡》曰：「審柳夫人時須醫藥，今已安平否？公暮年來想漸求清淨之樂，姬媵無新進矣。柳夫人比何所念以致疾邪？」又一帖云：「承諭老境情味，法當如此。所苦既不妨遊觀山川，自可損藥石，調護起居飲食而已。河東夫人亦能哀憐老大，一任放不解事邪？」「柳氏之妬名，固彰著於外」云云。按：柳氏之妬，至今婦豎皆能言之。然可考者，不過東坡「忽聞河東獅子吼」一詩耳。今又得此二簡，故錄之，爲梨園中添一證據也。（俞樾：《茶香室續鈔》卷五，清光緒二十五年刻春在堂全書本）

【黑姊姊】國朝徐逢吉《清波小志》云：學士港西角牆內舊有小樓一座，陳姓老姥名黑姊姊者同一子居之。按：「黑姊姊」之名甚新，可入詩，惜無可對者。或曰：今彈詞、院本並言雷峰塔爲白娘娘葬處，不與黑姊姊爲西湖一强對乎？（俞樾：《茶香室續鈔》卷五，清光緒二十五年刻春在堂全書本）

【生日用優人】國朝黃宗羲《思舊錄》云：何棟如字天玉，故與馮應京先生講學，遇其壽日，亦用優人。謂余曰：「余不似念臺先生擔版，子勿訝也。」

《思舊錄》又云：范景文字質公，有家樂，每飯則出以侑酒。風流文采，照映一時。故知節義一途，非拘謹小儒所能盡也。（俞樾：《茶香室續鈔》卷七，清光緒二十五年刻春在堂全書本）

【村里迓鼓】明楊慎《升菴集》云：宋儒語錄：「今之古文，如舞迓鼓。」人多不解爲何語。按：元人樂府有《村里迓鼓》之名，宋人樂苑有衙鼓格圖，官衙嚴鼓之節也。衙訛爲迓，曲名「村里迓鼓」者，以村里而效官衙，其衣裝聲節，必多可笑者，以是名之。語錄云如舞迓鼓者，謂無古人之學，而效古人之言，如村人學官衙鼓節也。（俞樾：《茶香室續鈔》卷七，清光緒二十五年刻春在堂全書本）

【南季北亢】國朝王友亮《雙佩齋集》記季、亢二家事云：國初巨富，有「南季北亢」之稱。泰興季家市，居人三百餘家，半爲季氏。相傳市乃其先一家所居，環居爲複道，每夕行撤六十人，蓄伶甚眾，又有女樂二部，服飾皆值巨萬。亢氏先世，得李闖所遺輜重起家。康熙中，《長生殿》傳奇新出，命家伶演之，一切器用，費鏹四十餘萬兩。他舉稱是。按：兩家巨富如此，今殆無知者矣。

國朝厲鶚《樊榭山房集》書項生事云：項生故吳產，曾隸江淮大吏某家樂部，令習《長生殿》新聲，爲楊玉環。凡飾歌舞具，金繒錦翠，珠瑠犀珀，刻意精麗。至玉環縊後，明皇泣玉環像，則令好手雕沈水香，肖項生像，傅以粉膩，飾之如生。後大吏竟以賄敗，項生流落鬻歌以食。按此知當時《長生殿》盛行海內，不獨亢氏一家之窮極奢侈也。（俞樾：《茶香室續鈔》卷七，清光緒二十五年刻春在堂全書本）

【婦人裸撲】明張萱《疑耀》云：宋嘉祐間，正月十八日上元節，上御宣德門，召諸色藝人各進技藝，賜與銀絹。內有婦人裸體相撲者，亦被賞賚。上有天子，下有萬民，后妃侍傍，臣僚縱觀，而使婦人裸戲於前，何以隆禮法、示四方乎？

國朝喬松年《蘿摩亭札記》云：《司馬溫公集》有《請停裸體婦人相撲爲戲箚子》，蓋皇帝御宣德門百戲之一也。此即唐人潑寒胡戲之遺意。所謂

裸者，殆只袒上身，非全體赤露耳。（俞樾：《茶香室續鈔》卷九，清光緒二十五年刻春在堂全書本）

【《黑白傳》】國朝章有謨《景船齋雜記》云：董思白在鄉時，鄉人皆惡之。俗所傳《黑白傳》傳奇是也。按：《黑白傳》今不傳，未詳其事。（俞樾：《茶香室續鈔》卷十三，清光緒二十五年刻春在堂全書本）

【《想當然》】國朝周亮工《書影》云：元人作劇，專尚規格。予門人邗江王漢恭名光魯所作《想當然》，猶有元人體裁。《想當然》託盧次楩之名以行，實出漢恭手。（俞樾：《茶香室續鈔》卷十三，清光緒二十五年刻春在堂全書本）

【《一捧雪》】國朝劉廷璣《在園雜志》云：有人持玉杯曰：「此一捧雪也。」余曰：「不知是莫太常家藏？是莫成偽造者？」爲之一笑。後據楊次也太守云，乃祖爲少司馬時曾見之，氣魄甚大，情色俱美。主人曰：「此眞一捧雪也，當於日下觀之。」因映日細看，杯內雪片紛紛，如飄拂狀。以是知命名不虛也。按：《一捧雪》傳奇乃託詞耳，不謂眞有此杯也。（俞樾：《茶香室續鈔》卷十三，清光緒二十五年刻春在堂全書本）

【《水滸》評本】國朝周亮工《書影》云：葉文通名晝，無錫人，多讀書，有才情。故爲詭異之行，或自稱錦翁，或稱葉五葉，或稱葉不夜，最後名梁無知，謂梁谿無人知之也。當溫陵《焚》、《藏書》盛行時，坊閒種種借溫陵之名以行者，如「四書」第一評、第二評，《水滸傳》、《琵琶》、《拜月》諸評，皆出文通手。按：今人止知有金聖歎《水滸》評本，前乎此有葉文通，則無聞矣。

《書影》又云：《水滸傳》，相傳爲洪武初越人羅貫中作，又傳爲元人施耐庵作。田叔禾《西湖遊覽志》又云：此書出宋人筆。近日金聖歎自七十回之後，斷爲羅所續，極口詆羅，復僞爲施序於前，此書遂爲施有矣。

《書影》又云：《續文獻通考》以《琵琶記》、《水滸傳》列之《經籍志》中。雖稗官小說，古人不廢。然羅列不倫，何以垂遠？（俞樾：《茶香室續鈔》卷十三，清光緒二十五年刻春在堂全書本）

【毛西河更正《西廂記》】國朝毛奇齡《西河詞話》云：《西廂》久爲人更竄，余求其原本正之，逐字覈實，其書頗行。按今人止知有金聖歎之《西

廂》，不知有毛西河之《西廂》。（俞樾：《茶香室續鈔》卷十三，清光緒二十五年刻春在堂全書本）

【明熹宗自演戲】國朝陳悰《天啓宮詞》云：回龍觀舊多海棠，旁有六角亭。每花發時，上臨幸焉。嘗於亭中自裝宋太祖，同高永壽輩演《雪夜訪趙普》之戲。（俞樾：《茶香室續鈔》卷十六，清光緒二十五年刻春在堂全書本）

【白馬將軍祠】國朝周亮工《書影》云：輝縣褚邱，去百泉四十里，寺旁有白馬將軍祠。土人多崔姓者，而近又有鄭村。有於褚邱演《崔鄭傳奇》者，土人以訟之官。按：此與《兩般秋雨菴隨筆》所載西門氏、潘氏以污衊其先世成訟事相類。烏有子虛，而乃有自認爲其雲仍者，何也？（俞樾：《茶香室續鈔》卷十九，清光緒二十五年刻春在堂全書本）

【目連戲】國朝董含《蓴鄉贅筆》云：二十二年癸亥，上以海宇蕩平，宜與臣民共爲宴樂。特發帑金一千兩，在後宰門架高臺，命梨園演《目連傳奇》，用活虎、活象、眞馬。按：此康熙中事也，今民間尚有演目連戲者。（俞樾：《茶香室續鈔》卷廿一，清光緒二十五年刻春在堂全書本）

【走解】明黃佐《翰林記》云：天順三年三月五日，賜文武觀走驃騎於後苑。其制：一人馳馬執旗引於前，一人馳馬繼出，呈藝於馬上，或上或下，或左或右，騰擲趫捷，人馬相得，如此數百騎，後至乃爲胡服臂鷹、走犬、圍獵狀。終場俗名曰「走解」。按：今於馬上鬻技者，有「跑馬賣解」之名，猶其遺俗也。
國朝劉廷璣《在園雜志》云：走解，本軍營演習便捷之法，晉曰「猨騎」，明曰「走驃騎」，皆於馬上呈藝，上下左右，超騰蹻捷。近則男子較少，咸以婦女習之，爲射利之場、奸污之技矣。康熙五十一年，部覆陝西提督潘育龍，因陳四等一案，題奉諭旨，將走馬賣解賣索之人盡行查拿安插，而遊手之徒，爲之歛跡矣。（俞樾：《茶香室續鈔》卷廿一，清光緒二十五年刻春在堂全書本）

【倡優名班之始】國朝惲敬《大雲山房雜記》云：金源官制，有文班、武班，若醫卜倡優，則曰雜班。每宴伶人，進曰：「雜班上。」此倡優名班之始。（俞樾：《茶香室續鈔》卷廿二，清光緒二十五年刻春在堂全書本）

【關鎖】《陝西通志》：商南縣有廉康太子墓。世傳太子三國時人，炎祚衰微，據土僭號，為關鎖所平。案：俗傳關公有子名關索，其有無已不可考。此關鎖又不知何人矣。

又案：關鎖、關索，實以聲近而淆。吾湖武康縣有嚴康屯兵處。相傳，康，邑人也，奇醜而力。爪牙為刀，革膚為鐵，唯喉三寸肉耳。妻鮑三娘，美而勇。時有花關索者，年少美容儀，鮑悅而私之，矢貫康喉而殪。至今村莊褺劇演其遺事云云。見《前溪逸志》。按：嚴康即廉康，關索即關鎖，實即一事。但一在秦中，一在吳越，相距數千里，不知何以同有此訛傳耳。

《古今圖書集成》引《蘄水縣志》云：王氏女名桃，弟悅，漢末時人。俱笄年未字，有臂力，精諸家武藝。每相謂曰：「天下有英雄男子而材技勝我，則相託終身。」時絕少匹敵者。適河東關公長子索，英偉健捷，桃姊妹俱較不勝，遂俱歸之。先是，邑中有鮑氏女，材行與桃、悅似，而悍鷙差勝，亦歸索。三人皆棄家從關百戰以終。原注云：正史未見。案：關索之名已無考，乃更有此妻二人，尤屬異聞，姑記之以資談助。（俞樾：《茶香室三鈔》卷三，清光緒二十五年刻春在堂全書本）

【八面四面觀音】國朝劉健《庭聞錄》云：八面觀音與圓圓並擅殊寵，故宗伯南昌李明睿妓也。宗伯侍兒數十輩，八面為之魁。其曹四面觀音亦美，亞於八面。宗伯老，為給事高安所得，以奉三桂。辛酉城破，圓圓先死，八面歸綏遠將軍蔡毓榮，四面歸征南將軍穆占。

按：吳三桂之有陳圓圓，人皆知之，此二人世罕知者。《庭聞錄》又云：吳妓陳沅、顧壽，並名噪一時。田宏遇以重價市壽，而沅名更高，不易得。其婿百計購沅以獻。京師陷，劉宗敏踞宏遇宅，聞沅、壽名，索之。壽從優人私逸，而沅先為三桂購去，宗敏於是斬優人七，而繫驤索沅。按：沅即圓圓也。沅、壽齊名，壽竟不知所終矣。

國朝朱康壽《抱膝廬筆乘》載陳圓圓事，引《常州府志》云：其父業驚閨，郡之金牛里人，俗呼為「陳貨郎」。三桂開藩雲南，貨郎至，三桂宴之曲房，持玉杯，戰栗墜地。圓圓內慚，重資以金送之歸。按：圓圓之父，亦人所罕知也。（俞樾：《茶香室三鈔》卷七，清光緒二十五年刻春在堂全書本）

【吳六奇諡】國朝王士禎《國朝諡法考》云：廣東饒平總兵官、左都督、贈少師兼太子太師吳六奇順恪，康熙四年十一月二十九日諡。按：吳六奇以

查伊璜事，人人知之，然其諡則知者亦罕。又蔣心餘撰《雪中人》傳奇，述六奇祈夢，有二獅壓身之兆，此必有所本。其身後贈少師兼太子太師，或足應二獅之夢歟？

按：吳順恪公六奇，字鑑伯，別字葛如，粵之海陽縣豐政都人。乾隆三年設豐順縣，故今為豐順人。父廷符，母胡氏，兄弟二人，公為長，弟標。子十三：長啓晉，順治丁酉舉人；啓豐嗣職，調貴州安籠鎮總兵；啓鎮以蔭官至黃岡副總兵；啓爵年十八，入為頭等侍衛，歷任太原、瓊州、天津總兵；啓相官虎門副總兵。公卒於康熙乙巳五月三日，壽五十九，則當生於明萬曆三十四年，入本朝三十九歲矣。公之裔孫昌坤，光緒乙酉舉人，與余孫陞雲為同年生，又出余門生徐花農太史房，承以《家傳》見示，故知其詳。《家傳》為長樂溫訓所撰，溫君自言與公六世孫世驤同年，以公《忠孝堂文集》及墓誌見示，故擇其大者著於《傳》。然則公尚有文集，非絳、灌無文者可比，洵奇人也！（俞樾：《茶香室三鈔》卷九，清光緒二十五年刻春在堂全書本）

【梁山柏祝英臺讀書處】明張岱《夢憶》云：至曲阜謁孔廟，宮牆上有樓，聳出扁曰：「梁山柏祝英臺讀書處」，駭異之。按：孔廟有此，誠大奇，未知今尚然否。（俞樾：《茶香室三鈔》卷十，清光緒二十五年刻春在堂全書本）

【五人墓是後來移葬】國朝顧震濤《吳門表隱》云：明吳岡卿默宅在王洗馬巷，中有北宋尼姑墳，後作花藥壇。曾匿五人首級於此，後移葬山塘。至今種花木，猶有英氣。按此，則今五人墓非原葬所也。余嘗疑五人初死時，今葬地猶是魏忠賢祠，何遽埋骨於此？今乃釋然。（俞樾：《茶香室三鈔》卷十，清光緒二十五年刻春在堂全書本）

【李僊鶴】唐段安節《樂府襍錄》云：俳優，開元中有李僊鶴，善此戲，明皇特授韶州同正參軍，以食其祿。按：「弄參軍」之名，疑即由此始。（俞樾：《茶香室三鈔》卷廿二，清光緒二十五年刻春在堂全書本）

【崑腔】國朝朱彝尊《靜志居詩話》云：梁辰魚字伯龍，崑山人，雅擅詞曲。時邑人魏良輔能喉囀音聲，始變弋陽、海鹽故調為崑腔。伯龍塡《浣紗記》付之。同時又有陸九疇、鄭思笠、包郎郎、戴梅川輩，更唱迭和，流播人閒，今已百年。傳奇家曲別本，弋陽子弟可以改調歌之，惟《浣紗》不能。（俞樾：《茶香室三鈔》卷廿二，清光緒二十五年刻春在堂全書本）

【海鹽腔】國朝王士正《香祖筆記》云：海鹽少年多善歌，蓋出於澉川楊氏。其先人康惠公梓，與貫雲石交善，得其樂府之傳。今襍劇中《豫讓吞炭》、《霍光鬼諫》、《敬德不伏老》，皆康惠自製。家僮千指，皆善南北歌調，海鹽遂以善歌名浙西。今世俗所謂海鹽腔者，實發於貫酸齋，源流遠矣。（俞樾：《茶香室三鈔》卷廿二，清光緒二十五年刻春在堂全書本）

【彭天錫串戲】明張岱《夢憶》云：彭天錫串戲妙天下，多扮丑、淨。千古之姦雄佞倖，經天錫之心肝而愈狠，借天錫之面目而愈刁，出天錫之口角而愈險，恐紂之惡不如是之甚也。蓋天錫一肚皮書史，一肚皮山川，一肚皮機械，一肚皮磊砢不平之氣，無地發洩，於是發洩之耳。按此則彭天錫串戲與柳敬亭說書為同時絕技，而今人知有柳不知有彭也。（俞樾：《茶香室三鈔》卷廿二，清光緒二十五年刻春在堂全書本）

【朱楚生女戲】明張岱《夢憶》云：朱楚生，女戲耳。其科套之妙，有本腔不能得十分一者。蓋四明姚益城先生精音律，嘗與楚生輩講究關節，妙入情理。如《江天暮雪》、《霄光劍》、《畫中人》等戲，崑山老教師不能加其毫末。楚生色不甚美，雖絕世佳人，無其豐韻。按：一女優而得附名流翰墨以傳，亦幸矣！（俞樾：《茶香室三鈔》卷廿二，清光緒二十五年刻春在堂全書本）

【京師戲館】國朝戴璐《藤陰襍記》引《亞谷叢書》云：京師戲館，惟太平園、四宜園最久，名亦佳；查家樓、月明樓其次。比年如方壺齋、蓬萊軒、昇平軒最著。今諸園俱廢，查樓僅存木榜，惟方壺齋屢易新名，人尚稱為方壺齋。城西僅此一館，春初尚盛，在永光寺西街。

吳長元《宸垣紀略》云：查樓在肉市，明巨室查氏所建戲樓。巷口有小木坊，書「查樓」字。乾隆庚子燬於火，重建。（俞樾：《茶香室三鈔》卷廿二，清光緒二十五年刻春在堂全書本）

【擊壤】明劉侗《帝京景物略》云：小兒以木二寸，製如棗核，置地而棒之，一擊令起，隨一擊令遠，以近為負，曰「打拔拔」。古所謂擊壤者耶？

按《困學紀聞》引周處《風土記》：擊壤，以木為之，前廣後銳，長尺三寸，其形如履。先側一壤於地，遙於三四十步，以手中壤擊之，中者為上。按此，則小兒「打拔拔」真古擊壤之遺意矣。（俞樾：《茶香室三鈔》卷廿二，清光緒二十五年刻春在堂全書本）

【擊甌】元人《事物紀原》云：擊甌蓋擊缶之遺事也。唐大中初，郭道源善之，用越甌、邢甌十二旋加減水，以箸擊之，其音妙於方響。昔人於此記其法，疑其自道源始也。

案：此條本唐段安節《樂府襍錄》。《襍錄》云：武宗朝，郭道源亦善擊甌。味「亦」之一字，則疑此技不始於道源矣。

又案：余所見《樂府襍錄》，乃明陸氏《說海》本也。此條本言擊甌，而題以「方響」二字，疑其上條言方響而逸其文，遂以「方響」二字綴此文之前，而本題「擊甌」二字則轉失去也。今據《事物紀原》，有《方響》一條云：《通典》曰：梁有銅磬，則今方響也。方響以鐵為之，以代磬。《唐書・禮樂志》云：方響，體以應石。審此，則是出於編磬之制，而梁始為之者也。此數語可補《樂府襍錄》之闕。

國朝李斗《揚州畫舫錄》云：鄭玉，本儀徵人，近居黃玨橋，善大小諸曲。嘗以兩象箸敲瓦楪作聲，能與琴箏簫笛相和。時作絡緯聲、夜雨聲、落葉聲，滿耳蕭蕭，令人惘然。按：擊甌久已失傳，此人絕技則與之暗合。（俞樾：《茶香室三鈔》卷廿二，清光緒二十五年刻春在堂全書本）

【擊楅】蜀何光遠《鑒戒錄》云：前蜀馮大夫涓，恃其學富，所為輕薄。王太祖問：「擊楅之戲，剏自誰人？」大夫對曰：「丘八所置。」上大笑。按：擊楅未知何戲，「丘八」似隱「兵」字，今俗猶有此言。（俞樾：《茶香室三鈔》卷廿二，清光緒二十五年刻春在堂全書本）

【《荆》、《劉》、《拜》、《殺》】國朝朱彝尊《靜志居詩話》云：識曲者目「荆劉拜殺」為元四大家。《殺狗記》乃仲由徐㽃字仲由。所撰也。其言曰：「吾詩文未足品藻，惟傳奇詞曲不多讓古人。」按：「荆劉拜殺」之名，今人罕知。「荆」謂《荆釵記》，「拜」為《拜月記》，「殺」為《殺狗記》；「劉」則未詳。國朝黃文暘《曲海》載元襍劇有《劉行首》，楊景賢作，或即是與？（俞樾：《茶香室三鈔》卷廿三，清光緒二十五年刻春在堂全書本）

【李日華《西廂》】明李日華《紫桃軒襍綴》云：昔人謂谷永字子雲，實作《劇秦美新》，而以累揚雄。宋方士顏洞賓以採戰邪術眤伎女白牡丹，而以累純陽。憶余筮仕江州理官，上官有向余索《西廂記》者，蓋以世行李日華《西廂》本也。余既辨明，付一哂。且幸此公未曾留意醫術，不從余覓

《本草》。《本草》亦有日華子注也。按此，知明代所行《西廂記》皆李日華本，自金聖歎外書行而李本廢矣。（俞樾：《茶香室三鈔》卷廿三，清光緒二十五年刻春在堂全書本）

【《琵琶記》撰人】國朝朱彝尊《靜志居詩話》云：高明字則誠，瑞安人。顧仲瑛輯元耆舊詩爲《玉山雅集》，中錄高則誠作，稱其「長才碩學，爲時名流」。可知則誠不專以詞曲擅美也。蔣仲舒《堯山堂外紀》謂撰《琵琶記》者乃高拭，其字則成，別是一人。《涵虛子曲譜》有高拭而無高明。蔣氏或有所據。按：《琵琶記》爲高則誠撰，舉世皆知。今觀此，則又有異說矣。

《靜志居詩話》又曰：楊廉夫有《送沙可學序》，其略云：某官來總行省事，求從事掾之賢能者，首得一人焉，曰沙可學氏；又得一人焉，曰高則誠氏；又得一人焉，曰葛元哲氏，三人者用而浙稱治。然則高則誠兼以政事稱矣。（俞樾：《茶香室三鈔》卷廿三，清光緒二十五年刻春在堂全書本）

【《尋親記》】國朝龔煒《巢林筆談》云：傳奇《尋親記》所指張員外，非眞面目。張係崑山人，本舉人，饒於貲。比鄰有周宦者，怙勢侵之。一巡按與周隙，行縣招告，張首其禁書，斃周於獄。《記》乃周氏所作也。

按：乾隆間奉旨於揚州設局修改曲劇，其時有總校黃文暘著《曲海》二十卷，內載明人傳奇有《尋親》，本朝傳奇有《續尋親》，作者姓名均無考。（俞樾：《茶香室三鈔》卷廿三，清光緒二十五年刻春在堂全書本）

【《繡襦記》爲金陵妓院作】國朝朱彝尊《靜志居詩話》云：鄭若庸字中伯，妙擅樂府，嘗塡《玉玦》詞以訕院妓，一時白門楊柳無繫馬者。群伎患之，乃醵金數百行辤生近汍，作《繡襦記》以雪之，秦淮花月頓復舊觀。按：國朝黃文暘《曲海》則以《玉玦》、《繡襦》爲皆鄭若庸作。（俞樾：《茶香室三鈔》卷廿三，清光緒二十五年刻春在堂全書本）

【袁于令《西樓記》】國朝《顧丹五筆記》云：袁籜庵于令居因果巷，以妓女穆素徽一事，褫革衣衿。順治乙酉，蘇郡紳士投誠者浼袁作表齎呈，以京官議敍荊州太守，十年不調。監司謂之曰：「聞公署中有三聲：奕碁聲、唱曲聲、骰子聲。」袁答曰：「聞明公署中，亦有三聲：天平聲、算盤聲、版子聲。」監司大怒，揭參落職。其著《西樓記》傳奇，譏吳江沈同和、趙

鳴鳳也。因素徽從同和，鳴鳳爲之撮合，故銜之。西樓在四通橋，穆妓舊居也。沈亦作《望湖亭》傳奇嘲袁麻子。今《金鎖記》、《長生樂》、《玉麟符》、《瑞玉》等傳奇，皆袁所作。

按：《小浮梅閒話》略及《西樓記》，今又記此。然於穆素徽一事，仍未得其詳也。（俞樾：《茶香室三鈔》卷廿三，清光緒二十五年刻春在堂全書本）

【《玉蜻蜓》事實】國朝徐承烈《聽雨軒贅紀》云：紹興南門外漓渚地方，有尼庵曰「隔塵」。老尼若木，其徒孫慧音，年十六七，姿容極麗。城中東武山下朱生綺園，明宰相文懿公賡雲礽也。父靜山，由部曹出爲四川郡守。生未冠遊庠，有別業在漓渚，因讀書其中。臨行，見其妻有玉琢雙魚極工，乞而貯於冰絲小囊中，佩之以往，老僕小童二人侍。別業與尼庵相隔僅百步，生遂與慧音浹洽，夜赴尼庵，踰牆以入。事極縝密，惟小童知其詳，洩之老僕。一夕，生至午不返，老僕潛往察之，若木告以今日門鑰未開，而慧音不知所往，後園牆瓦損落，想已遠颺。僕疑二人偕逃，回告主母，遍索無蹤。十餘年後，若木化去，眾尼或死或去，庵遂廢。生父升滇南觀察，年老致政，至漓渚別業。因至隔塵庵，立券買之，圍以長垣，合別業爲一。後園向有牡丹，牡丹枯而石臺尚在，公撤去之。石將盡，內藏二屍，面如生，其一即生，其一爲尼。童指而謂公曰：「此慧音也。」腕上小囊玉魚尚存。公喚向日賣庵者，嚴詰之，因言公子與慧音通，人初不知，一日慧音不起，撬門視之，見二人裸身相抱，死於床。因潛埋於牡丹臺內，而以慧音逃去掩飾之。公備棺葬生於故所，並以慧音附，殉以玉魚。生向有一子，已登賢書，其處龍穴砂水皆合法，故公不別爲覓地也。其子後舉進士，入詞林，荏歷大位，聲稱滿世。今吳中《玉蜻蜓》彈詞，託其事於申文定公之父，實本於此。

（俞樾：《茶香室三鈔》卷廿三，清光緒二十五年刻春在堂全書本）

【《中山狼》小說非因康對山作】國朝朱彝尊《靜志居詩話》云：林俊字待用，諡貞肅，有《見素西征集》。《中山狼》小說乃東田馬中錫所作，今載其集中。世傳以訾獻吉者，數其負德涵也。考之康、李，未嘗隙末，黃才伯有《讀見素捄空同奏疏》詩云：「憐才不是雲莊老，愁殺中山獵後狼。」然則當日所訾，乃負見素耳。案：對山以救空同故，淪棄終身，空同不一援手，故世以爲負友。若貞肅，則官至尚書，加太子太保，空同即有所負，亦薄乎云爾。黃才伯一詩，恐未足據也。姑錄之，以廣異聞。國朝黃文暘《曲

海》載明人襟劇有《中山狼》一種，注云「康海作」，此恐假託，今亦未見有此襟劇也。（俞樾：《茶香室三鈔》卷廿三，清光緒二十五年刻春在堂全書本）

【《牡丹》曲本非爲曇陽子作】國朝朱彝尊《靜志居詩話》云：湯義仍塡詞妙絕一時，《牡丹亭》曲本尤極情摯。世或相傳云刺曇陽子而作。然太倉相君，實先令家樂演之，且云：「吾老年人，近頗爲此曲惆悵。」假令人言可信，相君雖盛德有容，必不反演之於家也。（俞樾：《茶香室三鈔》卷廿三，清光緒二十五年刻春在堂全書本）

【《賣油郎》傳奇】明張岱《夢憶》云：福王南渡，魯王播遷至越，以先父相魯。先王幸舊臣第，是日演《賣油郎》傳奇，內有泥馬渡康王故事，與時事巧合，睿顏大喜。按此則知今所行《占花魁》傳奇亦明人舊本也。（俞樾·《茶香室三鈔》卷廿二，清光緒二十五年刻春在堂全書本）

【袁中郎觴政】明沈德符《顧曲襟言》云：袁中郎觴政，以《金瓶梅》配《水滸傳》爲外典。原本實少五十三回至五十七回，有陋儒補以入刻，無論膚淺鄙俚，時作吳語，即前後血脈，亦絕不貫串，一見即知其贋作矣。聞此爲嘉靖閒大名士手筆，指斥時事。如蔡京父子，則指分宜；林靈素則指陶仲文；朱勔則指陸炳；其他各有所屬。按：《金瓶梅》余未之見，《水滸傳》則實無可觀，不知袁中郎何取此書！

國朝王士禎《香祖筆記》云：兗州陽穀縣西北有冢，俗呼「西門冢」，有大族潘、吳二氏，自言是西門嫡室吳氏、妾潘氏之族。一日社會演劇，吳之族使演《水滸記》，潘族謂辱其姑，互控於縣。按：明人小說多有所指。《顧曲襟言》又云：尙有《玉嬌李》，亦出此名士手，與前書各設報應因果，其帝則稱完顏大定，而貴溪、分宜相搆，亦暗寓焉。至嘉靖辛丑，庶常諸公則直書姓名，尤可駭怪。夫嘉靖庶常諸公尙可直書姓名，則所謂西門慶及吳氏、潘氏，安知不實有其人乎？陽穀縣有此三姓，恐眞係其子孫也。（俞樾：《茶香室三鈔》卷廿三，清光緒二十五年刻春在堂全書本）

【張清風】明鄭仲夔《耳新》云：周季侯令仁和，有「神君」之稱。嘗出行，忽怪風起，吹所張蓋，捲落紗帽翅。執蓋人請罪曰：「小人因張清風，遂至冒觸。」周沉思良久，屬能幹捕差二人，令往拘張清風。兩人商曰：「捕風捉影，安有此理？」乃相與登酒樓，樓上有談某疾篤，諸醫無效。一人曰：

「若請張青峰去，必有生理。」二差因問張青峰狀，潛往其家，值張遠出，拘其妻至縣。周訊之，婦曰：「渠本非吾夫。吾夫病，請渠調治，渠見妾姿容，投毒致夫死，復謀娶妾。一日，渠酒後自吐真情。妾即欲尋死，因念無人伸冤，偷生至此。今遇天臺，冤伸有日。但渠為某氏延去，須就其處拘之。」周命前差往拘至，一訊果服。按：今小說家演包孝肅事，有捕落帽風一事，不知其本此也。（俞樾：《茶香室三鈔》卷廿三，清光緒二十五年刻春在堂全書本）

【戚氏書樓】國朝顧震濤《吳門表隱》云：鴛鴦樓在四通橋西，戚氏書樓。原注云：小說所云戚子卿者。按：戚子卿未知何人，彈詞中有戚子卿寫狀，豈即其人歟？

又云：明名妓穆素徽亦居之，故名穆鴛鴦樓。穆名美，居秀野堂側。（俞樾：《茶香室三鈔》卷廿三，清光緒二十五年刻春在堂全書本）

【委順子說書】明李日華《紫桃軒又綴》云：宋王防禦，號「委順子」。方萬里挽之曰：「溫飽逍遙八十餘，稗官原是漢虞初。世間怪事皆能說，天下鴻儒有不如。聳動九重三寸舌，貫穿千古五車書。《哀江南賦》箋成傳，從此韋編鎖蠹魚。」蓋防禦以說書供奉得官，既老，築委順堂以居，士大夫樂與往還。按：此公伎倆，當在明代柳敬亭之上，而人罕知者，亦竟不傳其名也。

《靜志居詩話》又云：祁承㸁字爾光，紹興山陰人，江西右參政。富於藏書，元明來傳奇，多至八百餘部，而葉兒樂府散套不與焉。予猶及見之。按此可見元明傳奇之多，今十不存一矣。余門下士王夢薇云：平話一流，已見宋人小說中，而此技獨盛行於蘇。所說如《水滸》、《西遊記》、《鐵冠圖》之類，曰「大書」；《玉蜻蜓》、《珍珠塔》、《三笑》、《白蛇傳》之類，曰「小書」。同治間，最著名者，小書有馬如飛，大書有姚士章，皆名震一時。馬少讀書，應童子試，所唱開篇，皆其自製，即取當時見聞，編作韻語，以寓勸戒。其調本稱「俞調」，因先時有俞姓者祧此，及馬出，則合郡通行「馬調」矣。說詳其所著《南浦行雲錄》。（俞樾：《茶香室三鈔》卷廿三，清光緒二十五年刻春在堂全書本）

【熊保保】宋吳自牧《夢粱錄》云：昔汴京有孔三傳，編成傳奇靈怪，入曲說唱。今杭城有女流熊保保及後輩女童，皆效此說唱。（俞樾：《茶香室三鈔》卷廿三，清光緒二十五年刻春在堂全書本）

【臧晉叔評論詞曲】國朝朱彝尊《靜志居詩話》云：臧懋循字晉叔，長興人，萬曆庚辰進士。何元朗、臧晉叔皆精曲律，元朗評施君美《幽閨》出高則誠《琵琶》之上，王元美目爲好奇之過。晉叔謂《琵琶》【梁州序】【念奴嬌序】二曲，不類則誠口吻，是後人竄入。元美不以爲然，津津稱詡不置。晉叔笑曰：「是惡知所謂《幽閨》者哉？」嘗從黃州劉延伯借元人襍劇二百五十種，又購得楊廉夫《僊遊》、《夢遊》、《俠遊》、《冥遊》彈詞，悉鏤版以行。序言鄭若庸《玉玦》、張伯起《紅拂》等記，用類書爲傳奇；屠長卿《曇花》道白，終折無一曲；梁伯龍《浣紗》、梅禹金《玉合》道白，終本無一散語，均非是。且言汪伯玉南曲失之靡，徐文長北曲失之鄙；惟湯義仍庶幾近之，而失之疏。其持論斲斲不爽。按：此等議論，皆今人所不知，即楊廉夫「四遊」彈詞，亦絕響矣。（俞樾：《茶香室三鈔》卷廿三，清光緒二十五年刻春在堂全書本）

　　編者案：「其持論斲斲不爽」句，《三鈔》原本「斲斲」作「斷斷」，據《明詩綜》、《靜志居詩話》及《劇說》等改。

【稗官誣妄】國朝禮親王昭槤《嘯亭襍錄》云：委巷瑣談，雖不足辨，然使村夫野婦聞之，顚倒黑白。近有《承運傳》載朱棣簒逆事，乃以鐵、景二公爲奸佞；又有《正統傳》，以于忠肅爲元惡大憝；又本朝《佛撫院》盲詞，以李文襄公之芳爲奸臣，包庇其弟。此皆使人豎髮。按：此等書今皆不傳，《佛撫院》盲詞更不知何書也。

　　又云：近有《盛世鴻圖》襍劇，演曹彬南征故事，謂南唐有妖道，能使藥迷宋將，自相殘殺。語雖怪誕，《北史》魏冀州沙門法慶，合狂藥，令人服之，父子兄弟不復相識，以殺害爲事。是亦有所託也。按：《盛世鴻圖》襍劇，今未之見。（俞樾：《茶香室三鈔》卷廿三，清光緒二十五年刻春在堂全書本）

【爆仗】宋孟元老《東京夢華錄》敘寶津樓諸軍百戲云：蠻牌令，數內兩人出陣對舞，凡五七對，忽作一聲如霹靂，謂之爆仗，則蠻牌者引退。案：此一篇內，屢言爆仗，然皆不言如何作聲，疑是以口作之，而非如今之爆仗，以火藥裹紙中，燃而放之者也。然則宋時所謂爆仗與今異，但其名則起於此耳。

　　又案：本書敘除夕事云：是夜禁中爆竹山呼，聲聞於外。然則爆竹、爆仗，自是兩事。書中固分別言之。

又案：宋吳自牧《夢粱錄》於十二月云：各坊巷叫賣蒼术、小棗不絕，又有市爆仗、成架煙火之類。此則今之所謂爆仗也。乃歎《夢華》、《夢粱》兩書相去不過百數十年，而語言之異有如此矣。（俞樾：《茶香室三鈔》卷廿六，清光緒二十五年刻春在堂全書本）

【黃幡綽墓】宋龔明之《中吳紀聞》云：崑山縣西數里，有村曰「綽堆」，故老相傳云：「此乃黃幡綽墓。」至今村人皆善滑稽，及能作三反語。案：「綽堆」下有注云：避御名，改曰「堆」。即今綽墩。疑綽墩其本名，避宋光宗嫌名，故稱「綽堆」耳。（俞樾：《茶香室四鈔》卷二，清光緒二十五年刻春在堂全書本）

【秋英墓】國朝宋長白《柳亭詩話》云：《小青傳》乃支小白戲撰，而詩與文詞則卓珂月、徐野君為之。余與野君為忘年交，自述於余者如此。谷霖蒼學使嘗瘞一夭婢於放鶴亭側，土人戲指為青墓，過客紛紛題詠。後為霪雨所潰，有片石識其歲月，則婢名秋英也。案：小青為亡是、烏有，人皆知之。今三尺荒墳尚存湖上，莫知其為秋英也。又其詩出卓、徐二君手，人亦罕知者。

國朝朱彭《西湖遺事》詩注云：明時有小青，說者謂託名。施愚山至杭，詢之陸麗京。陸曰：「此馮具區之子雲將妾也。集中所謂某夫人者，錢唐進士楊元陰妻也。見《愚山詩話》。」支如增《小青傳》：名元元，家廣陵，其姓不傳，歿於萬曆壬子，年纔十八。又張潮《虞初新志》云：小青女弟紫雲，嫁會稽馬髦伯。據諸說，實有其人，非烏有也。

案：小青有無，不足深究。惟其妹紫雲與秋英之名，知者甚少，宜表出之。小青卒於萬曆壬子，是萬曆四十年，其生當在萬曆二十三年乙未。（俞樾：《茶香室四鈔》卷二，清光緒二十五年刻春在堂全書本）

【梁山伯祝英臺】國朝金武祥《粟香四筆》云：小說家豔稱梁山伯、祝英臺事，而未知所出。《山堂肆考》亦以為俗傳蝶乃梁、祝之魂為不可曉。余閱《宜興荊溪新志》，載邵金彪《祝英臺小傳》云：祝英臺小字九娘，上虞富家女。生無兄弟，才貌雙絕。父母欲為擇偶，英臺曰：「兒當出外遊學，得賢士事之耳。」因易男裝，改稱九官。遇會稽梁山伯，遂偕至義興善權山之碧鮮巖，築庵讀書，同居同宿三年，而梁不知為女子。臨別梁，約曰：「某月日

可相訪，將告父母，以妹妻君。」實則以身許之也。梁自以家貧，羞澀畏行，遂至愆期。父母以英臺字馬氏。後梁爲鄞令，過祝家，詢九官。家僮曰：「吾家但有九娘，無九官也。」梁驚悟。以同學之誼乞一見，英臺羅扇遮面出，一揖而已。梁悔念成疾，卒，遺言葬清道山下。明年，英臺將歸馬氏，命舟子迂道過其處。至則風濤大作，舟遂停泊。英臺乃造梁墓前，失聲慟哭，地忽開裂，墮入壙中。繡裙綺襦，化蝶飛去。丞相謝安聞其事於朝，封爲義婦。此東晉永和時事也。齊和帝時，梁復顯靈異，助戰有功，有司爲立廟於鄞，合祀梁、祝。其讀書宅稱碧鮮庵，齊建元間改爲善權寺。今寺後有石刻九，書「祝英臺讀書處」；寺前里許，村名祝陵，山中杜鵑花發，時輒有大蝶雙飛不散，俗傳是兩人之精魂。今稱大彩蝶尙謂「祝英臺」云。

又云吳騫《桃溪客語》云：梁、祝事，見於前載者凡數處。《寧波府志》云：梁山伯字處仁，家會稽。出而遊學，道逢上虞祝英臺偽爲男妝，與共學三載，一如好友。既而，祝先返，又二年，梁始歸，訪於上虞，始知其女也。悵然而歸，告之父母，請求爲婚。而祝已許字鄞城馬氏矣，事遂寢。未幾梁死，葬鄞城西清道原。一云梁爲鄞令而死。其明年，祝適馬氏，經梁墓，風雷不能前。祝知爲梁墓，乃臨穴哀慟，悲感路人。墓忽自啓，身隨以入。事聞於朝，丞相謝安請封之曰「義婦冢」。

余案：此視邵金彪《傳》稍略，而事或轉得其實。如《寧波志》所云，則梁祝事蹟，固在浙東，與宜興荊溪無涉也。邵《傳》以爲其讀書之處在義興善權山，則小其讀書之處，非葬處也。何以善權寺前有祝陵之名，有雙蝶之異？不幾並兩處爲一談乎？義興縣至隋始置，謂永和時即有義興名，亦失之不考矣。其事本屬無稽，前人謂因樂府《華山畿》事而附會。然《華山畿》事，無女子偽爲男妝之說，則亦不甚合也。《粟香四筆》又引談遷《外索》云：鄞縣東十六里接待寺西，祀梁山伯，號「忠義王」。此又不知何說，殆又訛梁山伯爲梁山泊，而牽合於《水滸演義》矣。

山東曲阜亦云有梁、祝故蹟，則更奇。詳見《三鈔》卷十。（俞樾：《茶香室四鈔》卷三，清光緒二十五年刻春在堂全書本）

【梨園演張繡彥】國朝陳其年《湖海樓詞集》有【賀新涼】一闋，其題云：「甲申之變，迎降者大司馬某亦與焉。其人後官兩浙，開讌西湖，召梨園侑酒。即命演闖賊破都城故事。闖賊入城，一人執手版蒲伏，自唱『臣兵部

尙書某迎接聖駕。』蓋某即坐上客也。某愴然不懌，良久，曰：『嘻！亦太甚矣。某何至是！』遂罷酒去。」按《明史・七卿表》，知所謂某者，張縉彥也。（俞樾：《茶香室四鈔》卷三，清光緒二十五年刻春在堂全書本）

【宋子京事與陶穀相類】宋朱弁《曲洧舊聞》云：宋子京修《唐書》，一日大雪，添帘幕，燃椽燭，熾炭兩鑪，草某人傳未成，顧諸姬曰：「汝輩俱曾在人家，曾見主人如此否？可謂清矣。」皆曰：「實無有也。」其一人來自宗子家，子京曰：「汝太尉遇此天氣，亦復何如？」對曰：「只是擁鑪命歌舞，間以褻劇，引滿大醉而已。如何比得內翰？」子京點頭曰：「也自不惡。」乃閣筆掩卷起，索酒飲之，幾達晨。明日對賓客，自言其事。按：此與陶穀、党姬事極相類。（俞樾：《茶香室四鈔》卷四，清光緒二十五年刻春在堂全書本）

【御前優人以子瞻爲戲】宋李廌《師友談記》云：東坡先生言：近扈從燕醴泉，觀優人以相與自夸文章爲戲者。一優云：「吾之文章，汝輩不可及也。」眾優曰：「何也？」曰：「汝不見吾頭上子瞻乎？」上爲解頤。案：「頭上子瞻」，謂帽也。上文有注云：士大夫近年傚東坡，桶高簷短，名帽曰「子瞻樣」。當時優人，竟於御前爲此語，足見宋禁令之闊疏。而子瞻之名動九重，亦後世人臣所莫及矣。（俞樾：《茶香室四鈔》卷四，清光緒二十五年刻春在堂全書本）

【木白美】國朝程庭鷺《多暇錄》云：顧俠君《觀〈西樓記〉傳奇》云：「翠鈿拾得在荒園，月動花稍宿夜魂。今日尊前看白美，眉尖一半舊啼痕。」自注：「白美，木姬本名也。故址在秀野園旁。今院本作『穆素徽』，假『木』之音爲『穆』，假『白美』之義爲『素徽』耳。」今吳縣學署左某氏有小園，相傳爲木姬舊居，西樓尚存，則秀野園當亦在其鄰近。（俞樾：《茶香室四鈔》卷五，清光緒二十五年刻春在堂全書本）

【小姑賢祠】國朝程庭鷺《多暇錄》云：小姑賢爲虎邱南地名。昔有民家姑惡新婦，欲羅織之。其小姑悉引爲己過以悟母，母悔而止，鄉人祠之。今院本雜亹有《小姑賢》一折，即演此事。見宋犖《燕石集》。（俞樾：《茶香室四鈔》卷五，清光緒二十五年刻春在堂全書本）

【唐代路祭之盛】唐封演《封氏聞見記》云：玄宗朝，海內殷贍。送

葬者或當衢設祭，有假花、假果、粉人、麫獸之屬。喪亂以來，此風大扇，窮極技巧。大曆中，太原節度辛景雲葬日，諸道節度使使人修范陽祭，祭盤最爲高大，刻木爲尉遲鄭公突厥鬪將之戲，機關動作，不異於生。祭訖，靈車欲過，使者請曰：「對數未盡。」又停車設項羽與漢高祖會鴻門之像，良久乃畢。繯經者皆手擘布幕，收哭觀戲。事畢，孝子陳語於使人：「祭盤大好，賞馬兩匹。」滑州節度令狐母亡，鄰境致祭，昭義節度初於其門載船栿以充幕柱，至時嫌短，特於衛州大河中取長栿代之。及昭義節度薛公薨，絳、忻諸方並管內滏陽城南設祭，每半里一祭，南至漳河，二十餘里，連延相次，大者費千餘貫，小者猶三四百貫，互相窺覘，競爲新奇。柩車暫過，皆爲棄物矣。（俞樾：《茶香室四鈔》卷九，清光緒二十五年刻春在堂全書本）

【遊僊窟詩】日本人上毛河子靜《全唐詩逸》載：《遊僊窟》詩注云：舊載詩七十八首，猥褻淫靡，幾乎傷雅。今錄一十七首，其詩有張文成贈崔十孃詩、崔十孃答文成詩，又有詠崔五嫂詩、崔五嫂別文成詩，又有香兒送張郎詩。不知張文成爲何許人，與崔氏婦女狎遊倡和，竟成一集。元人《西廂記》至今盛傳，不知唐時又有此崔、張故事也。余又疑元人因元微之事作《西廂記》，駕名崔、張，正因此事而起耳。（俞樾：《茶香室四鈔》卷十三，清光緒二十五年刻春在堂全書本）

【白馬將軍】國朝周亮工《書影》云：輝縣褚邱，去百泉四十里，有白馬將軍祠。土人多崔姓者，而近又有鄭村。有於褚邱演《崔鄭傳奇》者，土人以石擊優人，訟之官。張萊居有《過褚邱》詩：「玉勒追風下古鄉，鴛鴦隊裏陣雲黃。怪底褚邱看社上，無人敢去演《西廂》。」（俞樾：《茶香室四鈔》卷二十，清光緒二十五年刻春在堂全書本）

【一絃稽琴】宋沈括《夢溪筆談》云：熙寧中宮宴，教坊伶人徐衍奏稽琴，方進酒而一絃絕，衍更不易琴，只用一絃終其曲。自此始爲一絃稽琴格。按此，則稽琴本只二絃也。（俞樾：《茶香室四鈔》卷廿三，清光緒二十五年刻春在堂全書本）

【《王煥》戲文】元劉一清《錢唐遺事》云：戊辰己巳間，《王煥》戲文盛行於都下。始自太學，有黃可道者爲之，一倉官諸妾見之，至於群奔。遂以言去。按：王煥不知何人，戲文所演亦不知何事，遂至誨淫如此。亦奇。（俞

樾：《茶香室四鈔》卷廿三，清光緒二十五年刻春在堂全書本）

【斬關某影戲】宋孔平仲《珩璜新論》云：京師有富家子，少孤專財。群無賴百方誘道之。而此子甚好看弄影戲，每弄至斬關某，輒爲之泣下，屬弄者且緩之一日。弄者曰：「雲長古猛將，今斬之，其鬼或能爲祟。請既斬而祭之。」此子喜甚，弄者乃求酒肉之費，此子出銀器數十。至日斬罷，大陳飲食如祭者，群無賴聚享之，乃白此子，請遂散此器。此子不敢逆，於是共分焉。按：此子一庸妄子，獨知敬愛關帝，亦奇。（俞樾：《茶香室四鈔》卷廿三，清光緒二十五年刻春在堂全書本）

【《繡襦》傳奇】明張萱《疑耀》云：今俗演《繡襦》傳奇，鄭元和殺駿馬奉妓人李亞僊事，此乃元翰林學士王元鼎與妓人順時秀事也。

案：汧國夫人事，唐時實有之。惟殺馬事，則借元人事裝點耳。據元人黃雪蓑所作《青樓集》云：順時秀姓郭氏，字順卿，行第二，人稱之曰「郭二娘」。與王元鼎密，偶疾，思得馬版腸，王即殺所騎駿馬以啗之。《繡襦記》即用此事也。阿魯溫參政問郭：「我何如王元鼎？」郭曰：「經綸國政，致君澤民，則元鼎不及參政；嘲風弄月，惜玉憐香，則參政不敢望元鼎。」阿魯溫一笑而罷。然則郭二娘亦自是可人，惜無人敷衍其事爲傳奇也。（俞樾：《茶香室四鈔》卷廿三，清光緒二十五年刻春在堂全書本）

【《黑白傳》】明曹家駒《說夢》云：吾鄉董文敏公，文章書畫，冠絕一時。徒以名士風流，每疏繩檢。仲子祖常，尤暴戾。郡諸生陸紹芬，面黑身頎，家有僕生女綠英，年未笄，有殊色，仲強劫之。陸徧告通國，欲與爲難，得郡紳出解乃已。時有好事者戲演《黑白傳》小說，第一回標題云：「白公子夜打陸家莊，黑秀才大鬧龍門里」，蓋紹芬人呼陸黑，文敏既號思白，仲又有霸力，人嘗以「小白」名。所居近龍門寺，故云。按：《黑白傳》小說，余已記於《續鈔》卷十三，而未得其詳，故又記此。《說夢》一書無傳，余錄其書數則，皆得之上海毛對山。（俞樾：《茶香室四鈔》卷廿三，清光緒二十五年刻春在堂全書本）

【《南花小史》】明曹家駒《說夢》云：邑倪氏，郡中富室。有二子，次頗輕薄，好詞曲。戲以郡之美少，次其等第，各作小傳，以花配之，係以論讚，名曰《南花小史》，傳播一時。然中多世家子，首列爲唐文恪公孫。

諸紳大嫉之，聞於郡守方公，逮之甚急。倪匿杭之西溪，雖破家不敢歸，未幾客死。

又曰：華亭沈瀋，後改名休文，縱爲狹邪遊。薄松郡無名妹，出遊蘇臺，日往來平康，品諸色妓，作花案，某爲狀元，某爲榜眼，某爲探花，名《群芳榜》。擇日迎狀元，舉國若狂。按君李森先廉得其實，飭差密捕，立斃杖下。按：二事相類，而沈得禍尤酷，可爲輕薄好事者戒。（俞樾：《茶香室四鈔》卷廿三，清光緒二十五年刻春在堂全書本）

【孔三傳幺調】元陸友仁《研北襍志》云：諸幺調（諸宮調）乃澤州孔三傳所撰。按：孔三傳不知何人，殆老曲師邪？（俞樾：《茶香室四鈔》卷廿三，清光緒二十五年刻春在堂全書本）

【元院本無生旦】國朝沈自南《藝林彙考》引胡氏《筆叢》云：元院本無生旦，與襍劇不同。元時襍劇，旦有數色，所謂裝旦，即今正旦；小旦即今副旦，以黑點破其面，謂之花旦。今惟淨、丑爲之。

又云：元襍劇中，末即今戲文中生也。考鄭德輝《倩女》、關漢卿《竇娥》，皆以末爲生。此外又有中末，即今之外耳。然則《青樓集》所稱「末泥」，即生無疑。今《西廂記》以張珙爲生，當是國初所改，或元末《琵琶》等南戲出而易此名。觀關氏所撰諸襍劇，《緋衣夢》等，悉不立生名，他可知矣。按此，則元襍劇亦無生，與前說又歧。（俞樾：《茶香室四鈔》卷廿三，清光緒二十五年刻春在堂全書本）

【首坐點戲】國朝陳其年《湖海樓詞集》有自嘲【賀新涼】一闋，同杜于皇賦，其小序云：于皇曰：「旅舍風雨中與其年杯酒閒談，余因及首席決不可坐，要點戲，是一苦事。余常坐壽筵首席，見新戲有《壽春圖》，名甚吉利，亟點之，不知其殺伐到底，終坐不安。」其年云：「亦嘗坐壽筵首席，見新戲有《壽榮華》，以爲吉利，亟點之，不知其哭泣到底，滿堂不樂。」（俞樾：《茶香室四鈔》卷廿三，清光緒二十五年刻春在堂全書本）

【幞頭垂腳不垂腳】宋程大昌《演繁露》云：幞頭起於後周，其制裁紗覆首，盡韜其髮，兩腳繫腦後，故唐裝悉垂腳，其改爲硬腳，不載所始。沈存中《筆談》謂唐惟人主得服硬腳，晚季方鎭始有僭服者。宣和重修鹵簿圖，言唐制皆垂腳，其後帝服則腳上曲，五代漢後漸變平直。

按：今梨園中紗帽，即古幞頭也，有硬翅軟翅之分。硬翅者，即古所謂硬腳也；軟翅者，即古所謂垂腳也。宰相紗帽，則兩翅上曲，即古所謂腳上曲也。腳上曲最尊，硬腳次之，垂腳又次之。梨園中制雖不盡如古，然亦約略得其遺意。

國朝沈自南《藝林彙考》引《燕談錄》云：五代帝王多裹朝天幞頭，二腳上翹。四方僭偽之主各創新樣，或翹上而反折於下，或如團扇蕉葉之狀合抱於前。僞孟蜀始以漆紗爲之。湖南馬希範二角左右長丈餘，謂之龍角，人或誤觸之，則終日頭痛。至劉漢祖始仕晉爲并州衙校，裹幞頭，腳左右長尺餘，橫直之，不復上翹，迄今不改其制。按：如團扇蕉葉，即今梨園中所載圓翅紗帽也。

又引《席上腐談》云：周武所製，不過如今之結巾，垂兩角。初無帶，唐人添四帶，以兩角垂前，兩角垂後。宋又橫兩角，以鐵線張之，庶免朝見之時偶語。按：《燕談錄》所載橫角，不始於宋也，或至宋又張以鐵線乎？以此防人偶語，或亦冕旒蔽明、黈纊塞耳之遺意。

宋沈括《筆談》云：幞頭一謂之四腳，乃四帶也。本朝幞頭有直腳、局腳、交腳、朝天、順風，凡五等，惟直腳貴賤通服之。又庶人所戴頭巾，唐人亦謂之四腳，蓋兩腳繫腦後，兩腳繫頷下，取其服勞不脫也。今人不復繫頷下，兩帶遂爲虛設。（俞樾：《茶香室四鈔》卷廿四，清光緒二十五年刻春在堂全書本）

【嗺酒】宋葉夢得《石林燕語》云：公燕合樂，每酒行一終，伶人必唱嗺酒，然後樂作。此唐人送酒之辭，本作「碎」音，今多爲平聲。王仁裕詩：「淑景易從風雨去，芳尊須用管絃嗺。」按：「嗺」字，《廣韻》云「送歌」，《集韻》云「促飲」，促飲合於嗺酒之義，然不知何解。《玉篇》云：「撮口也」，與此義無涉。《廣韻》、《集韻》灰部，「嗺」字皆兩見，今韻則無。（俞樾：《茶香室四鈔》卷廿五，清光緒二十五年刻春在堂全書本）

【柳傀】漢陽朱勳臣僑寓淮城。一日，忽於案頭得張禹門書云：「欲借同居。」朱初不知張爲何人，且罔測書所從來。正疑慮間，倏又得一書，乃知張爲狐也。嗣是，頻有書來，而不以形見。朱懼，謀徙居以避之，徙居而張仍從焉。有請箕傀者，朱往問之，則柳傀降判曰：「張禹門，吾弟子也，與汝有宿緣，宜爲建祠。」朱謝力不及。又判曰：「三日再議。」及期而往，

盤中書一「吝」字。朱方欲再問，而家人告火作，奔救乃熄。於是大懼，鳩工庀材，刻日成之。祠成，而張仍往來朱家。適有爲朱女議婚者，朱以問張，張報書曰：「此不可許，三日後當有高人來爲媒。」越三日，有一老嫗來爲徐秀才之子求婚。老嫗高姓，始悟高人謂嫗也。狐居人家，載籍所記，多有其事。此狐自稱張禹門，不知其何從得姓，何義命名也。箕僊殆即此狐爲之託名。柳僊亦無其人，世傳柳僊爲呂純陽弟子，蓋本元人雜劇，此豈足爲典要？且考宋鄭景璧《蒙齋筆談》載，呂詩「惟有城南老樹精，分明知道神僊過」。城南老樹，乃古松也，則知元劇已屬訛傳矣。余雅不信箕僊，竊謂當今之世，而欲絕地天通，宜首禁此術也。（俞樾：《耳郵》卷三，清光緒二十五年刻春在堂全書本）

編者案：原作無標題，此標題係編者所擬。

【觀戲橋圮】杭州武林門外之山墩，有橋曰新橋，亂後重修，頗爲堅固。丁丑之秋，村人於橋旁搭臺演戲，橋上觀者甚多。有小兒呼曰：「橋下有人掊土，《史記·封禪書》：「《索隱》：掊，扒也。」橋將圮矣！」眾皆笑而不信。俄頃之間，橋果崩毀，死傷者甚眾。此小兒不知誰何，殆鬼神使之警眾歟？又聞此日曲部中，一老優先知必有變異，恐傷其儕伍，密於臺之四柱各斫一刀，又倒燃雙燭於房以厭之。豈知伶人無恙而反傷觀者也。殆亦有數存矣！
（俞樾：《耳郵》卷三，清光緒二十五年刻春在堂全書本）

編者案：原作無標題，此標題係編者所擬。

【《東堂老》事類】徽之績溪縣有殷翁與柳翁者，相善也。柳翁且死，託其子於殷翁。及其子長，則流蕩不肖，日以飲博爲事。殷翁述乃父之遺言，苦口勸戒，至於流涕痛哭而罷，如是者非一次矣，而其子終不悛。殷翁知其不可教也，乃使其客日從之博，博大負則又教之賣田，而殷翁出己金託他人之名以賤值買之。其田之所入，則別置一處，不侵蝕其絲粟。凡柳子此後鬻田、鬻地、鬻金玉器皿、鬻字畫玩好，殷翁悉以其田所入之錢，一一購買之。未數歲，良田美產，悉歸殷翁。而除購買柳氏物外，又無他用，所積益饒，柳子固不知也。久之，並其所住之屋亦歸於殷，柳遂無立錐地。其初寄宿親串家，大受殘杯冷炙之辱。又轉徙至僧廬道觀，亦不見容納。遂行乞於市，夜則席地帷天，與群丐爲伍。殷翁乃招之至家，熏沐之，飲食之，謂曰：「若亦憶我向者之言乎？」柳子痛哭自責。殷翁曰：「所失之物，不可復返矣。

姑努力讀書，或可望晚成耳。」柳子嗣是果發憤下帷，期年之後，得隸諸生籍。殷翁乃以所買田宅，一一歸之，曰：「曩見足下迷而不悟，不可以口舌爭，非山窮水盡，不知變計，故不得已出此背水之計，置之死地而生之。曩與子共飲博之某甲某乙，皆吾所遣；曩買子田宅之某甲某乙，即老夫託名也。今此計果成，郎君前程未可限量。老夫年邁，不久就木，死見尊翁，亦無愧九泉矣。」柳子感極，厥角稽首，不知所云。里黨聞之，咸歎殷翁高義而又有遠見，非尋恒所及也。余按元人雜劇中有一事與此相類，疑即古事而誤傳爲今事，然言者鑿鑿，以爲不誣，姑爲記之。稗官小說家，固不必拘拘於事之眞僞，但取其足以風世而已矣。（俞樾：《耳郵》卷三，清光緒二十五年刻春在堂全書本）

編者案：原作無標題，此標題係編者所擬。

【《意外緣》傳奇】高郵一農家，衣食粗足，生一女極美，父母愛之，擇婿殊苛。其後門臨大河，有宦家子泊舟河干，見女而艷之，停橈不去。一日，見有尼自其門出，遂尾之至庵，告以故，許以重賂。尼諾之。越數日，醉女以酒而送之至舟，遂揚帆而去。女醒大啼，宦家子曲意撫慰之，矢以白首。比至家，則有翁在。女哭訴於翁。翁曰：「是吾兒之過也。然既至此，毋戚戚。吾爲汝玉成其事。」乃倩媒妁，具彩幣，至其父母家，聘爲子婦焉。農家失女，正愁苦無策，至是，喜出望外，遂結朱陳之好。好事者爲譜《意外緣》傳奇。（俞樾：《耳郵》卷四，清光緒二十五年刻春在堂全書本）

編者案：原作無標題，此標題係編者所擬。

【《十五貫》事類】南宋臨安有劉貴者，字君薦，妻王氏，妾陳氏。一日攜其妻往祝妻父壽。妻父王翁以其貧也，予錢十五貫，使營什一，留女而遣婿先歸。途遇其友，同飲而醉。及歸，妾見所負錢，問其故，劉貴醉後戲之曰：「吾因家貧不能共活，已賃汝於人矣。此賃錢也。明日當送汝去。」言已就枕，即入睡鄉。妾思告知其父母，乃之鄰人朱三老家，告以故，且寄宿焉。黎明即行，而劉貴固熟睡未醒。有賊入其家，竊其錢，劉驚覺起而追之，適地下有斧，賊即取斧斫劉，殺之，盡負錢去。次日，鄰人見其門久而不啓，入視得狀，朱三老乃言夜聞其妾借宿事，因共追尋。妾行路未半，力疲少憩。有崔寧者，自城中賣絲，亦得錢十五貫，與之同憩。追者至，並要之歸，聞於官，謂妾與崔有姦，殺其夫，竊貨偕亡也。竟屍於市。後其妻以

夫死家貧，其父王翁使人迎之歸。途遇大雨，避入林中，爲盜所得，據爲妻。偶言及數年前曾爲賊，入人家殺其主人，得錢十五貫。妻乃知殺其夫者，即此盜也。乘閒出，告於臨安府，事乃白。殺盜，沒其家貲，以半給其妻。妻遂入尼庵以終。按：此事不知出何書，余於國初人所作小說曰《今古奇聞》者見之，與今梨園所演《十五貫》事絕異，且事在南宋，非明時也。疑自宋相傳有十五貫冤獄，後人改易其本末，附會作況太守事耳。《十五貫》傳奇乃國朝吳縣朱素臣作，去況遠矣。（俞樾：《春在堂隨筆》卷十，清光緒二十五年刻春在堂全書本）

編者案：原作無標題，此標題係編者所擬。

【孫殿齡】休寧孫殿齡，字蓮叔，家世富饒。生十五六而孤，擁貲百萬。以年少不更世事，倡樓買笑，博局呼盧，不十年，耗其貲十四五矣。然其人實恂恂儒雅，且天資絕人，能爲詩，兼善書畫。余甲辰歲始至新安，蓮叔一見如故，長於余一歲，有異姓昆弟之約。余未通籍前，館新安汪氏者五年，距蓮叔所居霞塘二十里而近，時相過從。每宴客，必招余往，張筵演劇，燈火通宵，亦少年遊冶之一樂也。粵寇之亂，蓮叔避居山中，猝遇寇至，死之。老母年九十餘，亦與斯難。妻孥俱盡，家業凋零，亂後止存二子。余頗思爲作小傳，以存其人，因循未果。然有《哭孫蓮叔》五古一章存集中，敘次頗詳，亦足見其崖略也。丁亥秋間，其次子祖恩字澤臣至吳下求見，衣敝履穿，面目憔悴，殊令人有西華葛帔之歎。出舊時《翦燭談詩圖》乞題，圖中二人相對，即蓮叔與余也。感念盛衰，爲之憮然，爲題七言古詩一章，亦存集中。

（俞樾：《春在堂隨筆》卷十，清光緒二十五年刻春在堂全書本）

編者案：原作無標題，此標題係編者所擬。

【王嬙】因毛嬙論及王嬙。余曰：王嬙事具正史。《漢書·匈奴傳》：「竟寧元年，呼韓邪單于復入朝，自言願婿漢氏以自親。元帝以後宮良家子王嬙字昭君賜單于，號『寧胡閼氏』，生一男伊屠智牙師，爲右日逐王。呼韓邪死，立雕陶莫皋，爲復株累若鞮單于，復娶王昭君，生二女。長女云爲須卜居次，小女爲當于居次。新都侯王莽秉政，乃風單于令遣王昭君女須卜居次云入侍。師古曰：云者，其女名。」《後漢書·南匈奴傳》：「昭君字嬙，南郡人也。初，元帝時以良家子選入掖庭。時呼韓邪來朝，帝敕以宮女五人賜之。昭君入宮數月，不得見御，積悲怨，乃請掖庭令求行。呼韓邪臨辭大會，帝

召五女以示之。昭君豐容盛飾，光明漢宮；顧影裴回，竦動左右。帝見大驚，意欲留之，而難於失信，遂與匈奴，生二子。及呼韓邪死，其前閼氏子代立，欲妻之。昭君上書求歸，成帝敕令從胡俗，遂復爲後單于閼氏。」前後《漢書》所言止此。至《西京雜記》，乃有誅畫工之說，所誅畫工毛延壽、陳敞、劉白、龔寬、陽望、樊有，不止一毛延壽也。至馬上琵琶，實非昭君事。《文選》有石季倫《王明君詞》一首，其序曰：「昔公主嫁烏孫，令琵琶馬上作樂，以慰其道路之思。其送明君，亦必爾也。」然則琵琶作樂，乃因烏孫公主而推之昭君，想當然耳。而至今流布丹青、傳之樂府，杜少陵亦有「千載琵琶」之句矣。《琴操》曰：「王昭君者，齊國王襄女。年十七，獻元帝」，此可補《漢書》所未及。《琴操》又云：「昭君吞藥而死」，此殆如《長笛賦》所云「屈平適樂國，介推還受祿」，非事實也。元人馬致遠《漢宮秋》曲云：明妃和親，行至黑龍江，投江而死。良由惜其淪落，故創此說，爲美人一洒之。事雖失眞，不必辨也。（俞樾：《小浮梅閒話》，清光緒二十五年刻春在堂全書本）

編者案：原作無標題，此標題係編者所擬。

【孟姜女哭長城】俗傳秦築長城，有范郎之妻孟姜送寒衣至城下，聞夫死，一哭而長城爲之崩。范郎妻，果何人歟？余曰：唐釋貫休《禪月集》有《杞梁妻》一首云：「秦之無道兮四海枯，築長城兮防北胡。築人築土一萬里，杞梁貞婦啼烏烏」，似乎哭長城而崩者，即杞梁妻矣。《日知錄》謂其並《左傳》、《孟子》而未讀，此固不足據。所謂范郎妻者，究不知爲何人。《漢書・匈奴傳》：「漢軍乘勝追北至范夫人城」，應劭曰：「本漢將築此城，將亡，其妻率餘眾完保之，因以爲名。」然則范郎妻疑及范夫人，乃夫死而保完其城，非夫死而一哭崩城；且漢時人，非秦時人也。傳者以此事牽合杞梁妻事，致失其實。（俞樾：《小浮梅閒話》，清光緒二十五年刻春在堂全書本）

編者案：原作無標題，此標題係編者所擬。

【《琵琶記》本事】因馬融遂及蔡邕事。余曰：此則前人論之詳矣。元高則誠《琵琶記》，本爲王四而作，《記》以「琵琶」名，以其中有四「王」字也。託名蔡邕者，以王四少賤，嘗爲人種菜也。按：唐李肇《國史補》載，江西有驛官，以幹事自任，白刺史驛已理，請一視之。初一室爲酒庫，其外畫神曰杜康；又一室曰茶庫，復有神曰陸羽；又一室曰菹庫，復有神曰蔡伯喈。則「蔡」、「菜」同音，沿譌已久，元曲以菜傭爲蔡邕，非無自矣。惟《後

漢書》本傳云：「父稜，亦有清白行，諡曰『貞定公』」，注又引祖攜碑云：「攜字叔業，順帝時，以司空高第，遷新蔡長，年七十九卒。長子稜，字伯直，處俗孤黨，不協於時，垂翼華髮，人爵不升，年五十三卒」，則中郎家世，犁然可考，不似俗所傳也。陸放翁詩云：「身後是非誰管得？沿邨聽唱蔡中郎」，然則中郎事之流傳失眞，不始於元曲矣。長洲褚人獲《堅瓠集》引唐人小說云：「唐有蔡節度者，微時與牛相國僧孺之子繁同學，邂逅文字交，尋同舉進士才。牛繁欲以女弟字蔡，蔡已有妻趙矣，力辭不得。既而牛能將順於趙，趙亦無妨於牛。東嘉感其事而作此書。」果有此書，則與《琵琶記》適合，惟唐人小說不知何書。考《玉泉子》無撰人名氏云：「鄧敞以孤寒不中第，牛尉兄弟僧孺之子謂敞曰：『吾有女弟未出門，子能婚乎？當爲君展力。』時敞已婚李氏，私利其言，許之。既登第，就牛氏親，不日挈牛氏而歸。牛氏至，知其賣己也，請見李氏曰：『吾父爲宰相，兄弟皆在郎省，豈無一嫁處邪？其不幸，豈惟夫人？今願一切與大人同之』云云。此事於牛丞相女頗符，而蔡、趙皆不合，未知《堅瓠》所引即此事否，恐亦不足據也。（俞樾·《小浮梅閒話》，清光緒二十五年刻春在堂全書本）

　　編者案：原作無標題，此標題係編者所擬。

　　【貂蟬】又問貂蟬事，「有其人乎？」余曰：王允與呂布謀誅董卓，初無婦人與其事，惟《後漢書·呂布傳》曰：「卓以布爲騎都尉，誓爲父子，甚愛信之。當小失意，卓拔手戟擲之，布拳捷得免。布由是陰怨於卓。卓又使布守中閣，而私與傅婢情通，益不自安」，然則俗傳鳳儀擲戟事，固出有因；而所謂貂蟬者，即因婢事而附會成之也。《後漢書·董卓傳》：「卓朝服升車，既而馬驚墮泥，還入更衣。其少妻止之，卓不從」。此少妻當別一人，非即呂布所通之傅婢也。至呂布妻，不詳何人。《三國志·呂布傳》注引《英雄記》曰：「布見備，甚敬之。請備於帳中，坐婦床上，令婦向拜，酌酒飲食」。又云：「建安元年六月，夜半時，布將河內郝萌反，將兵入布所治下邳府，詣廳事閣外，同聲大呼。布不知反者爲誰，直牽婦，科頭袒衣，相將從溷上排壁出，詣都督高順營」。又曰：「布欲令陳宮、高順守城，自將騎斷太祖糧道。布妻謂曰：『宮、順素不和，將軍一出，宮、順必不同心共守城也。如有蹉跌，將軍當於何自立乎？妾昔在長安，已爲將軍所棄，賴得龐舒私藏妾身耳。今不須顧妾也。』布得妻言，愁悶不能自決」，是布固惟妻言是用，

然不知妻爲誰氏也。又《關雲長傳》注引《蜀記》曰：「曹公與劉備圍呂布於下邳，雲長啓公：『布使秦宜祿行求救，乞娶其妻』，公許之。臨破，又屢啓於公。公疑其有異色，先遣迎看，因自留之。雲長心不自安」，據此，則呂布妻必美。且又牽涉關公，雜劇有《關公月下斬貂嬋》事，即因此附會也。

（俞樾：《小浮梅閒話》，清光緒二十五年刻春在堂全書本）

編者案：原作無標題，此標題係編者所擬。

【薛仁貴白袍】因秦叔寶事類及薛仁貴。余曰：據《舊唐書》本傳：「薛仁貴自恃驍勇，欲立奇功，乃異其服色，著白衣握戟，腰鞬張弓，大呼先入，所向無前。太宗遙望見之，遣馳問先鋒白衣者爲誰。特引見，賜馬兩匹、絹四十匹」，則俗傳白袍小將，固有徵矣。高宗稱其「北伐九姓，東擊高麗，漢北遼東，咸遵聲教者，皆卿之力也」，則其爲一朝名將，固不必言。其子訥，自有傳。始爲藍田令，其後突厥入寇，武后以訥將門，使攝左武威將軍、安東道經略。久當邊鎮之任，累有戰功。開元二年，討契丹，爲所覆，訥脫身走免，制削其官爵。吐蕃寇臨洮，以白衣攝左羽林將軍，爲隴右防禦使，大破賊眾。錄功拜左羽林軍大將軍，復封平陽郡公。卒諡昭定。史稱其「沉勇寡言，臨大敵而益壯」，是訥固不愧將門之子。其弟楚玉，開元中爲幽州大都督府長史，以不稱見代而卒。訥子暢，拜朝散大夫。薛氏一門可考者如此。世人附會，云薛家世爲名將，則非也。（俞樾：《小浮梅閒話》，清光緒二十五年刻春在堂全書本）

編者案：原作無標題，此標題係編者所擬。

【虬髯公】問虬髯公事有否，余曰：此雖本唐人小說，亦不足據。虬髯本傳稱，貞觀中，靖位至僕射，東南蠻奏曰：有海賊以千艘積甲十萬人入扶餘國，殺其主自立，國內已定。考新舊《唐書》，並無扶餘國，惟高麗、百濟，併云扶餘之別種也。高麗國中有扶餘城。武德七年，高麗王建武懼伐其國，乃築長城，東北自扶餘城，西南至海，千有餘里。是高麗方據扶餘城以自固，豈他人得襲而有之也？又考《薛仁貴傳》云：「乾封初，高麗大將泉男生內附，遣將軍龐同、善高等迎接之。男生弟男建率國人逆擊，仁貴領驍勇赴救，乘勝進攻扶餘城，遂拔扶餘城。扶餘川四十餘城乘風震懾，一時送款。」使誠有虬髯事，亦不久殘破矣。（俞樾：《小浮梅閒話》，清光緒二十五年刻春在堂全書本）

編者案：原作無標題，此標題係編者所擬。

【楊六郎】演義家所稱名將，在唐曰「薛家」，皆仁貴子孫也；在宋曰「楊家」，皆楊業子孫也。薛家事既考之矣，楊家事如何？余曰：楊業諸子見於史者，曰：延朗、延浦、延訓、延環、延貴、延彬，而延昭最知名，即延朗改名也。史稱延昭智勇善戰，所得奉賜悉犒軍，未嘗問家事；出入騎從如小校，號令嚴明；與士卒同甘苦，遇敵必身先行陣；克捷，推功於下，故人樂為用。在邊防二十餘年，契丹憚之，目為「楊六郎」。至今，「楊六郎」之名，固猶在人口也。延昭子文廣，以討賊張海功，授殿直。范仲淹宣撫陝西，置麾下，從狄青南征。後為定州路副都總管，遷步軍都虞侯，蓋亦不墜其家風者。此楊家之大略也。（俞樾：《小浮梅閒話》，清光緒二十五年刻春在堂全書本）

編者案：原作無標題，此標題係編者所擬。

【包龍圖】因論宋人之最著者，曰包龍圖，幾於婦豎皆知。所傳事實，有徵乎？余曰：包孝肅之為人，《宋史》本傳稱其「性峭直，惡吏苛刻，務敦厚，雖甚嫉惡，而未嘗不推以忠恕」，則與世所傳亦小異矣。惟史載其知天長縣時，有盜割人牛舌者，主來訴，拯曰：「第歸，殺而鬻之。」尋復有來告私殺牛者，拯曰：「何為割牛舌而又告之？」盜驚服。則亦頗有鉤距之術，世所演為《龍圖公案》者，或即由此也。至元人百種曲，有斷立太后之事，此乃借李宸妃事為之。考《宋史》：李宸妃，杭州人。初入宮，為章獻太后侍兒。真宗以為司寢，已而生仁宗，章獻以為己子。仁宗即位，妃默處先朝嬪御中，終太后世，仁宗不自知為妃所出。明道元年，疾亟，進位宸妃，薨，年四十六。後章獻太后崩，燕王為仁宗言：「陛下乃李宸妃所生。」仁宗號慟，尊為皇太后。是李宸妃本末如是，安有如俗所傳者哉？直以為章獻太后所抑。當時本有死於非命之說，故傳至後世，猶有此紛紜之論耳。按王銍《默記》載：有王氏女自言得幸神宗，生子冷青，以繡抱肚為驗，趙槩、包拯鞫得其奸詐狀，並處死。則與後世所傳適相反也。而《默記》又載：張茂實太尉，章聖之子，尚宮朱氏所生。章聖畏懼劉后，凡後宮生皇子、公主俱不留，以與內侍張景宗，令養視，遂冒姓張。又云：厚陵為皇太子，茂實入朝，至東華門外，居民樊用者迎馬首，速呼曰：「虧你太尉！」茂實惶恐，執詣有司，以為狂人而黥之。是當時此等異說甚多，宜流傳至今，以為口實也。（俞樾：《小浮梅閒話》，清光緒二十五年刻春在堂全書本）

編者案：原作無標題，此標題係編者所擬。

【崔張《西廂》本事辨】嘗縱論傳奇，因及崔張事。余曰：此本唐人《會眞記》，夫人而知之矣。惟所謂鄭恒者，據《唐宰相世系表》，鄭氏二房允伯後，實有名恒之人。今濬縣有一碑云「唐故滎陽鄭府君夫人博陵崔氏合祔墓誌銘」，給事郎試太常寺奉禮郎攝衛州司法參軍秦貫撰。碑稱府君諱恒，則即其人也。其云高祖世斌、曾祖元嘉、祖有常、烈考探賢。按《世系表》，世斌、元嘉實有之，然恒則敬道之後，世斌、元嘉則敬德之後，與碑固不符也。據碑，恒享年六十，夫人以大中九年正月十七日病終，年七十有六。女一人，適范陽盧損之；嗣子六人：頊、瑊、瑾、珝、璿、琬。考金石者，謂足辨《會眞記》之誣。然此有二碑，一碑云「府君諱恒」，一碑云「府君諱遇」，文皆相同。疑好事者得鄭遇碑而易其名以欺世耳，未足據也。（俞樾：《小浮梅閒話》，清光緒二十五年刻春在堂全書本）

編者案：原作無標題，此標題係編者所擬。

【王十朋本事】又及王十朋事。余曰：此讕言，不足據。褚人獲《堅瓠集》引《南窗閒筆》云：錢玉蓮，宋名妓，從孫汝權。某寺殿梁上，題「信士孫汝權同妻錢玉蓮喜捨」。又引《聽雨增筆》云：孫汝權乃宋朝名進士，有文集行世，玉蓮則王十朋之女也。十朋劾史浩八罪，乃汝權嗾之。史姓子侄怨兩人刺骨，遂作《荊釵記》，以玉蓮爲十朋妻，而汝權有奪配事。此二書余皆未之見，未知足據否。要之，王十朋事與蔡中郎同一不根也。（俞樾：《小浮梅閒話》，清光緒二十五年刻春在堂全書本）

編者案：原作無標題，此標題係編者所擬。

【《西樓記》本事】又及《西樓記》。余曰：袁子才《隨園詩話》云：龔端毅公《定山堂集》有《觀袁鳧公水部演〈西樓〉傳奇》一首，蓋康熙初年事也。所云虞叔夜，即鳧公之託名。王子堅先生曾親見鳧公，短身赤鼻，長於詞典。莫素輝亦中人之姿，面微麻，貌不美，而性耽筆墨，故兩人交好。爲趙某所忌，故假趙伯將以刺之。又紀文達《如是我聞》云：《西樓記》稱莫素輝豔若神僊，吳林塘言其幼時及見之，短小而豐肌，一尋常女子耳。以袁、紀兩公所言徵之，則莫素輝果實有其人。（俞樾：《小浮梅閒話》，清光緒二十五年刻春在堂全書本）

編者案：原作無標題，此標題係編者所擬。

【《呂洞賓度城南柳》本事】元人雜劇有《呂洞賓度城南柳》事，然則世所傳柳儡，其信有之乎？余曰：此傳譌也。據宋鄭景望《蒙齋筆談》云：余記童子時，見大父魏公自湖外罷官還，道岳州，客有言洞賓事者，云近歲嘗過城南一古寺，題二詩壁間而去。其一云：「獨自行時獨自坐，無限時人不識我。惟有城南老樹精，分明知道神儡過。」說者云：寺有古大松，呂始至時，無能知者，有老人自松巔徐下致恭，故詩云然。按《四庫全書提要》云：「全錄葉夢得《岩下放言》文。」然則老樹乃松也，非柳也。傳寫者誤「老樹精」爲「柳樹精」，遂譌傳爲柳儡，亦可笑矣。洪邁《夷堅志》：岳州城南有呂儡翁詩，所謂「惟有城南老樹精，分明知道神儡過」也。至建炎中，松猶存。紹興二十三年，大風拔樹無數，此松遂枯。有道人適至，折已仆一枝插於旁，咒曰：「彼處難安身，移來這裡活。」自是日以暢茂，即今稚松也。道人蓋翁云。然則此松當日，固在人耳目前，豈得改爲柳也？（俞樾：《小浮梅閒話》，清光緒二十五年刻春在堂全書本）

編者案：原作無標題，此標題係編者所擬。

【《秦晉配》】秦娘者，維揚勾欄中人。其父固老諸生也，談者失其姓。生而國色，幼失怙恃，依其舅以居。而其舅負官逋，不得已，議鬻其甥女，爲媒者所誑，遂入青樓。女守貞不辱，假母好言勸之，不從，恫愒之，撻楚之，惟以死自誓。假母計窮，議轉鬻之他所，而以其貌美，未忍也。或爲假母謀曰：「凡爲女子，孰無情欲？宜廣覓少年美男子，勿責以纏頭之費。苟有當女意者，任留一二宿，此後事易爲計矣。」假母從之，凡所交好者，皆託其物色。於是裘馬少年，日有至者。女見之輒哭泣，稍近之則怒詈。假母不能忍，日以鞭扑從事，女決意求一死。夜夢老翁曰：「吾，爾父也。汝愼無死，吾已爲汝覓佳婿，明日當可諧秦晉之好矣。」吳下有蔣生者，以應京兆試，道出蕪城，初無意尋芳也。蔣有友，平時亦嘗受假母之託，以蔣貌美，導之往。蔣始不可，友固慫恿之。及至，女向壁哭如故。蔣調之曰：「聞卿名秦娘，小生則小字晉郎，秦晉自宜爲姻好，何拒我之深也？」女聞言，憶夢中父語，秋波斜睞，見蔣風度不凡，不覺哭聲頓止。假母喜曰：「大好，大好！今日儡女思凡矣。老身且去料理酒食。」女與蔣同坐房中，雖無一言，亦無慍意。須臾酒食至，假母招女同坐，女亦盈盈而至，然淚痕固湾湾也。蔣見旁無他人，乃問之曰：「觀卿情狀，必有隱懷。僕雖交淺，何礙言深。」女細述己志，

且告以夢，又哽咽而言曰：「郎君若能爲百年之計，夢中父命，敢不敬從。若以爲風塵中人，苟遣一時意興，則雖死不從也。」蔣歎曰：「有志女子哉！小生固未娶，然貧無金屋，奈何？」女曰：「苟許相從，荆布無恨。但求先矢天日，然後再陪杯勺。」蔣許之，共誓於神。是夜遂同宴好。假母喜女意轉，堅留小住，乃流連三日。女謂蔣曰：「郎君別後，假母必不容獨居，宜早爲計。君家有何人？所居何處？可詳告妾。」蔣曰：「家中無人，惟一寡姊相依，所居則姑蘇某巷也。」女喜曰：「妾得計矣。君宜爲一書與令姊，詳述妾事，妾自有策脫此火坑。」蔣悉如其言。及蔣去三日，假母果別招一客至。女強笑承迎，醉之以酒，乃服客之衣帽韈履，詐爲客狀，啓戶逕出，大罵曰：「何物婢子，如此倔強，令人憤氣填膺！」假母疑女又有變，得罪於客，追出謝之，則揚長竟去矣。入房審視，客固醉臥未醒，而女兔脫，乃始追。女甫出門，而暴風驟起，燈燭皆滅。蓋女之出也，默禱於父，有陰相之者也。追者皆悚然而返。女獨行昏黑中，若有導之出者，遂附船至蘇州，竟至蔣家，投書於姊。姊審書不謬，留之，而女已有身。及期，產一男。姊始猶狐疑，視所生男酷似其弟，乃大喜焉。蔣自別女入京，應京兆試，不售。或薦之就四川學政幕，甫至而學使者卒，蔣留蜀不得歸。俄值川楚教匪之亂，益困頓。適大帥欲延一書記之友，蔣遂入其幕府，賓主甚相得。始惟司筆札之事，居久之，灰盤密謀，罔不參預，以軍功保舉訓導。是時，道路梗塞，魚雁罕遇，而蔣亦從事戎旃，置家事不問，遂與家人久絕音問。及川楚平，敍功以知縣銓選，始乞假而歸。自辭家北行至此，將二十年矣。遙望故山，頗有近鄉情怯之意。乃至所居坊巷，則門庭如故，且紅燈雙掛，彩幕高張，鼓吹喧闐，溢於戶外，不知其有何事。入門則坐上客滿，多不相識。有少年，就問客從何來。蔣詫曰：「吾故蔣某，此吾家也。」少年大駭而入。無何，有中年婦人出，則其姊也，驚且喜曰：「吾弟歸歟？」引少年就蔣曰：「此吾弟之子也。」蓋其子年已弱冠，是日適爲畢姻耳。坐客皆大驚歎，以爲巧遇。姊曰：「正有一事爲難。弟婦已將作阿婆，而猶垂髮作女兒裝束，使之改妝，不可。今吾弟幸而歸來，事當如何？」一客曰：「何不趁此吉日，使父母、子婦同日完姻，亦佳話也。」滿堂轟然曰：「然！」於是青廬之內，花燭高燒，翁姑拜前，兒婦拜後。觀者皆嘖嘖，謂爲未有之盛事。好事者爲作《秦晉配》傳奇。（俞樾：《右台僊館筆記》卷三，清光緒二十五年刻春在堂全書本）

　　編者案：原作無標題，此標題係編者所擬。

【《商山鸞影》】雲南府城外商山西北隅，有邢妃墳，雖碑誌無考，而草間石獸猶存。故老相傳，妃即圓圓，吳梅村所爲作《圓圓曲》者也。嘉慶間，蘇州鄭生客遊滇，春日踏青商山，訪圓圓墓不得，崩榛荒葛中，忽迷歸路。俄而落照西沉，暮煙籠樹，遙望前途，似有人家，思往借宿。至則朱門洞開，玉瑱金鋪，儼然王侯第宅。乃使闇者轉達，良久而出，導入東廂，爲設食，樽酒簋貳，亦極精潔。飯已，有老嫗出問：「客操吳音，是何鄉貫？」具告之。少選，嫗秉燭而出，肅客登堂。有女子容色絕代，羽服霓衣，如女冠裝束，降階而迎，曰：「妾即邢氏，埋香地下，百有餘年。時移物換，丘隴就平。念君是妾同鄉，有小詩十首，求爲傳播。」因命侍女取詩付鄭。其末章云：「鴛鴦化盡魚鱗瓦，難覓當年竺落宮。」鄭問「竺落」之義，曰：「竺落皇笳天，是南方八天之一，載在《道經》。妾舊時所居宮名也。」取翠玉笛一枝以贈，並吟一詩曰：「歎息滄桑易變遷，西郊風雨自年年。感君吊我商山下，冷落平原舊墓田。」遂命送鄭山。時東方微明，向之第宅，俱無所見，惟四面隱隱若有垣墉，諦視之，則深林掩映而已。然袖中玉笛故在，視其詩箋，則多年敗紙，觸手欲腐，墨色亦暗淡，洞非人世之物。鄭以幽會荒唐，刻圓圓遺詩，託諸箕筆。東海劉占石傳會作《商山鸞影》傳奇，彌失其眞。蘇人蔣敬臣爲余言如此，因紀其大略。至其詩，世多有之，且亦不甚工，故不錄也。「竺落皇笳天」，據道家書爲十八色界天之一云。（俞樾：《右台僊館筆記》卷九，清光緒二十五年刻春在堂全書本）

編者案：原作無標題，此標題係編者所擬。

【金華將軍】光緒辛巳歲，花農與倪儒粟茹及孤山寺僧本慧，同至俞樓，於樓後山上西爽亭小坐。既下山，僧自後招花農曰：「來看，來看！」花農視之，見松樹上一黿，淺綠色，竟體滑澤如碧玉琢成，無磊砢之狀，與常黿異。儒粟曰：「此非金華將軍邪？」僧點首曰：「無多言。」次日，花農至右台僊館以告余。按：杭城湧金門內之有金華將軍廟，舊矣。據《咸淳臨安志》，神姓曹，名杲，眞定人，仕後唐爲金華令。吳越王擢守婺，錢氏入朝，委以國事。杲即城隅浚三池，曰湧金。既歿，民爲立祠池上。此固有功烈於民，宜在祀典者也。其神乃化身爲黿，何邪？然鬼神之事有不可以常理測者。即如黃河之神，化身多爲蛇，見於記載，登之奏牘。同年生薛世香廉訪，河南靈寶人也，嘗語余云：「黃河神，有大王，有將軍。每見形，則官吏必以盤承之，大設牲牢，廣陳優戲。蛇在盤中端然不動。其蛇有大小，小

者大王，大者將軍。大王蛇不過尺許，頭外尾內，其直如矢，雖至數日之久，小有轉側，而終不易其方。將軍蛇，或數尺，或丈餘，蟠曲如糾纆，首則昂然上出，而不見其尾。大王蛇必居盤中，將軍則稍偏焉。數日後輒失所在，莫知何往。河工官吏及濱河之民，咸崇奉之，無敢褻視。有所謂栗大王者，乃國朝栗恭勤公，其神亦蛇也。」然則金華將軍之爲黿，何異之有？推而上之，知古書所載，如伯鯀爲黃熊，望帝爲杜鵑，女娃爲精衛，欽䲹爲大鶚，蓋亦理之所有。一孔之儒，固不足以知之。（俞樾：《右台僊館筆記》卷十六，清光緒二十五年刻春在堂全書本）

編者案：原作無標題，此標題係編者所擬。

方濬師

　　方濬師（1830～1889），字子嚴，號夢簪，安徽定遠人。咸豐五年舉人，由內閣中書歷官廣東肇羅道、直隸永定河道。著有《退一步齋詩集》十六卷、《文集》四卷、《蕉軒隨錄》十二卷、《續錄》二卷、《夢園叢說》內篇八卷、《隨園先生年譜》一卷及《齮政備覽》等。見《清續文獻通考》卷二七八、《清史稿》卷一四七、《晚晴簃詩匯》卷一五四、《道咸同光四朝詩史》乙集卷二等。

　　【詹湘亭秋闈曲】吳苑詹湘亭明府應甲七赴春官，艱於一第。官湖北最久，詩文詞曲，靡不精妙。其鄉試時作《中秋夜闈中望月》北雙調一套，尤膾炙人口。其詞曰：「【新水令】瞭高臺上月輪高，悄無聲，酸風滿號。碧油簾不卷，紅蠟燭停燒。銀漢迢迢，空隔著土泥牆，望不到。【駐馬聽】木板三條，覆鹿藏蕉何處找？策題五道，塗鴉滿卷未曾交。珠光劍氣已全消，青天碧海勞相照。誰喧笑？隔牆老卒聲聲叫。【沉醉東風】猛聽得錯華燈遊龍夾道，汲新泉渴馬騰槽。號官兒意氣消，號軍兒語言妙。檢筠籃冷炙殘膏，我輩三年共此宵，博一個團圞醉飽。【折桂令】憶秋闈獨坐深宵，瓜果中庭，燭燼香燒。有花氣濛濛，釵光裊裊，簾影蕭蕭。盼雲階蘭房信杳，臥風簷棘院人遙。望斷紅綃，夢斷藍橋。只落得數更籌，至公堂靜聽鼓吹，明遠樓高。【沽美酒】俺想那跨山塘花市遙，泛秦淮燈船早，竹西歌吹千家鬧。同盼上瓊樓瑤島，爭一刻是今宵。【太平令】堪笑的譜霓裳擲杖成橋，駕星槎折木為瓢。莫須有月斧親操，想當然玄霜空搗。一種種雲翹翠翹，被罡風吹掉，都散做花枝壓帽。【離亭燕帶歌拍煞】素娥掩面何須笑？朱衣點首何曾惱？君不見世上兒曹，有多少玉樓文，有多少金鑾草，有多少孫山康了。洗愁腸一尊綠澆，

粲心花三條紅照，脫不盡書魔舊套。若不是廣寒梯跌了腳，蓬瀛路迷了道。鬱輪袍走了調，因甚價年年矮屋中，喚不醒才子英雄覺？擔誤著青衫易老。謳一套《棘闈秋》，要和那吹角聲寒唱到曉。」（方濬師：《蕉軒隨錄》卷二，中華書局，1995 年，第 45～46 頁）

【鼓兒曲】懷遠楊筱坡茂才組榮於丙辰、丁巳間遭粵匪、土匪之亂，隻身飄泊，目擊時艱，作《西山鼓兒曲》以寄感憤。詞旨哀豔，可泣可歌。本宋安定郡王趙令時《商調》鼓子詞、金董解元《搊彈詞》之意而變其聲調，侯官老友林薌溪徵君採入《海天琴思續錄》中。或有謂徵君濫收俚語，有乖風雅者。濬師案：王圻《續文獻通考》，《經籍》中列《西廂記》、《琵琶記》各種；陳晉之《樂書》二百卷，凡雅俗胡部音器樂舞，下及優伶雜戲，無不備載，《四庫全書提要》稱其「包括歷代，總述前聞」。既欲備悉源流，不得不兼正變。蓋詩自五代後流而為詞，詞自金、元後又流而為曲。詞乃詩之餘波，曲又詞之變格。支派雖分，源流則一。以故楊升庵挽雙丫髻，塗抹脂粉，身登氍毹場，作天魔舞，奮其筆舌，編成《十七史彈詞》，迄於今家絃戶誦。本朝毛檢討《西河全集》有《擬連廂詞》，尤西堂《雜組》有《序周星曙試言》，鄭板橋作道情，袁隨園《詩話》收徐靈胎《嘲時文俳曲》。可知古人或作或述，皆非無本。濬師與薌老相處久，於經史詩文亦頗有議論不合，未敢附和者。然其讀書之多，見聞之博，實今近所罕見，詎可持此而輕議其體裁不合耶？（方濬師：《蕉軒隨錄》卷三，中華書局，1995 年，第 110～111 頁）

【《蘭花卷子詞》】楊小坡茂才組榮工填詞，有《為王謙齋茂才題秦淮女史吳瑞雲〈蘭花卷子〉南北曲》一套，聲調蒼涼，借題感興，置之曲譜中，不減玉茗風韻也。詞曰：「【正宮·端正好】莽天涯，人何處？望江南，榛棘荒蕪。花心更比人心苦，是一篇著色的《離騷》賦。【滾繡球】想當初十二欄干簾影疏，三五中秋月影孤。看樓外垂楊一樹，把長橋遮得模糊。甚文章大小蘇？甚神人大小姑？喬珠娘煙花寨主，俊王郎曠代才無。那管他桃花竟日隨流水，端的是寒雨連江夜入吳，對畫蘭媚影親摹。【脫布衫】你是個阮籍窮途，他是個卓氏當壚。鍾情的夢兒中陽臺遇雨，傳神的畫兒中空山泣露。【小梁州】那時節院落沉沉日影晡，他為你滴翠調珠，還有個可人捧硯，是掌中珠。回眸顧，花也病難扶。【么篇】怎地中隱隱鳴金鼓，眼睜睜斷梗江湖。血染了石頭城，屍填了桃葉渡。你尚有生綃一幅花，不共人枯。【上小樓】一霎時香簾繡幕，都變了

幾堆黃土，_{再休提}風雨秋燈，煙波畫船，詩酒狂徒。看棲烏，聽啼蛄，野花無主。享一點畫蘭名，天還嫉妒。【么篇】則爲你名魁花譜，花爲香祖，_{俺也曾}裘典鸊鷉，裙潑胭脂，帳掩珍珠。倡家雛，酒家胡，緩歌慢舞，只落得鬱蒼蒼斜陽滿樹。【耍孩兒】王郎呵，你當年箏笛鳴秋浦，劃一片蘆花舞絮。抽刀殺賊竟何如？破青衫依舊寒儒。留得個一叢香草三生石，最傷心滿地飛灰萬卷書。喫緊的相思譜，_{雖則是}無人可賞，_{卻怎生}有口難糊。【五煞】深惜你倦吟花詩句香，醉談兵膽氣粗。大人藐視終難遇，禰衡不肯遊江夏，西子何曾去五湖？目斷臺城路。似你這深山小草，怎難忘野水殘蒲？【四煞】最愛你亂排場不讓人，鳳頭銜眾口誣，薰蕕雜處心良苦。這壁廂八公草木新烽火，那壁廂六代江山舊畫圖，一卷朝和暮。猛想起悲歡離合，塗抹些也者之乎。【三煞】堪笑你謁塗山眼界空，吊荊人獨自哭。蘭魂吹入琴堂幕。說甚麼黃衫傾倒眞名士，_{他也曾}紅拂私奔莽丈夫。一瓣心香炷。怎當日飄零蕩子，又做了勇敢狂奴？【二煞】可恨你破蒲團坐得拘，舊青氈守得愚。怎十家姊妹將人誤？江淮才子名雖重，脂粉嬌娃骨已枯。大劫皆天數。可記得紅巾搵淚，綠酒提壺？【一煞】_{俺勸你}謝風情多讀書，_算生涯且濫竽。黃金杜牧人爭鑄。只爲你深深香霧迷蝴蝶，_{因此上}苦苦春風叫鷓鴣，一唱君當悟。似這般情苗恨蕊，到不如永斷根株。【尾聲】知君牽夢魂，代君訴肺腑。可憐曲誤無人顧。_{我待要}請正蘭花，花不語。」

（方濬師：《蕉軒隨錄》卷五，中華書局，1995 年，第 171～173 頁）

【八蜡】《禮・郊特牲》：「蜡之祭也，主先嗇而祭司嗇也。祭百種，以報嗇也。饗農，及郵表畷禽獸，仁之至，義之盡也。古之君子，使之必報之。迎貓，爲其食田鼠也。迎虎，爲其食田豕也。迎而祭之也。祭坊與水庸，事也。」《黃氏日鈔》：「八蜡：一先嗇，二司嗇，三農，四郵表畷，五貓，六虎，七坊，八水庸。」山陰陸氏讀爲「祭坊與水_句，庸事也」。句謂如「民功曰庸」之庸。案：徐師曾曰，鄭氏去百種而增昆蟲，鄭注並無此語。方氏亦去百種而分貓、虎爲二，張子用百種而序之於末，以爲學者不信經而信注；定爲先嗇一，司嗇二，百種三，農四，郵表畷，五貓，虎六，坊七，水庸八，似矣。然以愚見度之，孔疏云：「郵，若郵亭屋宇處所；表，田畔；畷者，謂井畔相連畷。」是郵、表、畷，實三事也。「古之君子」以下數句，乃申明上文諸祭之義，坊與水庸似包入表、畷內。莫若以主嗇爲一，司嗇爲二，百種爲三，農爲四，郵爲五，表爲六，畷爲七，禽獸爲八，較爲平允。孔疏不云乎？「禽獸，即下文貓、虎之屬。」則助田除害者皆悉包之，今但合貓、

虎爲一，或分貓、虎爲二，則禽獸二字爲無著矣。王白田謂，集說仍載舊說而不取張子爲非。近人俞蔭甫引《周禮·大司樂》注謂，禽獸之所包者廣，而不敢明斷禽獸即八祭之一，似均於「古之君子」一段未曾體會入微也。究之蜡祭一事，古今迄無定論。乾隆十年十二月十二日，奉上諭：「國家崇報之文，明禋肇薦，考議周詳。凡祀典所關，群神咸秩。即如雩祭諸禮，事係農桑，近復議行。有舉無廢，皆以爲民也。邇年以來，諸臣工每以蜡祭爲請，朕追維舊制，酌古准今，有宜於詳愼者。考大蜡之禮，昉於伊耆，三代因之，所以報萬物之成也。雖詠於《詩》，詳於《禮記》、《周官》，而古制夐遠，傳注參錯，難以折衷。所謂八蜡，配以昆蟲，後儒謂其害稼，不當與祭。《月令》：『祈年於天宗，蜡祭也。』注云：『日月星辰則所主。』又非八神。至謂合聚萬物而索饗之，其神甚多，尤難定位。且蜡與臘冠服各殊，有謂臘即蜡者，有謂蜡而後臘者，是古制已不可考，終無定衡。至於後世，自漢臘而不蜡，此禮已湮。魏、晉以降，迄於唐、宋，時行時止，或溺於五行之說，甚且天帝、人帝及於龍、麟，朱鳥，多至百九十二座，議者以爲失先王之禮遠矣。蘇軾曰：『迎貓則爲貓之屍，迎虎則爲虎之屍。』近於倡優所爲。是以子貢觀於蜡，言一國之人皆若狂，以其沿習日久，跡類於戲也。蓋祀於南郊，已不合古制，而蜡於四郊，則惟順成之方始祭。較量區別，叢雜瑣細，於義有乖，於禮未洽，於神爲褻。自元、明以來，停止此典，實有難於舉行之處。況蜡祭諸神，如先嗇、司嗇，日月、星辰、山林、川澤，今皆祀於各壇廟，原於典文無缺。即民間秋成之後，休息農功，祀神報賽，大抵借蜡之遺意，以盡其閭井歡洽之情，猶有吹幽擊鼓之風，亦皆聽從民便，未嘗禁止。是蜡祭原行於民間，但田夫萃處，雜以嬉戲，各隨其鄉之風尙，初不責以儀文。若朝廷議祀，潔蠲虔享，必嚴肅整齊，何至有一國若狂之論？可知此祭即古亦閭閻相沿之舊俗，詎可定以爲郊廟典禮？如以爲有祈無報，則方春而祈穀，冬又有事於圜丘，《禮》謂郊之祭爲大報天，又云萬物本乎天，大報本也，豈得謂之有祈無報乎？況二仲薦馨，並崇社稷，班固所謂爲天下求福報功者，具在陳祥道，所謂大社、國社，農之所報在焉。今社稷壇春秋兩祀，祈報之禮已備。至義近於重複，事涉於不經者，即下之禮臣，亦難定議。因諸臣但泥古制，多未深考，是以特降此旨，俾共知之。欽此！」恭讀一過，儒生紛紛之說，可以不攻自破矣。（方濬師：《蕉軒續錄》卷一，中華書局，1995年，第536～538頁）

葉 煒

葉煒（1839～1903），字松石，號夢鷗，浙江嘉興人。家世習武而獨能自力於學，且善爲詩。著有《扶桑驪唱集》、《煮藥漫抄》、《井窗雜志》等。見《劫餘詩選》卷二三等。

【黃韻珊傳奇】海鹽黃韻珊孝廉憲清，驚才絕豔，而貌不揚。嘗著《帝女花》、《淩波影》、《茂陵絃》等傳奇，爲時所稱。其《桃溪雪》一種，尤膾炙人口。餘杭有富室女，讀而慕之，寢膳俱廢，父母憂焉。會韻珊登賢書，其舅氏偕女來訪，爲選婿計，見黃貌不副才，廢然而返，一時傳爲笑談。顧此女亦皮相者，果其愛才，則竟委身焉可也，又奚待相攸爲？惟其俗見未泯，宜乘興而來，興盡而返也。（葉煒：《煮藥漫抄》卷上，南京圖書館藏清光緒十七年刻本）

編者案：原作無標題，此標題係編者所擬。

陳康祺

陳康祺（1840～1890），字鈞堂，浙江鄞縣人。同治十年進士，官至刑部員外郎，後任江蘇昭文知縣，辭任後僑居蘇州以終。著有《郎潛紀聞》初筆十四卷、二筆十六卷、三筆十二卷、四筆十一卷等。見《清續文獻通考》卷二六九、《清史稿》卷一四六等。

【《長生殿》傳奇】錢唐洪太學昉思昇，著《長生殿》傳奇初成，授內聚班演之。聖祖覽之稱善，賜優人白金二十兩。於是諸親王及閣部大臣，凡有宴會，必演此劇，而纏頭之賞殆不貲。內聚班優人請開筵爲洪君壽，而即演是劇以侑觴，名流之在都下者，悉爲羅致，而不及某給諫。給諫奏謂，皇太后忌辰設宴樂，爲大不敬，請按律治罪。上覽其奏，命下刑部獄，凡士大夫及諸生除名者幾五十人。益都趙贊善伸符，海寧查太學夏重，其最著者。後查改名愼行登第，趙竟廢置終其身。（陳康祺：《郎潛紀聞》卷十，中華書局，1990年，第224頁）

編者案：此則又見於梁章鉅《浪跡續談》卷六，字句有異，或係自彼處迻錄者。

【徐文穆題戲臺聯之寓意】徐文穆相國本，予告歸杭州，適里中社事正盛，晝夜相競，立戲場數處，各以臺上燈聯求書。卻之不可，乃大書曰：「防賊防奸防火燭，費錢費力費工夫。」復書一匾曰：「戲無益」。眾喻其意，遂止。是眞士大夫居鄉之軌範也。（陳康祺：《郎潛紀聞二筆》卷一，中華書局，1990年，第338頁）

【海蘭察有殉節女伶】阿芸，蘇州女伶也，失其姓。超勇公海蘭察平定臺灣，還過吳，當道餞之虎丘畫舫。芸出侑酒，公大鍾愛，為脫籍挈之去，寵專房。公性粗躁，縱嗜欲，芸婉曲陳諫，多所保全。公子安祿尤不檢，芸能裁抑之。公歿之日，芸不哭泣，獨絮絮向安祿規勸，語以功臣子孫不易為，貴家門戶不易守，安祿甚感其言。是夕，芸投繯殉矣。公暗鳴叱吒，氣蓋萬夫，偏有此纏綿悱惻之貞姬，報公一死。英雄兒女，奇事奇人，惜無譜宮商以流傳樂府者！案：公孫女未婚守節，曾蒙特旨旌獎，芸事獨湮沒，惜哉！（陳康祺：《郎潛紀聞二筆》卷三，中華書局，1990 年，第 361～362 頁）

【施世綸政績】少時即聞鄉里父老言，施世綸為清官。入都後，則聞院曲盲詞，有演唱其政績者。蓋由小說中刻有《施公案》一書，比公為宋之包孝肅、明之海忠介，故俗口流傳，至今不泯也。案：公當官，實廉強能恤下。初知江南泰州，值淮安下河被水，詔遣兩大臣蒞州督堤工，從者驛騷閭里，公白其不法者治之。湖廣兵變，援剿官兵過境，沿途攘奪，公具芻糧以應，而令人各持一梃，列而待，有犯者治之，兵皆斂手去。守揚州、江寧，所至民懷，以父憂去，按公為靖海侯琅次子。乞留者萬人，不得請，乃人投一文錢，建雙亭於府衙前，名一文亭。累遷督漕運，奉命勘陝西災。全陝積儲多虛耗，而西安、鳳翔為甚，將具疏，總督鄂海以公子知會寧也，微詞要脅。公笑曰：「吾自入官，身且不顧，何有子？」卒劾之，鄂以失察罷。公平生得力在不侮鰥寡、不畏強禦二語。蓋二百年茅簷婦孺之口，不盡無憑也。（陳康祺：《郎潛紀聞二筆》卷四，中華書局，1990 年，第 387 頁）

【吳薗次奉詔譜《楊繼盛傳奇》】吳薗次以順治九年拔貢生，授中書舍人，夙負才望，尤以詞曲名。奉詔譜《楊繼盛傳奇》，譜成稱旨，即以楊繼盛之官官之，時以為奇榮雅遇。薗次有《入署拜椒山楊先生祠，時奉命譜椒山傳奇》詩，或曰：「今崑曲有《鳴鳳記》院本，演椒山劾嚴嵩事，殆即薗次所撰進。後遂徧傳教坊也。」第考黎洲先生太夫人嘗有壽日見演《鳴鳳記》因之慟哭一事，見黎洲子百家跋子劉子所作壽序後。是《鳴鳳記》明末已行，薗次所撰，當別一本。試論之識曲者。（陳康祺：《郎潛紀聞二筆》卷十六，中華書局，1990 年，第 634 頁）

【景德因奏請萬壽演戲獲咎】仁宗睿皇帝五旬萬壽，御史景德奏請於萬壽節令城內演戲設劇十日，歲以爲例。得旨，以景德冒昧陳奏，照溺職例革職，並發往盛京差遣，充當苦差。考前代每遇慶節，大酺連旬，百戲曼衍，以視聖朝敕幾勤政，屏黜侈浮，相去奚啻天壤哉！（陳康祺：《郎潛紀聞三筆》卷四，中華書局，1990年，第713頁）

【乾隆間河工窮奢極欲】《水窗春囈》述河工當日之奢侈云：乾隆末年，首廳必蓄梨園，有所謂院班、道班者，長年承應。霜降後，復以數萬金至蘇，召名優爲安瀾演劇之用，自季秋至仲冬三閱月。即席間之柳木牙籤，一錢可購十餘枝者，亦開報至數百千。買燕窩皆以箱計，一箱則數千金。海參、魚翅之費，皆及萬。其肴饌，則客至自辰至夜半，不停戲不撤席，小碗可至百數十味。廚中煤爐數十具，一庖人專司一肴，其所司之肴進，則出而狎遊矣。建蘭、牡丹價亦盈千。河廳裘材，不求之市，每夏秋間，輦數萬金山關購全狐歸，召匠就其皮之濃纖，色之深淺，各從其類，分大毛、中毛、小毛，選擇縫組，勻淨無疵。蘇杭綢緞，每季必自定化樣顏色，使機坊另織，一樣五件，蓋大衿、缺衿、一果元、外褂、馬褂也。其尤侈者，河官宅門以內，無油燈、無布縷，上下皆秉燭。雖婦女纏足，亦不用布也。珠翠金玉，更不可勝計，朝珠、帶板、攀指，動輒千金。若琪璃珠，加以披霞掛件，則必三千金，懸之胸間，香聞半里外。衙參之期，群坐官廳，則各賈雲集，書畫玩好無不具備。

以上皆《春囈》所載，殆得之親見聞者。語雖俚俗，而敘述頗詳，故採之。康祺考河工經費，自乾隆末年而日鉅，河工風氣，亦自此而日靡。當靳文襄時，各省額解僅六十餘萬。及乾隆中葉，裁汰民料、民夫諸事，皆由官給值，費帑已不貲矣，然猶曰恤民力也。嘉慶中，戴可亭相國督河，請加料價兩倍，於是南河歲需四五百萬，東河二百餘萬，北河數十萬，而另案工程，或另請續撥，尚不在其內。一遇潰決，更視帑項如泥沙，冗濫浮冒，上下相蒙，飲食起居，窮奢極欲。蓋自大庾以後，歷任河臣，黎襄勤、栗恭勤二公外，均不得謂之無咎云。（陳康祺：《郎潛紀聞四筆》卷七，中華書局，1990年，第113～114頁）

王之春

王之春（1842～1906），字芍棠，一字爵棠，號椒生，湖南清泉人。王夫之八世從孫，出身文童，少有才名，嘗投都中為書役，弱冠入湘軍，參贊霆字營戎幕，隨曾國藩、彭玉麟、李鴻章等平定太平軍。歷任江防統領、廣東需瓊道、廣東督糧道、廣東高廉道，廣東按察使，廣東、湖北、四川布政使，山西、安徽、廣西巡撫，並曾任欽差大臣出使日、俄、德、法、英等國。著有《椒生詩草》六卷、《續草》六卷、《椒生隨筆》八卷等，並與彭玉麟合撰《國朝柔遠記》二十卷。見《清續文獻通考》卷二六四、二七四，《八千卷樓書目》卷四、卷一四，《東華續錄》等。

【謝給諫疏語】儀徵謝夢漁給諫增《請誅已革兩江總督何桂清》一疏有云：「何桂清蒞任以後，惟以張宴演劇為事。常州知府平翰等競進玩戲，男歌女舞，日集於庭，遂置軍事於不問。及和春丹陽敗衄，退往常州，何桂清即俶裝思遁，紳民聞信，遮道攀留，願效死守。何竟令親兵開放槍炮，傷死士民吳九喜等二十餘人，突門而出。逃至常熟之十里亭，縱令兵丁放火劫掠，居民鋪戶實受其害。迨經奉旨逮問兩年之久，屢奉嚴催，始行到部。」又云「跡其所為，既屬形同寇盜；延不就逮，尤為藐視王章」云云。聞和春軍潰時，有營員奔告之何，何適舉茶欲飲，杯落於地，神色無措。夫無膽識者，必無志節，詎解泰山、鴻毛之義哉？（王之春：《椒生隨筆》卷二，南京圖書館藏清光緒七年刻本）

【北音無入聲】《填詞淺說》云：南曲自有南方之音，若遵周氏北方音叶之，則歌「龍」為「東」，歌「玉」為「御」，「綠」為「慮」，「宅」為「柴」，

「落」爲「潦」，「責」爲「哉」。許蓮君表兄云：「北音無入聲，惟車夫欲車行之速，則呼曰『嘎』音同夾，眞入聲也，捨車夫無辨之者。」予留心審聽之，果信。（王之春：《椒生隨筆》卷三，南京圖書館藏清光緒七年刻本）

【黑相公】哀伶之冷落者號「黑相公」。好事子詠之云：「萬古寒酸氣，都歸黑相公。打圍何寂寂？應局故匆匆。飛眼無專鬥，翻身即軟蓬。忽聞條子到，喜色上眉峰。」有湘蘭者，亦黑流也，友人朱君獨賞之，大爲稱美。後以其呼爲老頭兒，朱遂大慍，乃絶之，寄來一詩云：「梨園聲價重京師，南國人來罄旅資。夙債已償清興減，頭銜博得老頭兒。」此語蘊藉，不似前作之輕薄也。（王之春：《椒生隨筆》卷三，南京圖書館藏清光緒七年刻本）

張祖翼

張祖翼（1849～1917）字逖先，號磊盦，又號磊龕、濠廬，因寓居無錫，又號梁溪坐觀老人，安徽桐城人。輯有《清代野記》四卷。見《緣督廬日記抄》等。

【皇帝扮劇之賢否】自古以來，皇帝好俳優者，頗不乏人，如陳後主、後唐莊宗皆是也。惟清帝之演劇，可覘人格之高下焉。當道光時，宣宗之生母尚存，帝於母后生日，則演劇以娛之，然只演「斑衣戲彩」一闋耳。帝掛白鬚，衣斑連衣，手持鞀鼓，作孺子戲舞狀，面太后而唱，惟不設老萊父母耳。此猶足稱大孝孺慕之忱，千載下不能責之。至同治間，穆宗所演則卑劣矣。穆宗好演戲，而又不能合關目，每演必扮戲中無足重要之人。一日演《打竈》，載澂扮小叔。載澂者，恭王奕訢之長子也。某妃扮李三嫂，而帝則扮竈君，身黑袍，手木板，為李三嫂一詈一擊以為樂。等一演劇也，祖孫之人格相去天淵矣。（張祖翼：《清代野記》卷上，南京圖書館藏文明書局民國四年鉛印本）

【慈禧之濫賞】清例，內外臣僚除內廷供奉如上、南兩書房及內務府外，非官至二品，不得賜福字，非年至五十，不得賜壽字。儀徵阮文達歸鄉後，名其居曰福壽庭，志遭遇之隆也。乃慈禧不然。慈禧好觀劇，嫌南苑伶工無歌喉，遍傳外班，如譚鑫培、孫菊僊、汪桂芬、楊小樓先後皆入宮演劇。慈禧晚年最喜觀楊劇。每入宮，必攜其幼女同往。一日演畢，慈禧特召楊攜女入見，指案上所陳豬羊及一切餑飥之屬謂之曰：「皆以賜汝。」楊跪地稽顙曰：「奴才不敢領。」問何故，楊曰：「此等物已蒙賞賚不少，家中無處存放，求老佛爺賞幾個字罷。」慈禧曰：「爾欲何字，聯耶？扇耶？」楊曰：「求

賞福壽字數幅，即感恩不盡。」言罷，復稽顙不已。慈禧頷之，立命以紙墨進，書大福字、大壽字數方以賜之，並前所指案上各物亦並賜之，且云：「此賞汝小女孩可也。」楊乃率女謝恩出。嗚呼！一優伶耳，得臣僚所不易得之物，復稱家中無處存放，意若藐然，使臣下言此，即以大不敬罪之矣。且率小兒女以觀九重，即至親至近大臣，亦未易遇此。此等異數不施之於朝士大夫，而施之於伶人，宜乎身死而國亦隨之矣。（張祖翼：《清代野記》卷上，南京圖書館藏文明書局民國四年鉛印本）

【毅皇后之被逼死】慈禧好觀劇，毅皇后每陪侍，見演淫穢戲劇，則回首面壁不欲觀。慈禧累諭之，不從，已恨之，謂有意形己之短。后美而端重，見人不甚有笑容。穆宗亦雅重之，每欲親近。后見上則微笑以迎，慈禧即加以狐媚惑主之罪。左右有勸后昵慈禧者，否則恐有不利。后曰：「敬則可，昵則不可。我乃奉天地祖宗之命由大清門迎入者，非輕易能動搖也。」有讒者言於慈禧，更切齒痛恨，由是有死之之心矣。然后無失德，事事按禮，知不欲帝近己，則亦遠帝，慈禧無隙可乘。會穆宗病，慈禧往視，或見后未侍疾，則大罵妖婢無夫婦情。后曰：「未奉懿旨，不敢擅專。」慈禧語塞，更恨之。及帝彌留之際，后不待召哭而往，問有遺旨否，且手為拭膿血。帝力疾，書一紙與之。尚未閱竟，忽慈禧至，見后悲慘，手拭帝穢，大罵曰：「妖婢，此時爾猶狐媚，必欲死爾夫耶！皇帝與爾何物，可與我。」后不敢匿。慈禧閱迄，冷笑曰：「爾竟敢如此大膽！」立焚之。或曰言繼續事也。順手批其頰無數，慈禧手戴金指甲，致后面血痕縷縷。帝為緩頰，慈禧乃斥令退，不使之送終也。須臾帝崩。故后以片紙請命於父，父批一「死」字，殉節之志遂決。慈禧之殘忍淫凶無人理如此。（張祖翼：《清代野記》卷上，南京圖書館藏文明書局民國四年鉛印本）

【優伶俠義】咸豐季年，京伶胖巧玲者，江蘇泰州人，年十七八，姓梅。面如銀盆，肌膚細白為若輩冠，不甚嫵媚，而落落大方。喜結交文人，好談史事，《綱鑑會纂》及《易知錄》等書不去手。桐城方朝覲，字子觀，己未會試入京，一見器之。自是無日不見，非巧玲則食不甘、臥不安也。其年，方之妻弟光熙亦赴會試，同住前門內西城根試館。方則風雨無阻，日必往巧玲處，雖無大縻費，然條子酒飯之費亦不免。寒士所攜無多，試資盡賦梅花矣。不足，則以長生庫為後盾。始巧玲以為貴公子，繼乃知為寒畯，不

知其衣服皆罄，遂力阻其遊，不聽，然思有以報之。會試入場後，巧玲驅車至試館覓方。方僕大罵曰：「我主身家性命送了一半與兔子了，爾來何爲？」巧玲曰：「爾無穢言詈我，我來爲爾主計，聞爾主衣服皆入質庫，然否？」僕悻悻曰：「尙何言，都爲你。」巧玲曰：「質券何在？」僕曰：「爾貪心不足，尙思攫其當票耶！」巧玲曰：「非也，趁爾主此時入場，爾將當票檢齊，攜空箱隨我往可也。」於是以四百餘金全贖之，送其僕返試館而別。次日方出闈，僕告之，感激至於涕零。及啓箅，則更大駭，除衣服外，更一函盛零星銀券二百兩，縢以一書云：「留爲旅費，如報捷後，一切費用當再爲設法。場事畢，務須用心寫殿試策。俟館選後再相見，此時若來，當以閉門羹相待，勿怪也。」方閱竟，涕不可抑。同試者皆咄咄稱怪事，即其僕亦眙咢不知所云，第云：「眞耶，眞耶，眞的此好兔子耶！」方大怒曰：「如此仗義，雖朋友猶難爾，尙呼爲兔子耶！」場事畢，方造訪，果不見。無如何，遂閉戶定課程，日作楷書數百字而已。榜發中試，日未暮，巧玲盛服至，跪拜稱賀。復致二百金，謂方曰：「明日謁座師、房師及一切賞號，已代爲預備矣。」方不肯受。巧玲曰：「爾不受，是侮我也，侮我當絕交。」乃受之。方僕一見巧玲，大叩其頭，口稱：「梅老爺，小的該死，小的以先把爾當個壞兔子，那曉得你比老爺們還大方。」巧玲聞之，笑與怒莫知所可也。及館選，巧玲又以二百金爲賀。方曰：「今眞不能再領矣，且既入詞林，吾鄉有公費可用，不必再費爾資。」始罷。孰知館選後未匝月即病故。巧玲聞之，白衣冠來吊，撫棺痛哭失聲，復致二百金爲賻，且爲之持服二十七日。人問之曰：「爾之客亦多矣，何獨於方加厚？」巧玲曰：「我之客皆以優伶待我，雖與我厚，狎侮不免。惟方謂我不似優伶，且謂我如能讀書應試，當不在人下。相交半年，未嘗出一狎語。我平生第一知己也，不此之報，而誰報哉！」從此胖巧玲之名震京師，王公大人皆以得接一談爲幸。遂積資數十萬，設商業無數，溫飽以終。子乳名大鎖者，京師胡琴第一也。譚鑫培登臺，非大鎖胡琴不能唱，月俸至三百金，亦奇矣哉。方之僕名方小，族人之爲農者，鄉愚也，故出言無狀如是。（張祖翼：《清代野記》卷上，南京圖書館藏文明書局民國四年鉛印本）

【優伶罄貲助賑】同治乙丑，庶吉士懷寧郝同篴字仲賡，散館改吏部主事。工駢體詩詞，書法亦秀勁，一時有才子之目。不知其大父乃優伶也，名郝金官。道光間名噪京師，晚年厭倦風塵，舉歷年所積五萬金捆載還鄉，雇

鏢師數人護送之。行至山東，直大饑，人相食，官吏勸賑頗惶急。郝慨然以所有與大府，願賑活饑民。大府義之，將奏，獎以官。郝固辭曰：「我優人也，即得官亦不齒於同列，若蒙破例，准子孫與齊民一體應試足矣，他無所望也。」大府允之。郝遂返京師終焉。至同治改元，孫同簏捷順天鄉舉，至乙丑遂成進士，入翰林矣。人以為賑荒之報也。（張祖翼：《清代野記》卷上，南京圖書館藏文明書局民國四年鉛印本）

【王玉峰三絃】明秀水沈德符《敝帚齋餘談》所記，京師李近樓，幼以瞽廢，遂專心琵琶。其聲能以一人兼數人，以一音兼數音。嘗作八尼僧修佛事，經唄鼓鈸笙簫之屬無不並奏，酷似其聲，老雉高下曲盡其妙，又不雜以男音，一時推為絕技。不意清光緒季年，京師有瞽者王玉峰，亦能以三絃作諸聲，並能彈二簧各戲曲，生旦淨丑、鑼鼓絃索亦各盡其妙。尤神者，則作洋鼓、洋喇叭、操兵步伐之聲，使遠處聞之，不知其出於三絃也。觀於明之李近樓亦為瞽者，可知瞽人心細，能體會入神。此等絕技，必間世而生，非有師傳，亦不能教人。玉峰上距近樓已四百餘年矣，五百年名士挺生，即微藝亦何莫不然。玉峰每於國忌齋戒等日，必奏技於正陽門外之廣德戲園，蓋是日不演劇也。聽者較觀劇倍之，價亦倍之，因此致富云。（張祖翼：《清代野記》卷中，南京圖書館藏文明書局民國四年鉛印本）

沈曾植

　　沈曾植（1850～1922），字子培，號乙盦，晚號寐叟，浙江嘉興人。光緒六年進士，由刑部主事，官至安徽布政使，署巡撫印。著有《海日樓詩稿》一卷、《海日樓遺詩》一卷、《寐叟乙卯稿》一卷、《曼陀羅寱詞》一卷、《寐叟題跋一集》二卷、《二集》二卷、《海日樓劄叢》八卷、《菌閣瑣談》一卷、《海島廣證》一卷等。見《清續文獻通考》卷二六七、《清史稿》卷四七二、《晚晴簃詩匯》卷一七三、《東華續錄》等。

　　【詞曲用字有陰陽】顧仲瑛《製曲十六觀》，全抄玉田《詞源》下卷，略加點竄，以供曲家之用。於此見元人於詞曲之界，尚未顯分，蓋曲固慢詞之顯分者也。其「第十五觀」云：「曲中用字有陰陽法，人聲自然音節，到音當輕清處，必用陰字，當重濁處，必用陽字，方合腔調。用陰字法，如【點絳唇】首句，韻腳必用陰字。試以『天地玄黃』為句，協矣，蓋『荒』字屬陰，『黃』字屬陽也。用陽字法，如【寄生草】末句，七字內五字，必用陽字。以『歸來飽飯黃昏後』為句歌之，協矣。若以『黃昏後』歌之，則歌『昏』字為『渾』字，非也。蓋『黃』字屬陽，『昏』字屬陰也。」此一則為《詞源》所無，然可與彼先人曉暢音律條相證。陰字配輕清，陽字配重濁，此當是樂家相傳舊法，乃與《樂府雜錄》段安節所謂上平聲為徵聲者隱相符會。向嘗疑上平聲為徵聲，語不可解，若易之曰「陰平聲為徵聲」，則可解矣。（沈曾植：《菌閣瑣談》，民國廿三年鉛印本）

　　【詞變為曲之關鍵】芝庵論曲，玉田論詞，似不可並為一談。然詞曲相沿，其始固未嘗有鴻溝之畫。愚意「字少聲多難過去」七字，乃當為詞變

爲曲一大關鍵。南方沿美成一派，字句格律甚嚴。北方於韻，平仄既通，於字少聲多之難過去者，往往加字以濟之。字少之詞，乃遂變爲字多之曲。「哩囉」在詞爲虛聲，而在曲爲實字，最顯證也。此端自柳耆卿已萌芽，《樂章集》同一調而不同字數者劇多。彼蓋深諳歌者甘苦，又其時去五代未遠，了知詩變爲詞，即緣字少聲多之故。既演小令爲慢詞，遂不惜增減字句，以除磊塊。使無大晟之整齊、美成之嚴謹，詞化爲曲，不必待卻特殊時代矣。然芝庵論曲，尚有「添字病」一條。去宋未遠，猶知方便非正則也。厥後以院本爲曲之正軌，而添字諸病，乃不復以爲病矣。（沈曾植：《海日樓札叢》，中華書局，1962 年）

【合生】《夢華錄》雜伎藝有合生，元典章有「高合生」之目。《新唐書·武平一傳》：「宴兩儀殿，胡人襪子、何懿等唱合生歌，言淺穢，因倨肆，欲奪司農少卿宋廷瑜賜魚。平一上書諫曰：『胡樂施於聲律，本備四夷之數，比來日益流蕩。異曲新聲，哀思淫溺，始自王公，稍及閭巷。妖妓胡人，街童市子，或言妃主情貌，或列王公名質，詠歌蹈舞，號曰「合生」。』」是則合生本出西胡，附合生人本事，與踏搖、參軍演弄故事不同。《通考》唐宋百戲，均不列合生，蓋不屬於教坊也。（沈曾植：《海日樓札叢》，中華書局，1962 年）

李岳瑞

　　李岳瑞（1852～1927），字孟符，號春冰，別號春冰室主、惜誦、蒮茲
等，陝西咸陽人。光緒九年進士，以工部員外郎充總署章京，與張元濟友善，
常偵署內密情輸之國聞報館，因上書請變服制、用客卿，革職。李氏幼承家
學，詩文詞俱佳，嘗師事劉古愚等人，尤稔於清室掌故，著有《春冰室野乘》
三卷、《悔逸齋筆乘》一卷、《蒮茲考古脞錄》等。見《戊戌履霜錄》卷四等。

　　【包安吳《都劇賦》】都門菊部，甲於宇內，百餘年前，即已如此。而
前輩詩文集中，未有以雅詞形諸歌詠者。惟包安吳管情三丈，有《都劇賦》
一首，賦嘉慶中葉茶園故事，詞極雅麗，讀之亦可考見今昔社會風氣遷轉同
異之跡，爰摭之以實吾書。其序云：「嘉慶十四年春，予以隨計始至都下，
夙聞俳優最盛，好事招邀遍閱各部。其開座賣劇者名茶園，午後開場，至酉
而散。若慶駕雅集，召賓客則名堂會，辰開亦酉散。案：此知嘉、道中堂會尚
無夜劇也。其爲地度中建臺，臺前平地名池，對臺爲廳，三面皆環以樓。堂會
以尊客坐池前近臺，茶園則池內以人計算，樓上以席起算。故平坐池內者，
多市井傖儈，樓上人譙之曰下井。若衣冠之士，無不登樓。樓近劇場，右邊
者名上場門，近左邊者名下場門，皆呼官座，而下場門尤貴重，大抵達官少
年前期所豫定。堂會在右樓爲女座，前垂竹簾，案：女座在樓上，今猶然，然不
分左右，竹簾則無之久矣。樓上所賞者，半目挑心招、鑽穴逾牆諸劇，女座尤甚。
池內所賞，則爭奪戰鬥、攻伐劫殺之事。故諸劇常令文武疏密相間，其所演
故事，多依《水滸傳》、《金瓶梅》兩書，《西遊記》亦間有之。案：《金瓶梅》
劇自同治以來即已報演。自師涓作靡靡之聲，至於戰國，雅樂漸廢，入秦而滅。

漢氏以來，梨園惟唐代最盛。然老師宿儒，按其圖籍，所謂立部、坐部者，自冠履皆悉其制，遑問節奏勝理乎？奇渥之世，始有院本，雖多不經之談，抑以闡揚忠臣孝子、義夫節婦之行誼，所謂聞其聲不如盡其容者，殆亦古樂之遺意歟？《荀子》曰：『奸聲感人而逆氣應之，逆氣成象而亂生。』又：『樂姚冶以險，則民流僈鄙賤矣，流僈則亂，鄙賤則爭。』《詩序》曰：『治世之音安以樂，其政和；亂世之音怨以怒，其政乖。』方今苞苴不行，自宰輔而下，皆以室家爲憂，小民不得於其長官，往往赴訴於都，而大臣馳驅萬里，爲鞫其實，可謂治世而政和。顧聲樂如此，意者傅武仲所云『餘日怡蕩，非以風民而無害』者乎？案：『《荀子》曰』此一段，譏諷時事，具有微辭，亦可見百餘年前都門菊部已盛行急微噍殺之音矣。故爲之賦。事物名稱，皆用方言紀實，使後世得以鏡覽焉。」賦曰：

「翳賤子之計偕，塊獨處而不適。薄伯玉之買琴，鄙子美之欲炙。閒步大柵，茶園賣劇；市過騾馬，堂會召客。案：騾馬市湖廣會館，今尚爲堂會集中最繁盛處。則見兩門四柱，方臺作場；臺後連廈，是爲戲房。池列臺前，陰屋隆敞；走樓向抱，客座環張。乃召梨園，徽西分儕；案：徽戲之見諸題詠者，以此爲最先。徽班昳麗，始自石牌。蘇揚兩部，附名尤佳。丑色用京，滑稽善諧；隨口對白，謔浪抒懷。乃有南國優販，妙選子弟，首工京話，語音柔脆。次習酬酢，手口之態。衣香若蘭，膚滑若脂。儀態萬方，素女是師。讀曲按歌，宮商未辨。絃吟板激，珠累喉卷。有聲無辭，洞微達遠。弓鞋細步，宜爾婉變。於是合班分股，認領行頭；金盔吐火，鎖甲凌秋；冠飛滇翠，帶束吳鉤；鸞扇日耀，舞袖雲修；褻裳袒服，麗冶罕儔，莫不即來灌口，女現巫邱。至萬彙之像生，錫嘉名曰砌抹。侏儒十圍，長人九約；山魈六臂，水妖八腳。龍虎飛騰，狻猊拏搏。帳綈噓撒雲，假山崒嵂。藕孔訇洞，蛛網絡索。豐狐驚草，長蛇盤幕。徑統豆棚，階翻蘭藥。錦衾角枕，宛如繡閣。於是進揖老郎，測景向中，巾髦並施，粉墨殊工。旗收五色，鼓發三通。乃開早齣，齧栗聲洪。間以小戲，梆子二簧。忽出群美，眩耀全堂。中齣又變，矛戟森縱。承以麼妙，雙雌求雄。《綴裘》六齣，全套兩終。大齣續開，官座遂空。其中則有名部靚妝，倚門斜瞭，睇樓上之古歡，遂蹙口而叫好。環三面以繼聲，若連珠而試炮。亦有麗人窄束，登場狂呼。冠忠義於寇仇，指劫殺爲丈夫。劗刃逼迫，灑血模糊。哄滿堂以喝采，爰變好而呼烏。或雜十錦，絕藝爭秀，袂接高蹺，人舞雙頭。五卷十卯，參連筋斗。飛鐃奔星，躍馬蕩舟。

鬼魅出沒，火焰橫流。爾乃演完牌派，卸妝便捷。登樓訪舊，窺簾勞睫。一膝初彎，兩股遂疊。池人仰視，座鄰面熱。飛來羅浮僊蝶，泥訂晚飡，不論開發。粵若請分折簡，名堂高會；簾垂右樓，媚於閫內。久閑深閨，乍招儕輩；冶容盡飾，以驕優墜。壓領三重，袞邊五派；朝珠補服，助作嬌態。劇至午後，漸及鄙穢，桑中鬤鬙，柳陰解襘。垂簾忽卷，風暖微碎，互論妍媸，各矜寵愛。迨至日薄西山，寒風遞薦，堂會客稀，茶園人散。驪駒在門，華轂交亂；競赴飯莊，重申繾綣。雅座宜賓，尤珍獨院，方戀藏鉤，莫知傳箭。更有移尊優寓，為樂永宵；群居未協，劇飲方豪。履舃交錯，蕙澤招邀；歸炫所歡，揖我當儦。是故觀光佳士，自分著作。或以題名興高，或以落第神索。漸看囊而羞澀，繼胠篋以單薄。逢人飾詞，見金便攫；不恤詭隨，趨填欲壑。以選謁常調，索米京職；揮金買笑，輪指奮翻。短票屢轉，對扣何惜？取常窮簪，任意羅織。比肩宜岸，相望絕域；舉國若狂，淪胥相委。前轍初覆，後旗複靡。惟首善之名區，表萬方以仰止；信文武所不能，道一張而一弛。」（李岳瑞：《悔逸齋筆乘》，民國成都昌福公司鉛印本）

【孫淵如、洪北江嗜秦音】 吾國今日歌曲，以徽腔、秦腔為兩大宗。徽腔，即二黃；秦腔，梆子。士大夫多喜聽徽劇。秦音則販夫、走卒、婦人、孺子鮮不嗜之，昔惟盛行北方，今江表已成普通歌曲矣。厭之者謂其急微噍殺，非曰北鄙殺伐之聲，即曰亡國之音哀以思，幾乎舉世非之。然秦腔之興，實在徽劇以前。方乾隆中葉，已大昌於京師，孫淵如、洪北江皆酷嗜之。昔在京師廠肆某書店中，曾見一小冊，署曰《秦雲小譜》，此二十三年前事，其名似是此四字。皆畢秋帆撫陝時，長安妙伶小傳，其人悉工秦腔。中述孫、洪兩先生言，謂吾國所有歌曲，高者僅中商音，間有一二語闌入宮調，而全體則愧不能。惟秦中梆子，則無問生旦淨末，開口即黃鐘大呂之中聲，無一字溷入商徵，蓋出於天籟之自然，非人力所強為。因推論國運與樂曲盛衰相係之故，謂崑曲盛於明末，清惻宛轉，聞之輒為淚下，所謂「亡國之音哀以思」者，正指此言。及乾隆中葉，為有清氣運鼎盛之時，人心樂愷，形諸樂律，秦腔適應運而起，雍容圓厚，所謂「諷諷治世之音」者也。按此語與近人所論，直如南北兩極之反對矣。余不知樂，且亦厭聞梆子，然由此知時人所論，亦不過周內比附之詞，非能果有真識也。世有萬寶常其人者乎？予日望之矣。（李岳瑞：《悔逸齋筆乘》，民國成都昌福公司鉛印本）

陳恒慶

陳恒慶（1852～？），字子久，山東濰縣人。光緒十二年進士，官至河南道監察御史、掌印給事中。著有《諫書稀庵詩草》、《諫書稀庵文草》、《諫書稀庵筆記》、《清季野聞》等。見《（民國）錦縣志略》卷五、《縉紳全書》、《爵秩全覽》等。

【改《胭脂》判】《聊齋・胭脂》一段，爲東昌府之實事，止値蒲留僊應試之時。結此案者，爲提學施愚山閏章，留僊之師也。清末，《聊齋》一書入於大內。慈禧太后喜閱之，命京師名優孫菊僊排演《胭脂》一劇，一日纔能演畢。取鄂秋隼者爲朱素雲，年韶貌麗，平日善學蘇、黃書法。取胭脂者爲楊小朵，溫秀如處女。其父曰老朵，貌亦美，取此劇之賣花婆，演劇時與其子相調笑，令人解頤。取施愚山者即孫菊僊。宮內戲具咸備，京語曰「切末物」。城隍將出，有高鬼著孝衣長二丈、孝帽高二尺，矮鬼以小兒披髮、戴面具，跳躍而出，以及刀山血磨，群鬼舁之，利鋸鋼叉，立於臺前。燈火慘淡，嗚嗚作鬼鳴，令人毛骨悚然。至尾聲，則笙管作喜音，胭脂乘彩轎于歸；鄂郎披紅簪花，襴衫官靴，乘藍轎；縣官亦乘轎相送，鳴鑼開道，儼如實事。太后大悅，賞賜極優。外間戲園演之，攢頭而觀者，幾無容足之地。惟留僊所撰判文數百字，孫伶據案宣讀，爲時頗久，俗人不能解，有沉沉而睡者。予爲孫伶改之，唱一段，說一段。孫伶聲音徹亮，善唱皮簧。此後聽者，擊節歎賞，不復思睡矣。一日，宮內再演，太后讚曰：「改得好！是何人所改？」孫伶奏稱自改，不敢以御史觀戲上聞也。孫伶亦解人哉！（陳恒慶：《諫書稀菴筆記》，《近代中國史料叢刊》第 41 輯，臺灣文海出版社，1969 年，第 26～27 頁）

【姚頌虞】工部同僚姚頌虞，世浙江鹽業，家富鉅萬。年少翩翩，捐貲入部，爲候補郎中。其妻爲盛尚書之女，悍甚，時往來京、津間。一日，京中名優譚鑫培在津演戲。天津戲園本有女座，姚太太素愛觀劇，園主日爲留樓座一間。是日，易州刺史竇小村在津邀客，聽譚伶《戰宛城》，遣人定座，座已滿。而客已訂，計無所出，遣人求姚太太暫讓座一日，得允諾，甚感之。一日，姚公在妓寮飲酒，夫人聞之大怒，將以官員狎妓飲酒控諸大府，請上奏革其職。頌虞懼，浼竇乞情，以爲竇之面子大也。竇往見，爲之哀求。夫人曰：「當日汝請客聽戲，予讓座一日，以汝爲正人也。今來關說，必與頌虞爲一流人物。予將控汝引誘良家子弟，革汝功名。」竇大懼，長跪不起，而後允情。竇公出告人曰：「予在易州，山上有虎，予能擒之。今日獅子一吼，予膽破矣。」人謔之曰：「今日君演《打蘇跪墀》，勝於譚伶《戰宛城》十倍也。」予曰：「不意一婦人能擒竇二東。《紀氏五種》言竇爲河間人，俗呼「二頓」，乃竇二東也。「二」或作「爾」。」姚夫婦在京，同僚偶至其寓，主人囑勿談狎遊事，恐有耳屬於垣者。家有兩婢，年及笄，夫人疑與姚有私，日日鞭拷。姚曰：「饒其命，予已爲之覓配矣。」乃放出，爲之擇配。倉猝難成，暫賃屋以寄之。風聲偶露，夫人持棒而往，痛擊瀕死，遂鬻之。姚遂患夾氣傷寒症，不數月而亡。時兩宮由西安回鑾，姚以十二萬兩購回宮內陳設古磁等物，獻之上，得旨，以道員即選。適逢桂梧鹽道缺出，應即銓選，而已玉樓赴召矣。惜哉！（陳恒慶：《諫書稀菴筆記》，《近代中國史料叢刊》第 41 輯，臺灣文海出版社，1969 年，第 31～32 頁）

【崔靈芝】予在京時，名優有三靈芝，曰丁，曰李，曰崔。李美秀而文，不善歌而能作小詩，頗有雅趣，河間府獻縣人，不知其鄉有紀文達，予乃贈以《紀氏五種》一部。丁則善唱戲，而貌微寢。崔則無美不備，令人見而神傾，以故聲價極高。一日，予凌晨赴城署，出正陽門，見數十人立於橋上，似將迓予。旋見眾人羅跪車前，呈遞呈詞。予略閱之，謂曰：「到城聽斷。」乃相率至城署。細閱所訴，乃兩戲班爭崔一人。此曰：「崔先受我三百金，允入班唱戲一年。」彼曰：「崔舊在吾班中數年矣，不辭而行，實不合理。即索三百金，亦願予之，何故捨舊而新是謀。」崔言後所得三百金，業已用罄，無力償還。予諭之曰：「此事易易耳，每日爲兩班演唱，或先或後，聽汝自便。都中皆誇汝爲美人，又誇汝歌喉，謂能繞梁三日。一日演兩齣，吾知聽汝戲者，仍趨之若鶩。且一歲得六百金，視宰相年俸尚優，豈不

善哉？」予知兩班無不樂從。兩班齊聲曰：「遵斷。」崔曰：「多得金固好，惟一日演兩齣，恐勞累以死。」予厲聲曰：「人皆愛汝，予獨不愛汝。勞累以死，正合予意。遵斷勿得違，違即笞爾臀。爾身爲優伶，亦當保爾臀也。」群笑而退。僚友謂予善作遊戲文字，第謔而虐耳。此後日演兩齣，園主及觀劇者，嘖嘖頌予功德。予曰：「功德止此耳。」（陳恒慶：《諫書稀菴筆記》，《近代中國史料叢刊》第41輯，臺灣文海出版社，1969年，第37～38頁）

【立尚書】立尚書山，字玉甫，漢軍人。其先爲楊姓。美儀容，慷慨好施，交遊至廣。善鑒別古磁、古字畫，收藏綦富。由奉宸苑郎中洊升戶部尚書，爲內務府大臣。邸內園林之勝，甲於京師諸府。予與之鄰居，起園時，爲之擘畫。自園門至後院，可循廊而行，雨不能阻。山石亭樹，池泉樓閣，點綴煞費經營。演劇之廳，原爲吾家廳事，後歸尚書，予爲佈置，可坐四五百人。時鴉片煙盛行，設榻兩側，可臥餐煙霞，靜聽詞曲。男伶如玉，女伶如花，迭相陪侍。戲劇有不雅馴、不合故事者，予爲改正之，群呼我爲「顧曲周郎」。凡冠蓋而來者，冬初則一色雞心外褂，深冬則一色貂褂。工府女眷，珠翠盈頭。小內監二人，扶掖而至，相見以蓐鬢爲禮。脂粉之香，馥鬱盈室。復有時花列案，蓓蕾吐芳。春則牡丹、海棠、碧桃等卉，謂之唐花；夏則蘭、芷、木香；秋則桂花滿院。猶有滬上佳卉，來自海舶者。雕簷之下，鸚鵡、八哥、葵花等鳥，懸以銅架，喃喃作人語，與歌聲互答。酒酣燈炧，時已四鼓，賓散戲止，優伶各驅快車，出城而去。此可謂盛矣。無何，拳匪亂起，紅巾纏頭者，填溢都門。商賈歇業，戲館焚如。予所見在邸中演戲之優伶，習武藝者，則爲拳匪之師兄；其弱文者，則裝爲道姑，手執塵尾，身披八卦衣。女子口中念念有詞，群設香壇，供奉《封神演義》之列偓。時端王載漪其父守制時生此子，宣宗惡之，賜名哭。率旗兵拳匪，圍攻八國使館及教堂。德宗明達，召諸大臣垂詢議和之策。尚書與徐用儀、聯沅、許景澄、袁昶奏言：「拳匪爲妖，萬不可用。洋兵已集津沽，宜急赴使館議和。」乃命五人前往議和。載漪恨之，數日後，矯詔盡殺之。事定後，兩宮回鑾，方知之。乃詔各立專祠，予以易名之典。尚書園林被燬，故宅已改建專祠，廟食千秋焉。予於亂中攜眷避居北城，兵燹後，偶過其地，惟望尚書專祠一拜。吾家賜第，巋然尚存。尚書邸之歌臺舞榭，僅餘老屋數椽，荒煙蔓草，不堪回首矣。嘗有句云：「舊日鄰家歌舞地，空餘老樹噪寒鴉。」（陳恒慶：《諫書稀菴筆記》，《近代中國史料叢刊》第41輯，臺灣文海出版社，1969年，第47～49頁）

【戲法】即墨拔貢黃象轂新貴，時偕友數人，赴鄉村觀戲劇。村前有演戲法者，數十人圍觀。其友曰：「試觀之。」黃曰：「此掩藏手法耳，無足觀，不若觀戲。」眾咸知黃為新選拔，所見必高人一等，乃群隨而往焉。村前戲法之場，寥寥無一人，演戲法者恨之。及戲劇演畢，邀黃於途，詰之曰：「君言吾作掩藏手法，試問君何所欲，吾能立致。」黃曰：「願偕一美人往遊杭州西湖，聊作西子西湖之樂。」曰：「有之。」由笥中出一竹箸，口向之念念有詞。倏出一美人，身高數寸。再祝之，高與中人等。衣服鮮麗，貌若僊人。向黃折腰，旋握黃手，凌雲而起。耳際風聲鳴鳴，半時許，落西湖之濱，乃棄黃而去。黃獨立湖濱，悵悵無所之。轉輾入都，已誤朝考之期。呈請補試，以拔貢終身。此人誠惡作劇哉！殆亦僊人偶遊戲人間，適遇浮狂之士，而故弄之與？（陳恒慶：《諫書稀菴筆記》，《近代中國史料叢刊》第 41 輯，臺灣文海出版社，1969 年，第 56～57 頁）

【聽報】會試揭曉之日，自辰刻始，舉人非入戲園觀劇，即聚妓寮優舍飲酒。友人赴琉璃廠，為之代聽鴻臚，多在火神廟內。每出十名，則貼於壁。上自第六名起。予中九十六名，友人看至第九單而後知之。臨清徐中丞言：九次赴公車，揭曉日即入戲園。有一劇，一人著綠甲冑，面上以綠色繪一大錢，如俗所云波羅錢，不解何戲。八次公車皆見之，便落孫山。第九次不見，乃中式。曾屬予考察究係何戲。問之老優伶，皆云此係老戲，出自《封神演義》，今成《廣陵散》矣。予會試亦落第數次，或在優舍聚飲。京師傳優伶必有紙條，予見其僕持紙條，以為報條，趨視之，非也。醉後歸寓，杳無喜信。一燈熒熒，風雨交作，毷氉殆不堪言。牆外有賣題名錄者，相繼叫賣。令僕人購一張，遍閱之，無己名，乃蒙頭而睡，睡亦不穩。曾有句云：「三更乍轉夜燈青，風雨淒涼酒半醒。一紙題名初看罷，聲聲喚賣不堪聽。」前五魁半夜方知。郭木楚太史中北闈時，題為「盍徹乎」，破題曰：「徹則國存，不徹則國亡矣。」予見之咋舌曰：「中必高中。」揭曉日，半夜入城，遇賣題名者，索觀之，名在第三。（陳恒慶：《諫書稀菴筆記》，《近代中國史料叢刊》第 41 輯，臺灣文海出版社，1969 年，第 60～61 頁）

【奇案（節錄）】都中部書侵盜國帑，多有富可敵國者。崇文門外有范書吏，與陸書吏聯姻，陸姓催妝禮八十擡，珍寶燦陳；范姓妝奩亦八十擡，珠花金釧，皆陳於外，道上觀者嘖嘖稱羨。新婚之後，新人至東城餘慶堂飯

莊看堂會戲劇。觀畢，出夜城。車三四輛，僕從五六人，行至東長安街，夜靜無人，突來賊匪十餘人，持洋槍利刃，將僕從嚇退。匪登車，驅車疾行。至一僻巷小門，令新婦下車。時昏黑不辨何巷，入室無燈燭，賊將金珠衣服等件，全行摸索而去，僅留中衣小襖而已。門外車上，尚有衣服重物，驅車載之而颺。新婦聞室內尚有數人，爲婦女聲音。探首視之，婦各然火紙吸水煙，一婦面上無鼻，一婦唇豁，一婦面麻。野花別樣，盡在此室。旋賊眾擁新婦至巷口，委之於地而去。新婦匍匐而行，巡更者乃喚人送之警署。警官衣以斗篷，餉以熱粥，新婦方甦。天將明，乃雇車送至其家，再爲訪案。月餘後，有鬻金釧者，物主認明，案遂破。爲是者乃一革職武員于次園，陸續供出同夥數人，皆就獲正法。惟金釧一雙仍歸故主，其餘珠寶皆無蹤矣。（陳恒慶：《諫書稀菴筆記》，《近代中國史料叢刊》第 41 輯，臺灣文海出版社，1969 年，第 63～64 頁）

【張文田】予巡中城時，良鄉縣獲一大盜馬海，攀出儒生張文田。知縣遣役入京捕之，而不攜關文。文田正在天橋賣卜，縣役捕之，五城巡兵不允，以其無關文會城協緝也。予命傳張文田到城。見之，乃儒雅士也，留之吏房。命縣役回縣，帶同馬海來京相認。數月，縣役同馬到城。予命張文田入於五城看押房叢人中，令馬海一人進屋識認，迄不能認。予訊馬海：「既不相識，何妄攀之？」曰：「素有嫌隙耳。」乃命縣役帶馬海去，而釋張文田。若無此舉，張文田身家莫保矣。人謂此項辦法，視《白綾記》一劇略相似，惟《白綾記》之李七善罵，而馬海不善罵耳。予曰：「罵亦無益。昔人被罵則怒，今人被罵則甘受之，今昔相去逕庭矣。」（陳恒慶：《諫書稀菴筆記》，《近代中國史料叢刊》第 41 輯，臺灣文海出版社，1969 年，第 73 頁）

【大老板】咸同間，京師名優曰程長庚，以文人不得志，降爲此業。持身嚴正，一介不苟取，名其室曰「四箴堂」。扮老生腳，喉音高亮；演崑曲，則平上去入，字字能叶。予猶及見之。菊部稱曰「大老板」。每逢戲園演劇，初開場時，十六七歲優伶，白面拭粉，華衣飾體，群立於場上，作倚門之態。於是紈袴子弟，輕薄狎客，神遊目擊，望眼欲穿。至四五齣以後，後臺呼曰：「大老板到！」則倚門之伶潛身遠避。每年冬季，長庚則演《漢室三分》全劇，不襲《三國演義》之說，按陳壽《三國志》演之，忠臣義士，儼若再生。予見時，已年逾六旬，口齒已落其三四，咬字微覺費力。其徒汪桂芬、譚鑫

培，只能效其落齒時之音，其中年之音，不能仿佛，所謂調高寡和也。長庚之孫，幼赴德國學校肄業，言語文學，盡能通曉。歸國後，爲外交部譯官，保爲道員。先尚諱言家世，今共和告成，五族不分等差，縉紳大夫樂與訂交。予聞之而喜。（陳恒慶：《諫書稀菴筆記》，《近代中國史料叢刊》第41輯，臺灣文海出版社，1969年，第83～84頁）

【李香君】孔雲亭所撰《桃花扇》，末言侯朝宗、李香君在金陵棲霞山被祖師指引，分男觀、女觀以修道。論者咸謂雲亭託虛無寂滅之詞，作爲完結全書。以朝宗爲紈袴子弟，以香君爲煙花女流，烏能清淨修眞，成白日飛昇之僊哉！予謂不然。非世人再見於百年後，必不信也。一歲，河南鄉試，房官午夜假寐，夢一縞袂湘裙美人搴簾而入，向作道家禮。舉袂時僊風撲面，精神一爽。急問何人，曰：「妾李香君也。『桂花香』一卷，千萬留意。」房官本喜閱朝宗文集，正欲詢之，倏不見人。乃檢試卷中詩句，果有「桂花香」句，文亦清通。急呈薦得中。揭曉，乃知爲朝宗之孫。房官乃詳言其夢，見人輒誇曾見李香君，若爲生平第一得意事。予謂朝宗爲河南文章鉅手，明社已屋，入山悟道。既聰明絕頂，自能參透僊機。香君身居青樓，只識侯生一人，破面濺血，毀容保貞，定情之扇，手持弗捐，天性烈，迥異恒泛。一旦投入空門，守眞悟偈，身爲列僊，夫復何疑？此事小說、詩話有紀之者，予乃藉以抒論而已。（陳恒慶：《諫書稀菴筆記》，《近代中國史料叢刊》第41輯，臺灣文海出版社，1969年，第129～130頁）

【京師戲園菜館】京師戲園，非一人一家自建也。其始，釀金建之，各有地段，如樓上、下池子，各有主，若地畝然。日後或轉買，典於他家，開戲時派人收票。緣京中居人，無地可種，故以此爲業。最懼者，因鬧事封門，則有若荒年矣。予巡中城，雖遇爭鬭之事，向不封園門，判責而已，恐賴此業者失所望也。且一園之中，每逢演戲，賣茶果者、賣點心者、送戲單者、送手巾拭面者，皆貧民藉以餬口，烏可斷其生計？惟陸軍兵士，不免恃強滋事。其時姜軍門桂題統兵，予婉告之，時加約束。數年間，竟晏然無事。俗傳園中正面樓一間，爲備巡城御史觀劇，非也。清例：官員不得入戲園酒館，處分綦嚴。如遇團拜，在會館觀堂會戲則可，宴集在飯莊則可。飯莊皆名某堂，招牌上書「包辦筵席」四字。昔毛尚書愛吃太昇館之饌，命改曰「太昇堂」，並掛「包辦筵席」招牌。李文忠公愛吃聚豐堂之荷包魚翅及鱖魚片，

因係飯莊，故常偕友前往。至正陽樓之炮烤羊肉，其薄如紙；太和樓之蒸螃蟹，其大如盤，均係小館，大員不能前往，喚至宅中宴客則可耳。自交涉日多，出使大臣絡繹回國，沾染洋習，遇有宴飲，多在洋飯店中，予時得追陪。以鄉村糲食之腐儒，亦能大嚼洋味，痛飲洋酒。習俗移人，殆不能免，殊可笑也。（陳恒慶：《諫書稀菴筆記》，《近代中國史料叢刊》第 41 輯，臺灣文海出版社，1969 年，第 160～161 頁）

富察敦崇

敦崇（1855～1922），字禮臣，號鐵石，滿洲人。曾官東三省道員。熟於北京及清室掌故，著有《紫藤館詩草》、《南行詩草》、《畫虎集文鈔》、《芸窗瑣記》、《燕京歲時記》等。見《紫藤館詩草》、《畫虎集文鈔》、《芸窗瑣記》等。

【耍耗子耍猴兒耍苟利子跑旱船】京師謂鼠爲耗子。耍耗子者，水箱之上，縛以橫架，將小鼠調熟，有汲水、鑽圈之技，均以鑼聲爲起止。耍猴兒者，木箱之內藏有羽帽、烏紗，猴手自啓箱，戴而坐之，儼如官之排衙。猴人口唱俚歌，抑揚可聽。古稱沐猴而冠，殆指此也。其餘扶犁、跑馬，均能聽人指揮。扶犁者，以犬代牛；跑馬者，以羊易馬也。苟利子即傀儡子，乃一人在布帷之中，頭頂小臺，演唱《打虎》、《跑馬》諸雜劇。跑旱船者，乃村童扮成女子，手駕布船，口唱俚歌，意在學遊湖而採蓮者，抑何不自愧也！凡諸雜技皆京南人爲之，正月最多。至農忙時則捨藝而歸耕矣。（富察敦崇：《燕京歲時記》，清光緒三十二年刻本）

【過會】過會者，乃京師遊手，扮作開路、中幡、槓箱、官兒、五虎棍、跨鼓、花鈸、高蹺、秧歌、什不閑、耍罈子、耍獅子之類，如遇城隍出巡及各廟會等，隨地演唱，觀者如堵，最易生事。如遇金吾之賢者，則出示禁之。（富察敦崇：《燕京歲時記》，清光緒三十二年刻本）

【封臺】封印之後，梨園戲館擇日封臺，八班合演，至來歲元旦則賜福開戲矣。亦所以歌詠昇平也。案：京師戲劇，風尚不同。咸豐以前，最重崑

腔、高腔即弋腔。高腔者，有金鼓而無絲竹，慷慨悲歌，乃燕土之舊俗也。咸豐以後，專重二簧，近則並重秦腔。秦腔者，即俗所謂梆子腔也。內城無戲園，外城乃有。蓋恐八旗兵丁習於逸樂也。戲劇之外，又有托偶讀作吼、影戲、八角鼓、什不閑、子弟書、雜耍把式、像聲、大鼓、評書之類。托偶即傀儡子，又名大臺宮戲。影戲借燈取影，哀怨異常，老嫗聽之多能下淚。八角鼓乃青衣數輩，或弄絃索，或歌唱打諢，最足解頤。什不閑有旦有丑而無生，所唱歌詞別有腔調，低徊婉轉，冶蕩不堪，咸、同以前頗重之，近亦如《廣陵散》矣。子弟書音調沉穆，詞亦高雅。雜耍把式即變戲法兒武技之類。像聲即口技，能學百鳥音，並能作南腔北調，嬉笑怒罵，以一人而兼之，聽之歷歷也。大鼓、評書，最能壞人心術。蓋大鼓多採蘭贈芍之事，閨閣演唱，已爲不宜；評書抵掌而談，別無幫襯，而豪俠亡命，躍躍如生，市兒聽之，適易啓其作亂爲非之念。有心世道者，其思有以禁之也！（富察敦崇：《燕京歲時記》，清光緒三十二年刻本）

況周頤

　　況周頤（1856～1926），原名周儀，避末帝溥儀諱，改今名。字夔笙，號蕙風，別號餐櫻、玉梅、二雲、梅癡等，廣西臨桂（今廣西桂林）人。光緒五年舉人，授內閣中書，放浙江候補知府。南歸後先後入張之洞、端方等幕府，晚年居上海，以清室遺老自命。況氏為清末大家，博誦群典、湛熟經史，與繆荃孫、王鵬運等相友善，著有《第一生修梅花館詞》六卷、《新鶯詞》一卷、《玉梅詞》一卷、《二雲詞》一卷、《錦錢詞》一卷、《蕙風詞》二卷、《薇景詞》一卷、《存梅詞》一卷、《和珠玉詞》一卷、《蕙風琴趣》一卷、《粵西詞見》二卷、《蕙風詞話》五卷、《香東漫筆》二卷、《眉廬叢話》一卷、《餐櫻廡隨筆》一卷、《臼辛漫筆》一卷、《蕙風簃隨筆》二卷等。見《清續文獻通考》卷二八一、《回風堂文集》卷四等。

　　【《桂林霜》傳奇與《桂林雪》院本】鉛山蔣苕生太史士銓撰《桂林霜傳奇》，演康熙朝廣西巡撫馬文毅殉吳逆之難事，<small>案：馬公諱雄鎮，字錫蕃，號坦公，漢軍鑲紅旗人。康熙九年，巡撫廣西。十三年，吳三桂反，將軍孫延齡私與通，公被囚土室。十六年，三桂遣其孫世琮收兩粵，斬延齡，誘公降。不屈，遂被害。清制：非翰林出身，不得諡「文」，公父鳴佩，官至兩江總督。公以大臣子選用起家，得諡文毅，亦異數也。</small>編入《九種曲》全帙中，流傳頗廣。又有《桂林雪》院本，為高郵薛仌樹先生<small>名待考</small>所譜，演明臣瞿、張二公殉國事，<small>案：瞿公諱式耜，字起田，常熟人。張公諱同敞，字別山，江陵人。明永曆建國桂林。瞿公由桂撫入內閣，張公為兵部尚書。清兵破全州，諸將焦璉、丁魁楚等皆戰死。永曆奔梧州，以瞿公為留守，張公副之。未幾，北兵至，二人力持月餘，城破，同被執。主將定南王孔有德欲降之，</small>

不屈，幽於一室。二公相對賦詩酌酒，不異平時。孔屢勸降不可回，遂同日俱殉。世罕知者，亟記之。（況周頤：《餐櫻廡隨筆》，《況周頤集》，廣西師範大學出版社，2012年）

【平仄互叶源起】金元已還，名人製曲，如《西廂記》、《牡丹亭》之類，平仄互叶，幾於句句有韻。付之歌喉，聲情極致流美。溯其初哉肇祖，出於宋人填詞。詞韻平仄互叶，北宋已有之，姑舉一以起例。賀方回【水調歌頭】云：「南國本瀟灑，六代浸豪奢。臺城遊冶，襞箋能賦屬宮娃。雲觀登臨清暇，璧月留連長夜，吟醉送年華。回首飛鴛瓦，卻羨井中蛙。　　訪烏衣，尋白社，不容車。舊時王謝，堂前雙燕過誰家？樓外河橫斗掛，淮上潮平霜下，檣影落寒沙。商女蓬窗罅，猶唱《後庭花》。」蕙風舊作，間有合者。【蝶戀花】〈甲午展重陽日，邃父招同半唐登西爽閣，子美因病不至〉刻入《錦錢詞》云：「西北雲高連睥睨，一抹修眉。望極遙山翠。誰向西風傳恨字？詩人罌好傷憔悴。　　有酒盈尊須拌醉，感逝傷離。端木子疇前輩，於數日前謝世。何況登臨地？罌好秋光圖畫裏，黃花省識秋深未。」西爽閣在京師土地廟，下斜街山西會館，可望西山。（況周頤：《餐櫻廡隨筆》，《況周頤集》，廣西師範大學出版社，2012年）

【御進戲曲之始末】尤展成自《秋波詞》進御，才子名士之目，受兩朝特達之知，所著《讀離騷》、《鈞天樂》等傳奇數種，教坊內人，鏤之管絃，爲霓裳羽衣之曲。洪昉思昇雖以《長生殿》得罪，而此曲即亦流傳禁中。蓋清廷當全盛時，九天歌管，猶有雅音；嘉、道而後，遂岑寂無聞焉；乃至今日，風雅掃地，瓦釜雷鳴，雖日星河漢之文字，不惜弁髦棄之，矧選聲訂韻之末技，夫孰過而問者？則章披賤而琴書苦矣。（況周頤：《餐櫻廡隨筆》，《況周頤集》，廣西師範大學出版社，2012年）

【《天馬媒》本事考】明古吳劉晉充撰《天馬媒》傳奇，演唐人黃損事。損字益叔，連州人。先是，與妓女薛瓊瓊有齧臂盟。瓊因謝客，牾權奸呂用之。損家傳玉馬墜一枚，絕寶愛。氤氳使者幻形爲道人，詣損乞取，損慨贈之。未幾，損應襄陽張誼之招，別去。用之以瓊善箏上聞，即日召入後宮。損途次邂逅賈人裴成女玉娥。娥亦善箏，損聞箏頃，賦詞極道愛慕，乘間擲與之。詞云（見《締緣》齣）：「生平無所願，願作樂中箏。得近佳人纖手子，

研羅裙上放嬌聲，便死也爲榮。」娥與損約，中秋夜繼見於涪州，以父成是夕當往賽神，舟無人，得罄胸臆。損屆期往，得娥船，娥屬移纜近岸。甫解維，纜忽斷，船流遽覆，娥溺焉。會瓊母馮送女歸，道涪，拯娥舟次，相待如母女也者。俄損狀元及第，上疏劾用之誤國。用之因劾損交通瓊宮掖中。適張誼內轉官京朝，旨付用之、誼會審。誼伸損，得直，欽賜與瓊畢婚，用之罷歸田里。用之憤怒，其門客諸葛殷、張守一獻計，謂入宮之瓊，贗鼎也，眞瓊固猶在母所，盍往劫取？蓋誤以娥爲瓊也。氤氳使者知娥有急，托募化贈娥玉馬，娥佩不去身。用之迫娥，馬則見形，奔奮齧用之，闔府大擾，群以妖孽目娥。仍用葛、張計，以娥贈損，冀嫁禍損。損拒不納，送女者委損門外而去。娥入見損，成眷屬焉，玉馬遂騰空而去。傳奇關目，大略具此。案：《御選歷代詩餘》載損此詞，調【望江南】（據《傳奇》：損，咸通朝人，《詩餘》損詞，列溫庭筠之後、皇甫松之前）。「生平無所願」作「平生願」，「纖手子」作「纖手指」。《詩餘廣選》云：「賈人女裴玉娥善箏，與黃損有婚姻約，損贈詞」云云（首句作：「無所願，纖手子。」「子」不作「可」，與《傳奇》合。）。後爲呂用之劫歸第，賴胡僧神術復歸損。此云胡僧，傳奇則云氤氳使者幻形爲道人也。又《粵東詞鈔》第一首即損此詞，則傳奇所演，未可以子虛烏有目之矣。（況周頤：《餐櫻廡隨筆》，《況周頤集》，廣西師範大學出版社，2012 年）

【瑟長】妓之管領者名瑟長，《霞箋記傳奇》元無名氏撰，演李玉郎、翠眉娘事。第十三齣《訪求佳麗》科白云：「不免在教坊司喚瑟長來問它。」殆即綠巾跨木者之流亞歟？（況周頤：《餐櫻廡隨筆》，《況周頤集》，廣西師範大學出版社，2012 年）

【四聲分陰陽】偶得對聯云：「四時春夏秋冬，五聲平上去入。」平聲有陰陽平也。周九煙星，後改姓黃，冠於本姓之上。云：「三仄應須分上去，兩平還要辨陰陽。」上去入亦分陰陽。凡塡詞，須分陰陽平；若製曲，尤非四聲悉分陰陽不能入律。陰清聲、陽濁聲。（況周頤：《餐櫻廡隨筆》，《況周頤集》，廣西師範大學出版社，2012 年）

【張船山之妒婦】遂寧張船山太守移疾去官，僑寓吳閶，別營金屋藏嬌，夫人不知也。一日，攜遊虎丘，而夫人適至，事遂敗露。太守戲作一詩云：「秋菊春蘭不是萍，故教相遇可中亭。明修蜀道連秦隴，暗畫蛾眉鬭尹

邢。梅子含酸都有味，倉庚療妒恐無靈。天孫應被黃姑笑，一角銀河露小星。」
此詩近人傳為韻事，或譜院本以張之，不知船山夫人林氏乃奇妒。相傳船山
納姬後，其夫人索諸查小山家，不得，船山之弟旗山攜婦歸視兄嫂。旗山婦
見林盛怒，因勸之曰：「如此男子，謂之已死可耳。」因而一室大哄。故船
山有句云：「買魚自擾池中水，抵雀兼傷樹上枝。」旗山之友某寄船山句云：
「苦為周旋緣似續，更無遺行致譏彈。」皆為此事而發。船山有《二月二日
預作生子》詩云：「三十生兒樂有餘，精神彷彿拜官初。頻年望眼情何急，
他日甘心我不如。爪細難勝斑管重，髮稀輕倩小鬟扶。繞床大笑呼奇絕，似
讀生平未見書。」見《船山詩補遺》。其後船山卒無嗣，則亦家庭勃谿，乖戾之
氣有以致之。才人風味，詎悍婦所能領略。可中亭之詩，略同粉飾太平之具，
「倉庚療妒恐無靈」，行間句裏，流露於不自覺矣。（況周頤：《眉廬叢話》，《況
周頤集》，廣西師範大學出版社，2012 年）

【以雜劇諷刺貪官】道光間，有侍郎平恕者，蒙古人，督學江蘇，賄賂
公行，貪聲騰於士論。當時或編雜劇，付梨園以刺之。託姓名曰干如，其上
場科白云：「忘八喪心，下官干如是也。」拆字離合，甚見匠心。（況周頤：《眉
廬叢話》，《況周頤集》，廣西師範大學出版社，2012 年）

【「相思病」考】「相思病」三字，元人製曲，有用之者。以曲之為體，
不妨近俗也。案：《周易》疏：「損卦六四，損其疾，使遄有喜。」正義曰：「疾
者，相思之疾也。」元曲中語乃與經疏暗合，當然雅訓，何止非俗。（況周頤：
《眉廬叢話》，《況周頤集》，廣西師範大學出版社，2012 年）

【嘲縉紳曲】咸豐朝，變起金田，東南鼎沸，練兵籌餉，日不暇給，
疆臣節帥，握吐求賢，縉紳先生咸出而相助為理。向所謂仰望林泉者，亦復
手版腳靴，隨班聽鼓。大約為鄉閭計者十之二三，為身家計者十之七八，或
作《字字雙》曲嘲之曰：「花翎紅頂氣虛囂，闊老。打恭作揖認同僚，司道。
釐金軍務一包糟，胡鬧。果然有事怎開交，完了。」（況周頤：《眉廬叢話》，《況
周頤集》，廣西師範大學出版社，2012 年）

【《荊釵記》奇字】劉蔥石屬校《荊釵記》，見一字絕新，左從骨，右
從上皮下川，在第二十九齣〈錢孫交哄〉曲文中叶韻處。此字各字書所無，

雲齋博洽，必有所本。（況周頤：《眉盧叢話》，《況周頤集》，廣西師範大學出版社，2012 年）

【百文敏軼事三則】曩閱各說部，見百文敏菊溪軼事三則。其一云：總制江南時，閱兵江西，胡果泉中初與之宴，百嚴厲威肅，竟日無言。自中丞以下莫不震懾。次日再宴演劇，有優伶荷官者舊在京師，色藝冠倫，爲百所昵。是日承值，百見之色動，顧問：「汝非荷官耶，何以至是？年稍長矣，無怪老夫之鬢皤也。」荷官因跪進至膝，作捋其鬚狀，曰：「太師不老。」蓋依院本貂嬋語。百大喜，爲之引滿三爵，曰：「爾可謂『荷老尚餘擎雨蓋』，老夫可謂『菊殘猶有傲霜枝』矣。」荷官叩謝。是日，四座盡歡。核閱營政，少所推劾。其二云：有女伶來江寧，在莫愁湖亭演劇，聞者若狂，皆走相告。公飭縣令驅之出境，並占一絕示僚屬云：「宛轉歌喉一串珠，好風吹出莫愁湖。誰教打槳匆匆去，煮鶴焚琴笑老夫。」其三云：乾隆五十八年，公陳臬浙江，李曉園河帥知杭州府，兩公皆漢軍，甚相得也。忽以事齟齬，李大慍，至一月不稟見，告病文書已具矣。時屆伏暑，公遺以扇，並書一詩，有句云：「我非夏日何須畏，君似清風不肯來。」李見詩釋然，遂相得如初。閑嘗綜而論之，其第二事，若與第一事相反，其實無足異也。一則春明夢華，偶然之根觸；一則憲司風紀，當然之維持。而且禁令之具，即寓風雅之貽，其於道德齊禮，庶乎近焉。其第三事，尤爲溫厚和平，非晚近巨公所及。嘗謂「薄俗」二字相連，「厚雅」二字亦相連，不雅不能厚也。文敏之爲人，要不失爲賢者，風趣亦復爾爾。（況周頤：《眉盧叢話》，《況周頤集》，廣西師範大學出版社，2012 年）

【燈謎之絕巧奇拙者】燈謎有絕巧者，亦有奇拙者。以「慘睹」二字，隱《四書》人名六，即唐詩一句：「襄陽回望不勝悲。」此謎底不能有二。案：《慘睹》，乃《千鍾祿》院本之一齣，演明建文帝出亡事。雖據野史，近於不經，然詞筆甚佳也。此出情景，建文飄泊襄陽，回首南都，極傷心慘目之致。原曲云：「【傾杯玉芙蓉】收抬起大地山河一擔裝，四大皆空相。歷盡了渺渺程途，漠漠平林，疊疊高山，滾滾長江。但見那寒雲慘霧和愁織，受不盡苦雨凄風帶怨長。雄城壯，看江山無恙。誰識我一瓢一笠到襄陽。【尾聲】路迢迢，心快快，何處得穩宿碧梧枝上。忽飄來一杵鐘聲，錯聽了野寺鐘鳴當景陽。」曩寓京師，一夕過某胡衕，見一家門首設有燈謎，亟下車觀

之，有人揭去一條。其一云：「身爲萬乘之尊，還挑破銅爛鐵擔子。」底《書經》一句：「朕不肩好貨。」余嘗謂宋人詞拙處不可及，此謎拙處亦不可及。

（況周頤：《眉廬叢話》，《況周頤集》，廣西師範大學出版社，2012 年）

【洪昇等被劾案】趙秋谷以丁卯國喪，赴洪昉思寓觀劇，被黃給事疏劾落職。都人有口號詩云：「國服雖除未免喪，如何便入戲文場？自家原有三分錯，莫把彈章怨老黃。」相傳黃給事家豪富，欲附名流。初入京，以土物並詩稿遍贈諸名士。至秋谷，時方與同館爲馬吊之戲，適家人持黃刺至，秋谷戲云：「土物拜登，大稿璧謝。」家人不悟，遂書東以復。秋谷被劾後，始知家人之誤也。見阮吾山《茶餘客話》。董東亭《東皋雜鈔》云：「錢塘洪昉思，著《長生殿》傳奇，康熙戊辰中，既達御覽，都下豔稱之。一時名士，張酒治具，大會生公園，名優內聚班演是劇。主之者爲眞定梁相國清標，具東者爲益都趙贊善執信。虞山趙星瞻徵介，館給諫王某所，不得與會，因怒，乃促給諫入奏，謂是日係皇太后忌辰，爲大不敬。上先發刑部拿人，賴相國挽回。後發吏部，凡士大夫除名者，幾五十餘人。」案：此事他書記載，多沿阮說。董云啓釁由趙徵介，挽回賴梁棠村，可補阮氏所略。（況周頤：《眉廬叢話》，《況周頤集》，廣西師範大學出版社，2012 年）

【《長生殿》被劾事再考】《文獻徵存錄》錄洪昉思引趙秋谷之言曰：「昉思爲《長生殿》傳奇，非時演於查樓，觀者如雲，而言者獨劾予。予至考功，一身任之，褫還田里，座客皆得免。昉思亦被逐歸。」案：《長生殿》被劾事，見於記載數矣。唯秋谷獨任其咎，俾免他客云云，爲他書所未載，是不可弗傳也。（況周頤：《眉廬叢話》，《況周頤集》，廣西師範大學出版社，2012 年）

【演戲與作官不同】滿大臣軼事，尤有絕可笑者。乾隆季年，山東巡撫國泰年甫逾冠，玉貌錦衣。在東日，酷嗜演劇，適藩司于某，亦雅擅登場，嘗同演《長生殿》院本。國扮玉環，于扮三郎，演至〈定情〉、〈窺浴〉等齣，于自念堂屬也，過媟褻或非宜，弄月嘲花，略存形式而已。詎舞餘歌闋，國莊容責于曰：「曩謂君達士，今而知迂儒也。在官言官，在戲言戲，一關目，一科諢，戲之精神寓焉。苟非應有盡有，則戲之精神不出，即扮演者之職務未盡。君非頭腦多烘者，若爲有餘不敢盡，何也？」于唯唯承指。繼此再演，則形容盡致，唐突西施矣。國意殊愜，謂循規赴節，當如是也。其後國爲御

史錢南園所劾，旋解任去，而鵲華明湖間，猶有流風餘韻，令人低徊不置云。

（況周頤：《眉廬叢話》，《況周頤集》，廣西師範大學出版社，2012 年）

【戲提調】光緒朝，江西巡撫德馨酷嗜聲劇，優伶負盛名者，雖遠道必羅致之。節轅除忌辰外，無日不笙歌沸地也。新建令汪以誠者，有能吏名，專為撫轅主辦劇政，即俗所謂戲提調也。邑署中事無大小，悉付他員代之。是時贛人為製聯曰：「以酒為緣，以色為緣，十二時買笑追歡，永夕永朝酣大夢；誠心看戲，誠意聽戲，四九旦登場奪錦，雙麟雙鳳共銷魂。」額曰：「汪洋欲海。」四九旦、雙麟、雙鳳，皆伶名也。稍後，柯逢時撫粵西，頗不洽輿情。無名氏製聯云：「逢君之惡，罪不容於死；時日曷喪，予及女偕亡。」額曰：「執柯伐柯。」兩聯額皆嵌姓名同格，粵聯集句尤渾成。（況周頤：《眉廬叢話》，《況周頤集》，廣西師範大學出版社，2012 年）

【京師名伶梅巧玲軼事】京師名伶梅巧玲色藝冠時，丰姿俠骨，都人士稱道弗衰。今日聲名藉甚之梅蘭芳，其父曰竹芬，巧玲其大父也。歿於光緒壬午冬，先桑尚書文恪後一日。文恪壽逾八秩，梅年僅四十耳。京曹某撰挽聯云：「隴首一枝先折，成都八百同凋。」殊典雅工切。相傳某省孝廉某，以下第留京師，與梅昵，罄其資，長物悉付質庫，幾不能具饔餐。唯一僕依戀不忍去。會春闈復屆，竟不能辦試事，方躊躇無措間，俄梅至，僕憤懣，摽之門外，且謂之曰：「為汝兔故，雖典質亦無物，即功名亦何望矣。汝兔胡為乎來，豈尚有所希冀耶？」梅婉言遜謝之，至於再三，僅乃得見。則袖出百金遺孝廉，囑屏當赴試，並盡索其質券，及中空之行篋，鄭重別去。比孝廉試畢返寓，梅則以篋至，而向之珠者還、璧者歸矣。榜發，孝廉捷，一是所需，梅獨力任之，若李桂官之於畢靈嚴也。孝廉感且愧，僕尤感激涕零，鞠跪啞謝，稱之如其主，且謂之曰：「曩唐突，謬兔君，誠吾過。幸恕吾，兔吾可。」梅仍遜謝之，欿然無得色。此事梅固難能，此僕亦豈易得耶？又某太史，亦以昵梅故致空乏，顧舉債於梅數百金，旋逝世，無以斂。諸同鄉、同官集而為之謀。久之，殊無緒。俄傳梅至，以謂理債來也。梅入，哭甚哀，出數百金券，當眾焚之，並致賻二百金，敘述生平，聲淚俱下。聞者多其風義，為之感動，咸慨慷脫驂，咄嗟而成數集，得舉賓返妻孥焉。梅之軼事，類此尚多，此尤犖犖者。（況周頤：《眉廬叢話》，《況周頤集》，廣西師範大學出版社，2012 年）

【秦檜夫婦像】臨桂倪雲臞《桐陰清話》：阮文達平蔡牽，得其兵器，悉鑄秦檜夫婦鐵像，跪於岳忠武廟前。好事者戲撰一聯，製兩小牌題之，作夫婦二人追悔口脗。其一系秦檜頸上曰：「咳，僕本喪心，有賢妻何至若是。」其一系王氏頸上曰：「啐，婦雖長舌，非老賊不到今朝。」公謁廟時見之，不覺失笑。案：《簪曝雜記》：「李太虛，南昌人，吳梅村座師也。明崇禎中爲列卿，國變不死，降李自成。本朝定鼎後，乃脫歸。有舉人徐巨源者，其年家子也，嘗撰一劇，演太虛及某巨公降賊後，聞大清兵入，急逃而南。至杭州，爲追兵所躡，匿於岳墳鐵鑄秦檜夫人胯下，值夫人方入月，迨兵過而出，兩人頭皆血污。此劇已演於民間，稍稍聞於太虛」云云。據《雜記》，則岳墳鐵像明末清初已有之，倪云阮文達所鑄，未詳何本。（況周頤：《眉廬叢話》，《況周頤集》，廣西師範大學出版社，2012 年）

【程長庚與恭親王善】前話載梅巧玲義俠事，茲又得程長庚軼事一則，亦可以風勵薄俗，愧當世士夫，亟記之。方長庚之掌北京三慶班也，有道員某，以非罪被劾，當褫職，旨將下矣。某憤不欲生，兼仰事俯畜，唯一官是恃，挽回乏術，則凍餒隨之，實亦無以爲生也。戚友來慰問者，爲之百計圖惟，殊未得一當。友人某，尤躊躇久之，忽拍案而起曰：「道在是矣！」則群起亟問之。友曰：「茲事回天大不易，非樞府斡旋不爲功。方今黜陟大柄，操之恭王。唯程長庚，爲王所最賞識，最信任。得其片言，冤可立白，曷姑試求之？」某亦瞿然曰：「誠然。幸嘗與長庚通鄭重。」則亟偕友往，婉切白長庚。長庚曰：「僕溷跡軟紅，唯曲藝進身是愧，自好益復斷斷，向於王公大人，雖促膝抵掌，未嘗干以私，尤不敢與聞官事。矧人微言輕，言之亦未必有濟，敢敬謝不敏，幸原諒，勿以諉卸爲罪也。」某固請不已，友亦爲之陳懇，至於再三。長庚曰：「幸被劾誠非罪，差可措詞，當勉效綿薄，視機會何如耳。」則亟謁恭邸，值王憩寢，良久，僅乃得達，王則訶謁者，謂將命胡遲遲也，並爲長庚道歉仄。長庚白來意，王始有難色，謂旨已交擬，恐不易保全。既而曰：「爾固不輕干人，事雖難，吾當盡力圖之。」長庚稱謝肅退，王曰：「少休，勿亟，吾正欲與爾閒談也。」詰朝，諭旨下，竟無某道褫職事，則參折已留中矣。某德長庚甚，齎厚幣，自詣謝。長庚拒弗見，饋物悉返璧，命侍者出傳語曰：「請某官還，以此整頓地方公事，毋以民脂民膏作人情也。」且從此不與某道相見。有人問此事者，長庚力辨其必無云。長庚字玉山。（況周頤：《眉廬叢話》，《況周頤集》，廣西師範大學出版社，2012 年）

【梅巧玲祖孫並名芳】梅巧玲名芳，其孫名蘭芳。案：王右軍父子，名並用之，例可通矣。（況周頤：《眉廬叢話》，《況周頤集》，廣西師範大學出版社，2012 年）

【蔡中郎原型為唐進士鄧敞】明高則誠撰《琵琶記》，演蔡中郎贅入牛府，屬假託非事實，前人辨之詳矣。或謂其罵王四，因琵琶二字有四王字，亦臆說，無確據。案：唐盧全《玉泉子》「鄧敞」一則略云：「敞初比隨計，以孤寒不中第。牛蔚兄弟，僧孺之子，有氣力，且富於財，謂敞曰：『吾有女弟，未出門，子能婚，當為展力，寧一第耶。』時敞已婿李氏矣，有女二人皆善書，敞之行卷，多二女筆跡。敞顧己寒賤，私利其言，許之。既登第，就牛氏姻，不日挈牛氏歸。將及家，紿牛氏曰：『吾久不到家，請先往俟卿。』泊到家，不敢泄其事。明日，牛氏奴驅其輜橐直入，列庭廡間。李氏驚曰：『此何為者？』奴白夫人將到，令某陳之。李曰：『吾即妻也，又何夫人？』即拊膺哭頓地。牛氏至，知其賣己也，請見李氏曰：『吾父為宰相，兄弟皆在郎省，縱不能富貴，豈無一嫁處？其不幸豈唯大人乎？夫人縱憾於鄧郎，寧忍不為二女計耶。』時李氏將列於官，二女共牽挽其袖而止。後敞以秘書少監分司。黃巢入洛，避亂於河陽，其金帛悉為群盜所得。」據此，則再婚牛氏，實鄧敞事。而院本以誣中郎，其故殆不可知。（況周頤：《眉廬叢話》，《況周頤集》，廣西師範大學出版社，2012 年）

編者案：《玉泉子》、《廣記》諸書均作「鄧敞」，此作「鄧廠」，或係字誤，故改。

【「大江風阻，故爾來遲」】常州府屬縣八，唯靖江介在江北。清之初年，某親貴出守常州，聲勢烜赫，僚屬備極嚴憚。一日，以壽演劇，七邑皆來稱祝。靖江令獨後至，懼甚，囑閽者為畫策，遂重賂伶人。時方演《八僊上壽》劇，七人者先出，李鐵拐獨後，七人問曰：「來何暮也？」鐵拐曰：「大江風阻，故爾來遲。」閽人即於是時，以靖江令手版進。太守大喜延入，盡歡而罷。（況周頤：《眉廬叢話》，《況周頤集》，廣西師範大學出版社，2012 年）

【張文達激賞魏耀廷】晚季春明巨公往往有戲癖。光緒庚寅、辛卯間，戶部有小吏曰魏耀庭，能演劇去花旦。似聞其人年近不惑，及掠削登場，演《鴻鸞禧》等劇，則嫣然十四五閨娃也，惜齒微涅不弧犀耳。南皮張相國文

達極賞之。相國書畫至不易求，有人見其贈魏耀庭精箋，一面蠅頭小楷，一面青綠山水，並工致絕倫。（況周頤：《眉廬叢話》，《況周頤集》，廣西師範大學出版社，2012 年）

【木蘭身世考】明徐文長撰《四聲猿》院本四折。其第三折〈替父從軍〉演木蘭事。據曲中關目，木蘭立功寧家，與王司訓之子成婚。王中賢良、文學兩科，官校書郎云云。案：嘉興沈向齋《灤源問答》云：「問：《木蘭詞》，說者謂唐初人記六朝事，別有事蹟可徵否？答曰：少聞之吾鄉前輩諸草廬先生云：木蘭，隋煬帝時人，姓魏，本處子，亳之譙人也。時方徵募兵，木蘭痛父耄，弟妹皆稚呆，慨然代行。服甲冑，操戈躍馬而往。歷十二年，閱十有八戰，人莫之識。後凱旋，天子嘉其功，除尚書郎不受，奏懇省視。及還，釋戎服，衣女衣，同行者駭然。事聞，召赴闕，煬帝欲納之。對曰：『臣無媲君之禮。』拒迫不已，遂自盡。帝驚憫，贈孝烈將軍。土人立廟，以四月八日致祭，蓋其生辰也。」據此，則院本云云，唐突已甚矣。惜沈氏所引草廬之說，未詳何本。（況周頤：《眉廬叢話》，《況周頤集》，廣西師範大學出版社，2012 年）

【王昭平與妻書】王昭平先生寄內書，見《拜經樓詩話》，樸而雅，語淺而情深，讀之令人增伉儷之重、離合之感。書云：「深秋離家，今又入夏，京中酷暑，五月如伏。每出門灰汗相並，兩鼻如煙，黏塗滿面。冷官苦守，殊可歎，殊可笑。屈指歸期，尚須半載。日望一日，月望一月，身則北地，夢則家鄉，言之則又可悲也。你第二封書久已收，第一封目下才到，寄物尚未收。每欲寄你書，動筆增悽楚，勉強數字，真不知愁腸幾回，故不多寄，非忙也，非忘也。你當家辛苦不必言，況未足支費。我一日未歸，遺你一日焦心耳。新兒安否？善視之。計我歸，已周歲，可想離別之感。老娘常接過，庶慰我念。只簡慢不安，夜間失被，且念及新兒之母，何況於兒，不相顧奈何。我自拜客應酬，強親書籍之外，唯有對天凝思，仰屋浩歎而已。近來索書者甚多，案頭堆積，總心事不舒，皆成煩擾。幸我身如舊，不必念我。唯願你善攝平安，勝於念我。八姑好否？常隨你身伴，勿嬉笑無度，勿看無益唱本。」先生少倜儻，脫略邊幅，攻詩古文，能書，嗜詞曲，雅擅登場，舉天啟辛酉經魁。榜發，方雜梨園演《會真記》〈草橋驚夢〉齣，扮張君瑞。關目未竟，移宮換羽間，促者屢至，遂著戲衣冠，周旋賀客。時目為狂。見

查東山《浙語》。韓冬郎《香奩詩》:「蜂偷崖蜜初嘗處,鸚啄含桃欲咽時。」槎客謂即古樂府「寧斷嬌兒乳,不斷郎殷勤」意。思之思之,誠豔絕膩絕致絕,非三生閱歷、半生熨帖不能道。(況周頤:《眉盧叢話》,《況周頤集》,廣西師範大學出版社,2012 年)

【「齣」字辨誤】雜劇、傳奇之屬,元人分若干折,後人作齣。明王伯良校注古本《西廂記》凡例,謂:「元人從折,今或作出,又或作齣。出既非古,齣復杜撰,字書從無此字。近《詅癡符》傳以為『齣』蓋『齰』字之誤,良是。其言謂牛食已復出嚼曰齰,音『答』,傳寫者誤以『台』為『句』。『齰』、『出』聲相近,至以『出』易『齰』。」又引元喬夢符云「『牛口爭先,鬼門讓道』語,遂終傳皆以『齰』代折。不知《字書》『齰』本作『齣』,又作『呞』,以『齣』作『齣』,筆劃誤在毫釐,相去更近,非直『台』、『句』之混已也。即用『齣』,元劇亦不經見。故標上方者,亦止作折」云云。蓋元明人製曲以通俗為得體,遣詞且然,何論用字。必欲一一訂正之,或詞意轉不可曉,聲調亦復失諧,大抵梨園傳讀之本,詎可與若輩談小學耶。(況周頤:《眉盧叢話》,《況周頤集》,廣西師範大學出版社,2012 年)

【「四夢」劇有二組】《玉茗堂四夢》,明臨川湯若士撰,曰《牡丹亭》、曰《紫釵記》、曰《邯鄲記》,曰《南柯記》,蜚聲曲苑久矣。明上虞車梔齋亦有《四夢》,曰《高唐》、曰《邯鄲》、曰《南柯》、曰《蕉鹿》。特玉茗《四夢》係傳奇,而梔齋所作雜劇耳。(況周頤:《眉盧叢話》,《況周頤集》,廣西師範大學出版社,2012 年)

震 鈞

　　震鈞（1857～1920），字在廷，一字在亭，號涉江道人，漢名唐晏，姓瓜爾佳氏，滿洲鑲紅旗人。曾任江蘇江都知縣，宣統二年（1910）執教於京師大學堂，不久入江寧將軍鐵良幕府，並任江寧八旗學堂總辦，辛亥革命後長寓南方。震鈞博學多聞，善畫墨梅及蘭竹。著有《香奩集發微》一卷、《韓承旨年譜》一卷、《天咫偶聞》十卷、《國朝書人輯略》十二卷、《八旗詩媛小傳》一卷、《渤海國志》四卷等。見《清史稿》卷四八六、《疑年錄彙編》卷一五等。

　　【**熱河行圍**（節錄）】自開國至乾、嘉，田狩蓋爲重典，非以從禽，實以習武也。聖祖於熱河建避暑山莊，以備木蘭巡狩。行圍之制，一用兵法，圍時以能多殺者爲上，皆以習戰鬪也。又殺虎之制，以二侍衛殺一虎，得者受上賞。故嘉慶癸酉之變，京營兵皆能戰，遂以殄除巨寇，減此朝食。道光以後，不復田狩，於是講武之典遂廢。後生小子，既不知征役之勞，又不習擊刺之法，下至束伍安營，全忘舊制，更安望其殺敵致果乎？迨同治中，穆宗奮欲有爲，親政後，曾畋於南苑，諸環列至有預購雉兔，至臨時插矢獻之，而蒙花翎之賜，可爲歎息也。熱河行圍，前人多有詩紀之，以甌北爲最佳，然尚未備。成倬雲侍郎書《多歲堂詩集》有《避暑山莊紀事絕句》八十五首最詳，今錄之云。……簫鼓喧天達禁宸，土風祈雨走比隣。柳圈帕首胡旋舞，寡婦童男笑殺人。<small>俗間祈雨多折柳戴首。</small>……鷸冠奇服遍城闉，盡是梯航祝嘏人。萬樹園中開御宴，湛恩亦許到陪臣。<small>八月十三日爲聖壽節，每年祝嘏後，例於萬樹園中賜宴諸王公大臣，有外藩使臣，亦恩許入宴。</small>廣場迴望靜無塵，走索跳丸百戲陳。侲子僛倡排兩列，御前先喚撂交人。<small>開宴時百戲具陳，輒宣善撲高等人員，令於御前相撲，以角勝負。</small>名是吳歈及越吟，踏歌連袂走相尋。熙朝樂舞

-315-

聲容備，不廢兜離儵休音。大樂奏時，亦有回部樂舞，用鄉語，聯臂頓歌。其樂器形制絕奇古，非所習見。我朝聲教遠訖，樂備萬方，鳳儀獸舞之盛，虞廷不得擅美於前矣。……此詩蓋仿元人《灤京雜詠》而去其瑣褻也。（震鈞：《天咫偶聞》卷一，清光緒甘棠精舍刻本）

編者案：原作無標題，此標題係編者所擬。

【半畝園（節錄）】完顏氏半畝園，在弓弦胡同內牛排子胡同。國初為李笠翁所創，賈膠侯中丞居之。後改為會館，又改為戲園。道光初，麟見亭河帥得之，大為改葺，其名遂著。純以結構曲折、鋪陳古雅見長，富麗而有書卷氣。（震鈞：《天咫偶聞》卷三，清光緒甘棠精舍刻本）

編者案：原作無標題，此標題係編者所擬。

【天橋酒樓】天橋南北，地最宏敞。賈人趁墟之貨，每日雲集。更有金張少年，扶風豪士，夕陽未下，黃塵正繁，輪雷乍驚，駒電交掣，飄風一過，忽已遠逝。洛陽青門之犢，不足鬥其捷也。而仲夏南頂之遊，馳騁尤眾。孫文定公爾準有《小寒食宿雨初霽，踏青至天橋，登酒樓小飲。稚柳清波，漪空皺綠。渺渺余懷，如在江南村店矣。顧其簷額曰「杏花天」，因倚聲書壁》云：「縠紋學得青簾貼，人倚檻初明。望眼濛濛新柳，餘寒淺，一夜雨絲綠慘。休負了，玉尊春滿；但回首，三千程遠。杏花也帶江南怨，慵傅晨脂淺淡。」公詩集中又有《偕書農小孟飲天橋酒樓》詩。又武虛谷與黃仲則、洪稚存飲於天橋酒樓，轟然甚樂，忽顧盼哭失聲曰：「我幸叨一第，而稚存、仲則寥落不偶。一動念，不覺涕泣隨之耳。」今日天橋左近亦無酒樓，但有玩百戲者，如唱書、走索之屬耳。（震鈞：《天咫偶聞》卷六，清光緒甘棠精舍刻本）

編者案：原作無標題，此標題係編者所擬。

【太平宮廟市】太平宮在東便門內，廟極小。歲上巳三日，廟市最盛。蓋合修禊、踏青為一事也。地近河堨，了無市誌；春波瀉綠，頓土鋪紅；百戲競陳，大隄入曲；衣香人影，搖颺春風，凡三里餘。余與續恥菴遊此，輒歎曰：一幅活《清明上河圖》也。案：查昌業詩有云：「正是蘭亭修禊節，好看曲水麗人行。金梁風景真如畫，不枉元宮號太平」，國初已然矣。（震鈞：《天咫偶聞》卷六，清光緒甘棠精舍刻本）

編者案：原作無標題，此標題係編者所擬。

【京師戲劇代興】《藤陰雜記》謂：京師戲園，止剩方壺齋。今園久廢，其地尚名方壺齋。查樓，今中和園，餘皆不可考。京師士夫好尚，亦月異而歲不同。國初最尚崑腔戲，至嘉慶中猶然。後乃盛行弋腔，俗呼高腔。仍崑腔之辭，變其音節耳。內城尤尚之，謂之「得勝歌」。相傳國初出征，得勝歸來，軍士於馬上歌之，以代凱歌，故於《請清兵》等劇尤喜演之。道光末，忽盛行二黃腔，其聲比弋則高而急，其辭皆市井鄙俚，無復崑、弋之雅。初唱者名正宮調，聲尚高亢。同治中，又變爲二六板，則繁音促節矣。光緒初，忽競尚梆子腔，其聲至急而繁，有如悲泣，聞者生哀。余初從南方歸，聞之大駭。然士夫人人好之，竟難以口舌爭。崑、弋諸腔，已無演者。偶演，亦聽者寥寥。（震鈞：《天咫偶聞》卷七，清光緒甘棠精舍刻本）

　　編者案：原作無標題，此標題係編者所擬。

【京師內城戲園】京師內城，舊亦有戲園。嘉慶初，以言官之請，奉旨停止，今無知者矣。以余所及，如隆福寺之景泰園、四牌樓之泰華軒，皆是。東安門外金魚胡同、北城府學胡同皆有戲園。余髫年時，如泰華軒、景泰軒，地安門之樂春芳，皆有雜爨，京師俗稱雜耍。其劇多魚龍曼衍、吐火吞刀，及下話、嘌唱之類，內城士夫皆喜觀覽。其優人亦間通文墨，吐屬近雅，有宋明遺風，今已成廣陵散矣。諸園亦廢。（震鈞：《天咫偶聞》卷七，清光緒甘棠精舍刻本）

　　編者案：原作無標題，此標題係編者所擬。

【子弟書】舊日鼓詞，有所謂子弟書者。始創於八旗子弟，其詞雅馴，其聲和緩，有東城調、西城調之分。西調尤緩而低，一韻縈紆良久。此等藝，內城士夫多擅場，而瞽人其次也。然瞽人擅此者，如王心遠、趙德璧之屬，聲價極昂，今已頓絕。（震鈞：《天咫偶聞》卷七，清光緒甘棠精舍刻本）

　　編者案：原作無標題，此標題係編者所擬。

【一戲之費】《東華錄》：順治初，有某御史建言風俗之侈云：「一席之費，至於一金；一戲之費，至於六金。」又《毋欺錄》云：「我生之初，親朋至，酒一壺爲錢一，腐一簋爲錢一，雞鳧卵一簋爲錢二，便可款留。今非豐饌嘉肴，不敢留客，非二三百錢，不能辦具。耗費益多，而物價益貴，財力益困，而情誼益衰。」此二說也，在當時已極口呼奢，豈知在今日則羨爲羲皇以上。今日一筵之費至十金；一戲之費至百金。而尋常客至，倉卒作主

人，亦非一金上下不辦。人奢物貴，兩兼之矣。故同年公會，官僚雅集，往往聚集數百金，供一朝之揮霍，猶苦不足。（震鈞：《天咫偶聞》卷七，清光緒甘棠精舍刻本）

編者案：原作無標題，此標題係編者所擬。

【過錦之戲】明代宮中有過錦之戲。其制以木人浮於水上，旁人代爲歌詞，此疑即今宮戲之濫觴。但今不用水，以人舉而歌詞，俗稱托吼，實即托偶之訛。《宸垣識略》謂：過錦即影戲，失之。（震鈞：《天咫偶聞》卷七，清光緒甘棠精舍刻本）

編者案：原作無標題，此標題係編者所擬。

【八音聯歡】《餘墨偶談》云：咸豐中，都門彈詞有名八音聯歡者。其法：八人團坐，各執絲竹，交錯爲用。如自彈琵琶，以坐左拉胡琴絃者爲撇絃，己以左手爲坐右鼓洋琴，鼓洋琴者以右手爲彈三絃者按絃，彈三絃者以口品笛，餘仿此。又一人於座外敲鼓節樂，音極悠揚。其書詞亦綿邈可聽，傾動一時。按此技今尙有之，而各執其藝，不相爲用，不復如孫氏所云矣。（震鈞：《天咫偶聞》卷七，清光緒甘棠精舍刻本）

編者案：原作無標題，此標題係編者所擬。

【《長生殿》獲罪】按洪昉思以《長生殿》獲罪，據《柳南隨筆》云，演於生公園；而趙秋谷《自敘》則云演於查樓。未知孰是。（震鈞：《天咫偶聞》卷七，清光緒甘棠精舍刻本）

編者案：原作無標題，此標題係編者所擬。

【妙峰山趕會】京北妙峰山，香火之盛聞天下。陳文伯《頤道堂集》中有詩詠之。山有碧霞元君祠，俗稱娘娘頂。歲以四月朔開山，至二十八日封山。環畿三百里間，奔走絡驛，方軌疊跡，日夜不止。好事者聯朋結黨，沿路支棚結綵，盛供張之具，謂之茶棚，以待行人少息。食肆亦設棚待客，以侔厚利。車夫、腳子竟日奔馳，得傭值倍他日。無賴子又結隊扮雜劇社火，謂之趕會。不肖子弟多輕服挾妓而往，山中人以麥秸織玩具賣之。去者輒懸滿車旁而歸，以炫市人。（震鈞：《天咫偶聞》卷九，清光緒甘棠精舍刻本）

編者案：原作無標題，此標題係編者所擬。

徐　珂

徐珂（1869～1928），原名昌，字仲可，浙江仁和（今屬杭州）人。光緒
十五年舉人，官內閣中書，後任上海商務印書館編輯。徐珂長於文學，善詩
詞，嘗師事況周頤。著有《真如室詩》一卷、《純飛館詞》一卷、《純飛館詞
續》一卷、《樂府補遺》一卷、《三家詞品》一卷、《可言》十四卷、《康居筆
記匯函》六種七卷等，編有《古今詞選集評》、《清詞選集評》等多種，另輯
有《清稗類鈔》九十二類。見《（民國）杭州府志》卷一一三、《晚晴簃詩匯》
卷一七七，以及鄭逸梅《南社叢談》所收《南社社友事略》等。

【吳綺以傳奇受知世祖】順治壬辰，江都吳園次綺以拔貢授中書舍
人，奉詔譜《楊繼盛傳奇》，稱旨，即以楊繼盛之官官之。（徐珂：《清稗類鈔》
第一冊《恩遇類》，中華書局，1984 年，第 275 頁）

【聖祖呼尤侗為老名士】長洲尤侗，字悔庵，官侍講。世祖嘗稱為真
才子，聖祖亦稱為老名士。（徐珂：《清稗類鈔》第一冊《恩遇類》，中華書局，1984
年，第 277 頁）

【奉旨觀劇】巡撫李某，雍正時人，由軍官轉至巡撫者。性喜觀劇，會
有言官具疏劾之，世宗遂諭其明白回奏。李乃與幕府磋商，有謂此事無實據，
可云並未演劇者；有謂可以託詞酬神者。李聞之，皆以為不可，曰：「若等不
知帝之為人，不可欺也。余意直認不諱。但余本係武夫，不知禮數，觀劇可
藉以習禮。余又未讀書，於前代人物，茫然不知，觀劇即可知某為善人，某
為惡人，擇其善者從之，惡者戒之。且余到任已久，並未嘗因私廢公，既蒙

聖恩垂問，嗣後更不敢觀劇。如此具覆，定可無事。」幕府乃本其意，爲之擬稿。疏既上，世宗親批准其觀劇，但囑其不可有誤政務，一時遂傳爲奉旨觀劇焉。（徐珂：《清稗類鈔》第一冊《恩遇類》，中華書局，1984 年，第 289～290 頁）

【鄒小山以崑曲受知高宗】無錫鄒小山侍郎一桂，工畫花卉，嘗作百花卷，各賦詩一絕進呈。高宗亦賜題百首，並賜額四字，曰「黃華知己」。錢文端公陳群嘗遊盤山，時杏花盛放，文端出藏紙，索寫《盤山杏花圖》，侍郎即於花下點染，屋宇頹垣，山嵐花氣，一一入妙。人皆知花草之工，而不知山水之佳著之也。侍郎有《題盤山天成山》詩云：「天遣垂虹掛作泉，更留盤石坐人便。平分遠岫雙蛾翠，獨立孤峰一指彈。麏伏自來經座側，鴿馴時下飯鐘前。是花色相誰能辨，繞澗山花爛欲然。」侍郎微時，好狹邪遊，喜撤簍。封翁性嚴正，屢戒勿悛，逐之出，不承爲子。侍郎困甚，丐人哀其父，不爲動。時已爲諸生，因以攜資應試請，封翁曰：「汝果賢，貧賤何害；不賢，即富且貴者，寧遂免若敖氏之餒耶！」乃隻身北上，僅攜一布被。途間，去被中絮，乘夜，實草根敗葉於內，壓背隆然，詣旅邸求宿。翌晨，傾被中物於地，置被懷袖間，悄然局門出。邸中人意負物在室中，必無他慮，不知已得膳宿一夕，垂橐而去矣。長途轉徙，悉用此術以抵都。維時崑曲盛行，好事者率自置鞠部。一日，高宗傳旨進樂，酒酣，自演《李三郎羯鼓催花》劇。主器者苦不能稱旨，侍郎獨能隨其意爲節奏，抑揚頓挫，無不合拍。高宗大悅，亟使納監入北闈，獲雋，遂以一甲第三人及第。（徐珂：《清稗類鈔》第一冊《恩遇類》，中華書局，1984 年，第 309～310 頁）

【王景琦以二簧晉秩】穆宗好微服冶遊，從者僅一二內臣。嘗至著名飯莊宣德樓，時王景琦太史適偕某部郎小酌，王工唱二簧，部郎長崑曲，乃以紅牙檀板，各獻所長。一曲終，忽隔座一客欣然至前，詢太史等姓名官階，曰：「所奏曲良佳，盍爲我再奏一曲。」太史心知其異，乃如命爲之再歌。歌未竟，驀有二少年被服華服，立簾外探望，見客，則拱立肅然。俄而車馬喧闐，轟傳恭王至，行馬數十，擁一朱輪車，停樓下，恭王從容下車，入與客耳語。久之，客始微頷，怏怏從之去。客登車，恭王爲之跨轅，遊龍流水，頃刻已渺。太史與部郎皆心驚，知遇皇帝也。不數日，上諭下，二人皆不次晉秩。部郎以枉道爲恥，辭不拜，太史則以是遷至侍郎，宏德殿行走，所以蠱惑上者，無所不至。上竟以此得痼疾不起，所謂出痘者，醫官飾詞也。及

崩，有撰輓聯諷其事者云：「宏德殿，宣德樓，德業無疆，且喜詞人工詞曲；進春方，獻春策，春光有限，可憐天子出天花。」王後爲陳六舟中丞彝所劾，革職永不敍用。（徐珂：《清稗類鈔》第一冊《恩遇類》，中華書局，1984 年，第 329～330 頁）

【「打你這傾國傾城帽」】錢牧齋嘗具滿洲冠服出門，途遇一叟，以杖擊其首曰：「我是個多愁多病身，打你這個傾國傾城帽。」帽與貌同音，蓋竄易《西廂》詞句也。（徐珂：《清稗類鈔》第四冊《譏諷類》，中華書局，1984 年，第 1540 頁）

　　編者案：此則當迻錄自獨逸窩退士《笑笑錄》卷六《借西廂語》條。

【「姓朱的有甚虧負你」】順治初有張某，以善疊假山，人共禮之，不以石工相遇。一日，吳梅村赴某家宴會，張亦在座。優人進院本，請點戲，吳命演《爛柯山》，蓋以劇中有張石匠，欲以相戲也。伶人唱張石匠，諱張爲李，吳點首笑曰：「甚有竅。」後演至張別古寄書，有曰：「姓朱的有甚虧負你？」張搖首曰：「此人無竅矣！」吳不覺面赤。（徐珂：《清稗類鈔》第四冊《譏諷類》，中華書局，1984 年，第 1542 頁）

　　編者案：此則重見於錢泳《履園叢話》卷廿一《太無竅》條，字句小異，當係自錢氏處迻錄者。

【演《躍鯉》】金天石嘗客江寧，適合肥龔芝麓尙書鼎孳大會詩人於桃葉渡，天石與其列。伶請演劇，天石命演《躍鯉》，舉座失色。蓋龔自登第後，娶名妓顧橫波爲妾，衣服禮秩如嫡，故天石以棄妻譏焉。龔大不懌，而天石殊不顧。黃昏大雨，將散，車馬咽闐。天石坐門限上，脫襪徒跣，了無怍色，徐徐去。（徐珂：《清稗類鈔》第四冊《譏諷類》，中華書局，1984 年，第 1544 頁）

【兵部尙書接駕】世祖入關，明兵部尙書某亦在迎降之列。後官浙中，赴讌西湖，伶人演闖賊破都事，一人執手板跪伏道傍，自唱「臣兵部尙書某迎接聖駕」，某悵然。（徐珂：《清稗類鈔》第四冊《譏諷類》，中華書局，1984 年，第 1544 頁）

【闕里侯】李笠翁，名漁，工揣摩，走聲勢，取重於時，能以術籠取人貲。嘗作《奈何天》傳奇，先出上半本，其所云闕里侯者，衍聖公也，扮演

醜惡，備極不堪。衍聖公患之，賂以重金。復出下半本，則所謂闕里侯者，已獲神佑，完好如常人矣。（徐珂：《清稗類鈔》第四冊《譏諷類》，中華書局，1984年，第1548頁）

【帝王卿相爲傀儡】尤西堂舍人侗，嘗以達賴喇嘛驕縱、皇族喜唱戲、某且結閹豎納賄鬻官也而嫉之，乃作聯云：「世界小梨園，率帝王師相爲傀儡，二十四史演成一部傳奇；佛門大養濟，收鰥寡孤獨爲丘尼，億萬千人遍受十方供給。」（徐珂：《清稗類鈔》第四冊《譏諷類》，中華書局，1984年，第1548～1549頁）

【附庸風雅小名家】蔣心餘《臨川夢·隱奸》一折，寫陳眉公上場，有一七律，調笑眉公，謔而近於虐矣。詩云：「妝點山林大架子，附庸風雅小名家。終南捷徑無心走，處士虛聲盡力誇。獺祭詩書充著作，蠅營鐘鼎潤煙霞。翩然一隻雲間鶴，飛去飛來宰相衙。」論者謂心餘譏仲醇太過，不知心餘乃借仲醇以誚袁子才耳。所云「年未四十，焚棄儒冠，自稱高隱」，試思仲醇何曾不應科舉？實即趙雲翼編者案：此處有脫文，當爲趙雲松翼。控詞之先聲也。（徐珂：《清稗類鈔》第四冊《譏諷類》，中華書局，1984年，第1562頁）

【「孔子之後有孔明」】桐城張文和公之孫若霈，以部郎出爲山東濟南府，善譚論。時藩司爲阿某，胸無點墨，好以門閥自矜。一日，於署中演劇，遍招同官歡宴，時演《孔明借箭》，阿笑謂座客曰：「孔子之後，乃有孔明，可見善人自有善報。」眾知其誤，莫敢置對。張獨進曰：「豈獨善人有善報，試觀秦始皇之後，乃有秦檜，豈非惡人亦有惡報乎？」藩司點頭稱是者再。

（徐珂：《清稗類鈔》第四冊《譏諷類》，中華書局，1984年，第1576～1577頁）

【「爾狗官」】何某需次直隸，權保定府事，公暇，輒召伶人至署演劇。一日，演《司馬搜宮》齣，正在形容之際，不覺氣憤，命人將扮演之伶拿下，責以欺君之罪，呵令跪。伶本滑稽，思有以報，遂大搖大擺大聲而疾呼曰：「爾狗官，好混帳，大都督豈能跪四品黃堂！」（徐珂：《清稗類鈔》第四冊《譏諷類》，中華書局，1984年，第1594頁）

【「腹中滿貯稀粥」】張文達最愛演戲，有僧虛舟者，日在邸中，爲戲提調，甚寵暱。劉趕三謔之曰：「有一僧死，見閻羅王，王斥其戒律不嚴。僧極

陳守戒清苦，可請驗。王命剖視其腹，則滿貯清荼豆腐也。繼一尼至，王斥如前。尼亦力辨，且引僧爲例。王又命剖視，則滿貯稀粥而已。」蓋北音稀粥，音近虛舟也。後被言官彈劾，逐虛舟出都。（徐珂：《清稗類鈔》第四冊《譏諷類》，中華書局，1984 年，第 1605 頁）

【戲提調】京師梨園最盛，公宴慶祝，別有演劇之所，名曰戲莊，將有事，擇能肆應者一人司其事，曰戲提調。或作《戲提調歌》云：「眾賓皆散我不散，來手班中管事之目。未到我已到。巍然獨踞下場門，赫赫新銜戲提調。定席要便宜，點戲誇精妙。怒目看官人，是日必向司坊中借二三執鞭者在門前彈壓，名曰官人，又曰小馬。頓語磨車轎。老師及各堂官車轎夫飯錢最難開銷，且易得罪，故須磨以頓語。徧索前年舊戲單，爛熟胸中新堂號。京師旦腳曰相公，所居之寓曰某堂。知其堂知其人，始能點其戲。大蠟新試三枝頭，曰受熱，曰坐蠟者，皆京師俗呼爲難者之別名。此語有雙關之意。靴頁偶裝幾千弔。京官多窮，故曰偶裝，亦見其所費不菲矣。小香到，提調笑。喜祿病，提調跳。鎮得長庚跟兔，暫向櫃前行，待到牛夜三更，自己轉灣仍放掉。吁嗟乎，三更曲罷尤可憐，皆化二目飢腸穿。左有牙笏右掌櫃，小馬紛來滿堂前。堂前燈火全不見，陰森疑到閻羅殿。此時提調錦囊空，只餘三字明天算。」（徐珂：《清稗類鈔》第四冊《譏諷類》，中華書局，1984 年，第 1605～1606 頁）

【「等老也而多寡分焉矣」】京伶謔詞，有令人解頤者。同治乙丑會試題爲「上老老而民興孝」，第三人某文中有「天子有老，庶人亦有老。天子之老，聚於一堂；庶人之老，散於四境。等老也，而多寡分焉矣」諸語。闈墨出，都人爲之譁然。會新進士宴總裁、同考官於文昌館，優人飾耆老數人相見，各問訊年齒，有云九十者，有云八十者，有云七十、六十者。一人曰：「吾輩皆老矣！」又一人曰：「雖皆老，然甲之齒多於乙，乙又多於丙，丙又多於丁、戊，不能一律以老概之」又一人則恍然點首曰：「等老也，而多寡分焉矣。」聽者闐堂。四總裁及本房同考官皆惡然，未終席而去。（徐珂：《清稗類鈔》第四冊《譏諷類》，中華書局，1984 年，第 1606 頁）

【「丞相登壇亦快哉」】曾文正之督直隸也，因法教士豐大業一案，以天津守令遣戍，頗不滿於眾望，湘籍京官聯名致書詆諆，並將湖南全省會館中所有文正科第官階扁額悉數除之，文正鬱鬱無如何。及調任兩江，與知交

書，有「內疚神明，外慚清議」語。同治壬申，值六旬壽誕，方演劇稱觴，忽遞到一封口文書，亟拆閱之，僅詩一首云：「笙歌鼎沸壽筵開，丞相登壇亦快哉。誰念黑龍江畔路，漫天風雪逐人來。」文正亦不究所從來，亟納之袖以入，自是目疾增劇，俄薨於位。（徐珂：《清稗類鈔》第四冊《譏諷類》，中華書局，1984 年，第 1607 頁）

【「作官亦識字麼」】京伶小百歲者，丑角也。一日，演《法門寺》，去小監，科白時，謂扮趙廉之生曰：「作官亦識字麼？吾道你只識洋文，不識國文呢。」又嘗於《五花洞》中，自唱「做官不論大小，懂得洋文就好。」其言若有意，若無意。又都中婦女往往喜喫捲煙，一若表其時髦者，而不知泰西惟妓女吸之也。即十三四女郎，亦復如是。伶即假《法門寺》中之科白，謂宋玉姣曰：「千歲賜你錠銀，不可將去買捲煙，中含尼古丁質，吸之有毒也。」（徐珂：《清稗類鈔》第四冊《譏諷類》，中華書局，1984 年，第 1616 頁）

【「畢竟官場都是戲」】浙江候補道蔣某與候補知府楊某同充某局差，蔣爲總辦，楊爲會辦。有某事，蔣執不可，楊銜之。一日爲蔣誕辰，凡候補同通州縣咸往叩祝，楊亦與焉。蔣因宴各官，酒十餘席。楊故善飲，蔣則杯酒不能入口者。楊故酌酒爲蔣壽，蔣以不能飲辭。楊不顧，必欲蔣盡十爵乃止，蔣堅不飲，楊怒曰：「在官廳，乃分上司屬員，此非官廳也。」遽前扭蔣胸衣。蔣亦怒，起與毆，致几上紅燭鏗然墮地。各官咸起與勸慰，楊始悻悻去。當時有見其事者，因撰一聯以嘲之。聯曰：「進宮獻策，渡江偷書，演來一部梨園，畢竟官場都是戲；上客揮拳，下僚屈膝，推倒兩行紅燭，那堪海屋更添籌。」上聯隱兩君姓，下聯紀實事也。（徐珂：《清稗類鈔》第四冊《譏諷類》，中華書局，1984 年，第 1618 頁）

【「毋寧爲完全之伶人」】伶界中有平等思想者，德珺如一人而已。珺如爲相國穆彰阿孫，以廕生內用，嘗官某部主事，而其父與程長庚交甚摯。珺如既長，好與伶人遊，唱青衫，歌反二簧，喉舌間，似奏笙簧細樂。及父卒，益放浪形骸，以客串爲樂，遺產殆盡，各園主以其聲調之足以左右座客也，遂勸之搭班，於是爲伶人矣。有叔曰薩廉，字檢齋，官至侍郎，止之曰：「優伶，賤業也。吾家何堪爲此」？珺如曰：「吾日用至奢，叔能我助乎？倘能助我，將改業，如其未也，請許我自由。優亦營業之一，亦何嘗辱及先

人哉？叔必令余棄優而仕，試問今日之官之心理之才識，超出伶人之上者能有幾人？與其爲齷齪之官吏，毋寧爲完全之伶人，貴賤非所計也。」薩無以難之，乃曰：「即爲伶人，亦不宜唱包頭。」珺如曰：「改唱小生，何如？」明日，即唱《黃鶴樓》，儒將風流，宛然公瑾，喜怒哀樂，描摩盡致。次日，演《奪小沛》，羽翎一發，直貫戟心，尤爲他人所不及。由是珺如之名，噪於京師，惟不供奉內廷，懼以門第獲譴也。（徐珂：《清稗類鈔》第四冊《譏諷類》，中華書局，1984 年，第 1634 頁）

【「上臺終有下臺時」】某劇場之戲臺後有一聯云：「凡事莫當前，看戲何如聽戲好；爲人須顧後，上臺終有下臺時。」（徐珂：《清稗類鈔》第四冊《譏諷類》，中華書局，1984 年，第 1668 頁）

【「學而優則仕」】武進談伯虎名寅，嘗爲上海某校學生，繼而棄去，從王鐘聲習文明新戲。其父小蓮從九程熙嘗斥之，懷獻侯曰：「戲亦有學也，且爲專門之科學。」小蓮曰：「何以知其然乎？」獻侯曰：「吾嘗聞之長洲王夢生矣，其言曰，學之爲言效也，凡事前創後賡，積數十世數千百人心思耳目所推闡裁成者，皆謂之學，何獨疑於戲？且聞西哲之言曰：『凡合數種科學以成爲一學科者，皆謂之專門之學。』若戲，則喜怒哀樂，心理學也；擡步技擊，體育學也；化裝扮演，審美學也；腔調節奏，音樂學也；時代人物，歷史學也。以言君臣政事，則通乎國家學；以言父子夫婦，則通乎家政學；以言朋友交際，則通乎社會學。凡斯種種，非合數種科學以成爲一學科乎？是故童年就習，謂之科班，劇本流傳，謂之科白，科之一字，實有當之無媿者。得一佳唱，貴與科名等，亦且精與科學抗矣。此摹彼仿，月盛日增，有自少至老數十年，積精研求而卒不能出類拔萃者，謂非專門之學，吾不信也，君何嫌於郎君而責之乎？」

小蓮聞之不答，若有不豫色然，蓋以爲獻侯諷之也。獻侯又曰：「子毋然，君之欲令郎君讀書者，非必有志於國民教育也，亦視之若科舉，欲冀其由中學而高等而大學而通儒院，得有出身官職，以筮仕於朝耳。孔子不嘗云『仕而優則學，學而優則仕』？習戲既入，學而優則仕矣，且即以戲場作官場可也。人生行樂耳，袍笏登場，一呼百諾，亦極大丈夫之豪舉矣。戲場與官場，又何異耶？」（徐珂：《清稗類鈔》第四冊《譏諷類》，中華書局，1984 年，第 1711～1712 頁）

【戲臺聯】某邑演戲臺有聯，寓規於諷。聯云：「事事如斯，裝一般打臉掛鬚，偏稱腳色；年年依舊，唱幾句南腔北調，就算改良。」又酆謀曾撰傀儡戲俗名木人戲。聯云：「著幾件衣裳，也在舞臺充腳色；無半點血氣，全憑光棍頂人頭。」（徐珂：《清稗類鈔》第四冊《譏諷類》，中華書局，1984 年，第 1727 頁）

【金奇中曰觀悲劇】劇有喜劇、悲劇之二大別，喜劇難工，而悲劇易工，猶之撰擬文字，摹寫萬惡之社會，取材多而象形易也。金奇中僑滬久，其婦柯默尹粗知文字，好觀劇，奇中則反是。一夕，默尹至劇場，觀演《社會現形記》，伶人現身說法，窮極世態，歸言奇中曰：「今夜劇大佳，君無周郎之癖，若偕往，則亦可以擴見聞增閱歷。惜哉！」奇中曰：「吾日與世人處，目之所見，無往而非悲劇也。雖無哀絲急管之悽楚，而傷心慘目，至於已極，亦何必多此一觀耶？」

蓋上海之地，雖為黃歇浦濱之蕞爾一隅，而魑魅魍魎，群集於是，上中下三等社會皆有之。繁盛之首區，罪惡之大藪也，萬怪千奇，不可究詰。皆若有師傅之衣缽，固有之窟穴，極其潛勢力之所及，全國為之轉移。黑幕重重，觀者為之目眩，實無往而非悲劇也。（徐珂：《清稗類鈔》第四冊《譏諷類》，中華書局，1984 年，第 1730～1731 頁）

【優言官場不如戲場】諺云「官場如戲場」，證以某優之言，良信。其言曰：「吾黨中如淨末外老生，除休業外，無日不冠帶登場，儀從煊赫，顧盼自喜，可十餘年，而無風塵奔走之苦，患得患失之慮，憂讒畏譏之情，恐官場尚不如也。」（徐珂：《清稗類鈔》第四冊《譏諷類》，中華書局，1984 年，第 1731 頁）

【冶遊觀劇】上海之驕奢淫佚甲於通國，多娼寮，多舞臺，男子嗜冶遊，女子嗜觀劇，凡中流社會以上之人，幾已悉有此嗜。冶遊為審美之作用，愛妓之色也；觀劇亦審美之作用，愛伶之色也。冶遊者每於搆精時多留戀，觀劇者每於曲終後始起去，則皆以既耗金錢，必使盡興而後已，諺所謂撈本兒者是也。

以夫婦而有冶遊、觀劇之嗜者，亦有之。夫為誰？陶月舫也，大興人。婦為誰？嚴儷也，元和人。宣統辛亥秋，其家居公共租界愛文義路之道達里，懷獻侯曾與之結鄰，嘗語湯頤瑣曰：「自午後四時至十二時，過陶氏之門者，惟聞僕婢笑語聲，嘲罵聲，雜以彈絲吹竹聲，呼盧喝雉聲，而有時更聞氤氳

之氣，不可嚮邇，蓋其子女三人皆吸鴉片煙也。吾之所以遷居者，避囂也，擇鄰也，以其常日皆如是也。」（徐珂：《清稗類鈔》第四冊《譏諷類》，中華書局，1984 年，第 1747 頁）

【做戲看戲】金奇中客滬，服務於坊肆，任撰述，窮日夕之力，伏案搦管，矻矻不稍休。嘗著社會小說，雖溫太眞之燃犀，吳道子之寫生，不是過也。其婦柯默尹頗知書，讀而善之，語之曰：「子何不撰爲劇本之贈梨園，使予可得一常年優待免費之券，常日觀劇，不費子一錢乎？」蓋其婦固酷好觀劇也。金答曰：「予撰社會小說，描摹世情，窮形盡相，嬉笑怒罵，無不備具，與做戲何異？我既做戲，則卿亦看我之戲可矣。且卿亦已現身於我之戲中，我爲正角，卿爲配角，雖不看他人之戲，庸何傷？」（徐珂：《清稗類鈔》第四冊《譏諷類》，中華書局，1984 年，第 1755 頁）

【柯默尹謂金奇中說夢】金奇中以其婦柯默尹之好觀劇也，嘗誡之曰：「人生如戲耳，何必耗時失業，疲精費神，以觀此戲中之戲耶？」默尹曰：「人各有癖耳。觀劇，吾之癖也。子豈無所癖乎？」奇中曰：「吾與明顧文端之癖同耳。」默尹請其說。奇中曰：「文端，名憲成，無錫人，嘗自言平生有二癖：一爲好善癖，一爲憂世癖。此兩種癖所爲，爲天地立心，爲生民立命。文端之言如此，卿尚何言？」默尹曰：「子之玩世不恭，亦已甚矣，乃猶正襟危坐而說夢耶？休矣，毋污吾耳也。」（徐珂：《清稗類鈔》第四冊《譏諷類》，中華書局，1984 年，第 1759 頁）

【柯默尹謂金奇中好行其德】有抱樂器而奏之，且歌且行，蹀躞於坊陌，以售技自給者，凡繁盛之都會皆有之。金奇中好山水遊，暇則手一卷，不入劇場，然當閉戶夜讀時，聞聲，輒召之入，使歌，且觀書，且聽曲，不以爲囂也。奇中之婦柯默尹以其歌之劣也，厭之，語奇中曰：「滬上劇大佳，子不往觀而樂此，好惡拂人之性矣。」奇中曰：「吾非嗜此也。徒念若輩爲無告之窮民，日得薄值，將以資俯仰耳。且自我出此些須之費，固無損，我伏案展卷，亦未奪我之日力也。」默尹曰：「信若斯乎，子亦好行其德矣。」（徐珂：《清稗類鈔》第四冊《譏諷類》，中華書局，1984 年，第 1759 頁）

【「上場容易下場難」】自提倡文明新劇之說盛，於是上海社會之中年人士，亦皆熱心救世，而號召於眾曰：「此固輔助社會教育之一端也。彼年

少失學者，誠能日觀新劇，濡染既久，自必有所觀感而群思為善矣。安得有熱心者，投身劇場，而現身說法乎？」曾子英習聞之，乃從提倡新劇之人而習焉。擇日登臺，觀者座滿，於時笙歌一奏，袍笏而出。孰知門簾方啓，而臺步已亂，鼓板不靈，喝倒采之聲大作。高晴川曰：「上場容易下場難，有如是夫！」（徐珂：《清稗類鈔》第四冊《譏諷類》，中華書局，1984 年，第 1760 頁）

【入夢出夢】萊陽宋荔裳、新城王西樵、嘉善曹顧庵同遊杭州西湖，一夕，看演《邯鄲》盧生事，酣飲達旦。曹曰：「吾輩百年間入夢、出夢之境，一旦縮之銀鐙檀板中，可笑亦可涕也。」（徐珂：《清稗類鈔》第四冊《詼諧類》，中華書局，1984 年，第 1766 頁）

【伶人同姓為婚】伶人之同姓為婚者頗多，張芷芳娶張二奎之女，陸小芬娶陸翠香之女，意殆謂同姓不同宗，婚覯無礙也。（編者案：「覯」當作「媾」。）或謂孫心蘭與孫八十兩家亦有秦晉之好。（徐珂：《清稗類鈔》第五冊《婚姻類》，中華書局，1984 年，第 2112～2113 頁）

【票友與伶人結婚姬】非自幼習戲至中年而始為伶者，曰票友，許處、龔處、德處等皆是也。窮而售技，遂與伶人結姻婭，許處、德處皆以女嫁譚鑫培之子，張毓庭娶李順亭之女，王又宸娶譚鑫培之女。（徐珂：《清稗類鈔》第五冊《婚姻類》，中華書局，1984 年，第 2113 頁）

【恩曉峰嫁姜春桂】恩曉峰，京旗人，為某相孫女，家故素封，其父行皆有周郎癖，暇輒弄絃索以為樂。曉峰固聰慧，輒自屏後記其節奏，於閨中肄習之，似小叫天，惟嗓音較小，然曲折幽怨，雖巫峽猿啼、衡陽鶴唳，不能過也。光緒壬寅，始至津奏伎，稱一時獨步。兼唱武生，如《落馬湖》等齣，亦不落凡響。汪笑儂排《戲迷傳》，伶界皆展轉仿效，津門能此曲者，曰麒麟童、小桂芬。顧二伶喉皆瘖，不盡善，其能如初寫《黃庭》恰到好處者，曉峰而已。丹桂閉，曉峰遂南下，旋嫁姜春桂。姜初為下天僊小生，自得曉峰後，月俸千金，遂安坐而食，不復操故業矣。（徐珂：《清稗類鈔》第五冊《婚姻類》，中華書局，1984 年，第 2113 頁）

【魏長生有俠氣】魏三，名長生，四川金堂人，行三，秦腔之花旦也。入都時，年將三十矣。時都中盛行弋腔，士大夫厭其囂雜，長生因之改秦腔，

名動京師，王公貴人無不願識之。其爲人有俠氣，納蘭太傅孫曰成安者，初與之狎，後遇事遣戍歸，貧無以立，長生時周恤之。（徐珂：《清稗類鈔》第六冊《義俠類》，中華書局，1986年，第2728～2729頁）

【某伶恤某公妻子】某伶者，色藝俱工絕，遊於陝。陝尙秦聲，無解南音者，困甚，無所得衣食。時某部爲秦聲冠，投焉，部中人共揶揄之，亦不甚令登場。會撫署讌客，數折後，藩司某問有能崑曲者否，部中無以應。伶獨趨進自承，曹長愕然，欲止之，則堂上已呼召矣。登臺奏技，甫一發聲，某色喜，滿座傾聽，歌一闋，遽止之，曰：「笛板工尺相左，他樂器亦無一合者，是烏足盡所長。」趣呼藩署家樂和之，使演《掃花》一齣。伶既畜技久，思一逞，又多歷轗軻，憤鬱無所洩，至是，乃盡吐之，瀏亮頓挫，曲盡其妙。某號稱知音，不覺神奪而身離席也。座客見其傾倒如是，咸稱羨附和之。曲終，纏頭以千計，而伶之名大噪。

已而伶持某書入都，都下貴人爭愛賞之，宴會非伶不歡，由是名益著。閱數歲，某以藩司擢陝撫，冒賑事發，被逮，下刑部獄，家產籍沒，眷屬羈滯京邸，衣食不給，終日相對慘怛。忽一蒼頭問訊而至，言主人命致意，已爲夫人覓得一安宅，趣呼輿馬送至，則屋宇精美，米薪器用，下至箕帚之屬，一一完好，顧不知主人爲誰。時某已論大辟，繫獄久，生平故舊無一過問者。一日，晨起，突有人直至繫所，哭拜不能起，視之，則伶也。已去其業，居京帥作富人，夫人宅即所置也。於是即獄中置酒，復爲歌《掃花》一齣。甫及半，某大哭，即止不歌，而相對淚下如緪縻。自是朝夕至，視寒暖，調飲食，如孝子之事親。棄市日，具棺槨厚斂之，送其櫬與妻子歸里，又恤其度日費，度足用乃止。（徐珂：《清稗類鈔》第六冊《義俠類》，中華書局，1986年，第2736頁）

編者案：此則重見於孫寰鏡《棲霞閣野乘》卷下《記某伶事》條，字句出入較大。

【程長庚爲某園挽危局】都中某戲園門前冷落，座客寥寥若晨星。園主坐櫃旁，乍見程長庚過，即疾趨而出，殷勤問好，並訴艱難困苦之狀，乞其助。長庚怦然心動，乃謂園主曰：「爾毋恐，有我在。」園主聞言，揖謝者再。長庚曰：「速四出馳報，我將爲爾挽危局，即當登臺唱《戰長沙》也。」園主欣喜過望，遣人四出招徠，凡在他園之聽客，一聞「大老板《戰長沙》」六字，罔不捨其原在之戲園，而倉皇奔至某園。於是某園得利市三倍焉。（徐

珂：《清稗類鈔》第六冊《義俠類》，中華書局，1986年，第2805頁）

【程長庚賑伶界】同治甲戌冬，穆宗賓天，都門各戲園照例停演二十七月。時戲園有三慶、四喜、義順、和源、順和等數家，合各項角色計之，不下二千餘人，有將流為乞丐者。程長庚憂之，乃以平日所積，易米施粥，以賑伶界之無食者。咸感之，為立長生木主，曰「優人大成至聖先師」。（徐珂：《清稗類鈔》第六冊《義俠類》，中華書局，1986年，第2805頁）

【程長庚徐小香恤同儕】光緒辛巳，孝貞后崩，歌臺闃寂，優人大困。程長庚與徐小香固同在三慶班，至是，則哀之諸富貴子弟，釀金以拯之，貧苦之零碎角色，皆間數日得小米五六升，遂賴以存活。（徐珂：《清稗類鈔》第六冊《義俠類》，中華書局，1986年，第2805～2806頁）

【葛四待楊三】都中蘇班名伶有楊三、葛四二人者，皆蘇人，皆唱崑丑，二人交至密。鬻技京師，楊嘗語葛云：「君技勝我，所在皆可求食。君在京，則人皆賤我矣，君能去乎？」葛曰：「諾。」遂去。之河南，之山東，所至為人所重。楊自是遂獨以技名京師。葛暮年病盲，仍留山東不去，曰：「我不負楊也。」既盲，仍時演劇，每演，必《尼姑下山》一劇，神采飛動，臺步整齊，背負一人，其行如馳，見者不知其盲。蓋精熟既久，權衡在心也。論者多其重交遊，不輕然諾，故挽之演劇，爭厚餽之。楊在京，亦時與通問訊，兩家往來如姻婭。葛子文玉，小名虎子，亦能唱崑曲。扮武生，身段絕佳，惜喉閉不能發音，然已矯矯於世，人謂葛四醇厚，宜有子也。（徐珂：《清稗類鈔》第六冊《義俠類》，中華書局，1986年，第2806頁）

【李森杖斃伶僧】披縣李侍御森巡按江南，誅鉏豪右，優人王紫稼吳梅村之《王郎曲》，即賦此事。及三遮和尚淫奢無狀，皆杖斃之。及中讒被逮，李自選御史，兩經革職，俱復原官。後又以言事謫戍尚陽堡，尋赦還。至是已四黜矣。吳民號泣攀送者數萬人，既登舟，僚屬相顧揮涕。松江知府李正華最後至，攜一酒瓢，滿酌送侍御曰：「吾曹期不愧天日，不愧朝廷，不愧百姓耳。成敗利鈍，造物司之。今日之行，榮於登儀，諸君何至作楚囚相對耶？」侍御為之掀髯大笑。（徐珂：《清稗類鈔》第七冊《正直類》，中華書局，1986年，第3014～3015頁）

編者案：此處有脫文，據《池北偶談》、《研堂見聞雜記》、《茶香室四鈔》、《檮

机近志》等，李森當爲李森先。

【任葵尊叱縛千金旦】任葵尊，名宏嘉，康熙中官御史，巡視北城，親王諸府、公侯第宅多在轄下，驕悍尤難治。任偶出，有錦衣駿馬者突其前，任呵叱之。從者曰：「此某王所嬖千金旦也。」任大怒，身逐之，率隸卒奔抵王府，坐其門譙，必得旦乃已。王曰：「是申申者何也？即出，敢若何！」旦出，任叱縛之，予杖四十。王大恚，入奏。聖祖曰：「彼非凌汝，行者吾法。汝庇優，虧吾法。」王轂觫稽顙出。（徐珂：《清稗類鈔》第七冊《正直類》，中華書局，1986 年，第 3020 頁）

【岳起廉儉】少保岳起，滿洲人，以孝廉起家。初任奉天府尹，前任某以貪著，岳入署，命人於屋宇器用皆洗滌之，曰：「勿染其舊也。」後與將軍某抗，罷官，仁宗用爲山東布政使。未幾，擢江蘇巡撫，生平清介自矢，夫人自掌簽押。出門騶從蕭條，瘦驃敝服，禁止遊船妓館，無事不許讌賓演劇，吳下奢風爲之一變。夫人尤嚴正，岳嘗往籍畢秋帆尚書產，歸時已薄暮，小飲，面微醺，夫人正色告曰：「秋帆尚書以耽於酒色，致有今日，相公觸目警心，方謹戒之不暇，乃復效所爲耶？」吳民有《岳青天歌》，以爲湯文正公後一人。（徐珂：《清稗類鈔》第七冊《廉儉類》，中華書局，1986 年，第 3157 頁）

【李吉瑞不與女伶配戲】李吉瑞爲武生中之卓有聲譽者，性耿介。演劇於津門，不與女伶配戲。女伶勾引之，不爲動。嘗衣大布之衣，遨遊廛市間，不與惡少遊。（徐珂：《清稗類鈔》第七冊《狷介類》，中華書局，1986 年，第 3263 頁）

【顧威明以米易鬚】松江顧威明之曾祖，明時官少參，富而好禮。曾出銀十萬四千餘兩，置義田四萬八千餘畝，合郡皆食其德。事聞於縣，命復其家。再傳以後，家漸落，至威明已饘粥不給矣。朝廷忽下所司盡還其產。威明性喜博，又酷好觀劇，以嬖人驟擁多金，遂聘四方伶人演湯臨川《牡丹亭記》。有一伶，已蓄鬚矣，方飾杜麗娘，進曰：「俗語去鬚一莖，償米七百，倘勿吝，乃可從命。」威明撫掌笑曰：「此細事耳。」即令一青衣從旁數之，計削鬚四十三莖，立取白粲三百石送其家，其豪舉多類此。不四五年，以逋賦爲縣官所拘，縊死於獄，而四萬八千餘畝之田不可考矣。（徐珂：《清稗類鈔》第七冊《豪侈類》，中華書局，1986 年，第 3266 頁）

【玉琵琶享用豪奢】玉琵琶者，不知何許人，道、咸間人也，居武進、無錫間，人皆稱爲老技師，生徒徧大江南北。所居爲巨宅，徧釘獸鐶，與世家埒。享用豪奢，每宴客，舟車坌集，明燈燭天，水陸之珍，求之數千里外，侑酒歌吹必菊部名伶。僮僕數百人，皆日得醉飽，臧獲輩噴噴矜其值，殆不止貧家一歲糧也。平居盛容飾，玉蟬貂錦，狀類金張子弟。深居簡出，出則香車寶馬，或綵錦小肩輿，行廚食橹，奚奴三五，絡繹隨之，徜徉湖壖。春秋佳日，有見之者，爭言天下琵琶第一人，故克享此清福也。（徐珂：《清稗類鈔》第七冊《豪侈類》，中華書局，1986 年，第 3285～3286 頁）

【潘雲閣耽聲色】咸、同間，有南河總督潘雲閣者，耽聲色，幾不僅金釵十二也。當五十歲前，受制於妻，無後房之寵。既失偶，乃大縱所欲，有稱如夫人者四，各蓄豔婢四，自餘女傭及婢之少艾者尤夥，皆暱之，而猶以爲不足。每出巡，見民婦之美好者，輒遣僕嫗託如夫人命召之入署，信宿而出，贈以二十金。

潘治南河時，年將七十矣。而精神矍鑠逾壯年，豪縱猶昔。其寵姬率南部名娼，精音律，豔婢皆嫻歌舞，演劇之化裝咸備。時或命酒展紅氍毹，令諸婢扮演，愛妾理絲竹於後，自衣及膝之短綠襖，冠便帽，紅線成握，長尺有咫，斜披肩背，時便帽結紅線必附以綏纓。白髮如帚拂胸，支頤疊股而觀。遇劇中關目可噱者，則入場與諸婢狂嬲以爲樂，屬吏得縱觀。一日，演《挑簾》、《裁衣》諸院本，備極妖冶，遂嬲諸婢，聞旁有掩口嗤者，由是遂不得與觀。又聞其於理事室中別闢一房，婦女裝飾、針黹所需之品無不備，午後輒至，凡署中婦女欲市各物，必至此交易，一一親與論值，故靳之，索群雌笑罵以爲快。（徐珂：《清稗類鈔》第七冊《豪侈類》，中華書局，1986 年，第 3287～3288 頁）

編者案：此則重見於孫寰鏡《棲霞閣野乘》卷上《潘雲閣之軼事》條，字句出入較大。

【程長庚與某王賽鼻煙】程長庚中年以後，名譽益著，凡堂會戲，幾以無程爲缺憾。一日，至某王府演戲，王知其嗜鼻煙，因盡出所藏，分裝各色煙壺，使品之，曰：「汝非至予處，一時斷不得聞如許名煙。」程惡其譖己也，謂王曰：「某亦略有所蓄，王曷臨況，一評其優劣乎？」王諾之。次日，王至，程以所蓄各種煙列於几，煙壺或玉或翠，亦各以類分，每一類可

分爲數種或十數種，五光十色，紛陳王前，乃笑謂王曰：「此視王所蓄者何如？」王慚而去。（徐珂：《清稗類鈔》第七冊《豪侈類》，中華書局，1986 年，第 3296
～3297 頁）

【文某爲伶脫籍】文某爲內務府司員，暇則狎優，其在光緒中葉，伶之稍有聲譽者，皆出資爲之脫籍，每費必萬金。又嘗於同日爲四像姑出師，四人皆以「穎」字名其堂，時人號稱「四穎」。像姑爲相公之音轉，即伶人也。
（徐珂：《清稗類鈔》第七冊《豪侈類》，中華書局，1986 年，第 3298 頁）

【立山爲伶妓脫籍】立山，字豫甫，內務府旗人，嘗官戶部尚書。饒於財，性豪侈，凡京師菊部名伶、北里歌伎之有聲譽者，往往爲之脫籍。（徐珂：
《清稗類鈔》第七冊《豪侈類》，中華書局，1986 年，第 3298 頁）

【伶人機警】年羹堯率師出征，朝士設宴爲祖餞，演劇以佐觴，所點某齣曲本中，有「瓦罐不離井上破，將軍難免陣前亡」二句。及扮演登場，曲已過半，方猛然悟之，然已無及矣。點者不敢聲。詎知某伶竟改爲「瓦罐豈必井上破，將軍此去定封王」，座客擊節，賞賚有加。又《文昭關》之伍員例宜佩劍，某伶結束登場，誤懸腰刀一口，出場方覺，同輩咸爲之寒心，座客亦有腹誹之者。某伶絕不介意，乃將「過了一天又一天」四句，改爲「過了一朝又一朝，心中煩惱何日消？腰中佩了三尺刀，父兄怨仇不能報」。點者嘉許之，賚以白金，伶由是知名。

高宗精音律，《拾金》一齣，御製曲也。南巡時，崑伶某淨名重江浙間，以供奉承值。甫開場，命演《訓子》劇。時院本《粉蝶兒》一曲，首句俱作「那其間天下荒荒」，淨知不可邀宸聽也，乃改唱「那其間楚漢爭強」，實較原本爲勝，高宗大嘉歎，厚賞之。（徐珂：《清稗類鈔》第七冊《明智類》，中華書局，1986 年，第 3339～3340 頁）

【梨園供奉之神】梨園子弟之唱崑曲者，輒奉一少年白皙冠服如王者之神爲鼻祖，謂爲老郎，相傳即唐玄宗。殆以中秋遊月宮霓裳偷譜之事，而玄宗且自稱三郎，又因禪位倦勤退爲上皇，而稱之曰老郎，此傅會之所由來也。至唱秦腔者之祀秦二世胡亥，謂胡亥所倡，則不知何據也。（徐珂：《清稗類鈔》第八冊《喪祭類》，中華書局，1986 年，第 3565 頁）

【**程長庚閉門授徒**】道光戊戌，英吉利以雅片入廣東，戊申，入長江。程長庚聞之，大憤。咸豐時，髮、捻、回、苗徧國中，諸貴人讌樂不衰，長庚則閉戶不出。或怪之，則泫然流涕曰：「京師首善乃若此，吾不知所稅駕矣。」乃擇門下之賢者教之，曰：「京師亂且作，毋使廣陵散絕人間也。」咸豐丙辰，英人破廣州，縛粵督去。江南軍大潰，捻勢益熾。庚申，英法聯軍入京師，文宗狩木蘭，長庚痛哭去。未幾，和議成，俄羅斯奪龍江、吉林邊地七千里，英法始訂市長江。辛酉，文宗崩，穆宗幼，兩宮聽政，返京師，恭忠親王領樞府，始設譯署理外交，諸貴人讌樂如故。長庚喪亂且貧，則復治故業，孤愴抑塞，調益高，獨喜演古賢豪故事，若諸葛亮、劉基之倫，則沉鬱英壯，四座悚然，無不流涕。久之，而簡三、楊月樓、汪桂芬、譚鑫培之徒出焉，皆長庚憂亂時所閉門授業者也。（徐珂：《清稗類鈔》第八冊《師友類》，中華書局，1986 年，第 3590 頁）

【**小芬棄伶爲尼**】潮州普濟庵有尼曰妙姑，色相爲南州百八十庵之冠。客之訪妙姑者無虛日，至則輒費數十金，顧其對客殊落落。一日，某紳作功德於庵，夫人愛其豔慧，餽以玄絹，令時至其家，自是遂相往還。紳涎其美，強夫人女之，妙不可，而已爲惡少所偵知，稍稍語曾至普濟庵者。妙聞之，蹵然曰：「生人竟無足與語情字者耶？人生何水與花之不若，而乃必以肌膚之欲爲情耶？」遂不復應客。紳疑妙語爲己設，迫夫人日過庵。時潮守爲湘人某，聆妙名，授意某令，使載之入署，謂果抗違者，將以祕密賣淫罪致之法。令受命往，妙語之曰：「夙慕太守，倘得入署作簽書婢，自當竭力供職。但冀微服一顧，爲庵留一佳話，則惟命是聽耳。」令告守，守欣然至，則紳已先在，相顧愕眙。妙命設齋，殷殷勸酌，又以雙玉斝進，曰：「公等盡此斝，俾獻一言。」二人飲既，妙乃起而言曰：「某實雄而飾雌者。」守愕然顧紳，紳囁嚅曰：「果不得已，太尊當亦諒汝。」妙曰：「某亦知其必能也。」言次，自床頭出像二，一錦衣玉帶，冶容修度，年十三四；一僧衣素履，髮半覆額。妙指錦衣者曰：「君記當時翠鳳班有小芬其人者乎？」又指僧衣者曰：「光緒庚子，天子有北狩之難，伶人星散，小芬遂爲沙彌矣。」繼又曰：「色欲爲人所不免，今爲尼者，欲以完吾操耳。不日將歸吳，求得一山塘佳人爲拈花侶矣。所以告公等者，俾此事流播人間，將令天下後世人，知無處無色界，無處無情天，亦即無處無法門也。」守與紳憫然而別。翌日，即聞妙以嶽麓朝山去矣。（徐珂：《清稗類鈔》第十冊《方外類》，中華書局，1986 年，第 4864～4865 頁）

　　【士大夫諳音樂】乾、嘉間，士大夫皆諳音樂，三絃、笙笛、鼓板，亦嫻熟異常。嘉慶己巳，錢梅溪在京時，見盛甫山舍人之三絃，程香谷禮部之鼓板，席子遠、陳石士兩編修之大小唱，蓋崑曲也。（徐珂：《清稗類鈔》第十冊《音樂類》，中華書局，1986 年，第 4922 頁）

　　【舒鐵雲諳音律】大興舒鐵雲孝廉位諳音律，能吹笛鼓琴，其度曲，不失分寸。所作樂府院本，一脫稿，即付老伶，按節而歌，不煩點竄也。（徐珂：《清稗類鈔》第十冊《音樂類》，中華書局，1986 年，第 4923 頁）

　　【朱錦山奏二十四種樂】乾隆末，有朱錦山者，烏程人。能陳二十四種樂器於前，以口及左右手足動之，皆能中節。且能奏南北各大小曲，及仿拟戰笑詈等聲，莫不畢肖。和珅聞其名，召入都，命給事於邸，厚糈之。錦山知和必敗，先　年辭去，還吳興，仍藉素業餬口，布衣蔬食，偓如也。（徐珂：《清稗類鈔》第十冊《音樂類》，中華書局，1986 年，第 4924 頁）

　　【吳中櫂歌】吳中多櫂歌，皆男女相慕悅之辭也，發情止義，頗得風人之旨。夜程水驛，月落篷窗，每與柔櫓一聲相應答，動人鄉思，悽其欲絕。今舉其一以例之曰：「月了彎彎照九州，幾家歡樂幾家愁。幾家夫婦同羅帳，幾個飄零在外頭。」（徐珂：《清稗類鈔》第十冊《音樂類》，中華書局，1986 年，第 4928 頁）

　　【曼殊歌梁司農祝家園詞】毛西河之姬曼殊，張姓，小字阿錢，順天豐臺賣花翁女也。幼慧，能效百鳥音，工鍼黹。稍長，白皙而妍，綰髮作連環，名百環髻。西河以冷宦在京，益都馮文毅公溥助賮作合。婚之夕，陳其年檢討為之更名曼殊。既侍西河，學書度曲，不半載而能，最愛歌梁司農《祝家園詞》。既而得奇疾，漸就羸弱，年二十四而歾，西河作別誌書之甄，士大夫爭以詞挽弔。其病中嘗繪小影，名《留視圖》。（徐珂：《清稗類鈔》第十冊《音樂類》，中華書局，1986 年，第 4931～4932 頁）

　　【王心逸聞絃歌聲】長山王心逸進士德昌，嘗告淄川蒲留僊曰：「在都過市，聞絃歌聲，觀者如堵。近窺之，一少年曼聲度曲，無樂器，惟以一指捺頰際，且捺且謳，聽之鏗鏗，與絃索無異。」（徐珂：《清稗類鈔》第十冊《音樂類》，中華書局，1986 年，第 4932 頁）

【旗亭歌洪昉思詞】錢塘洪昉思太學昇工樂府，宮商不差脣吻，旗亭畫壁，往往歌之。所作樂府，有《長生殿》傳奇及《天涯淚》、《四嬋娟》雜劇。娶同里黃文僖公機孫女，亦諳音律。（徐珂：《清稗類鈔》第十冊《音樂類》，中華書局，1986 年，第 4932 頁）

【孫春山雅善歌唱】光緒中葉，京師知音之士以孫春山部郎爲最。春山雅善歌唱，尤工青衣，旦亦曰青衣。字正腔圓，非伶界所及。日常攜二三朋輩，召集歌郎，畫壁旗亭。伶界有難諧之字，不達之腔，無可問津者，必造春山請業。雛伶相見，咸呼以師。每集，則羊衛多人，環而受教惟謹。春山亦不厭不倦，或爲之循聲按拍，或爲之砭誤正訛，低唱輕敲，徐然下酒。宴飲他室者，往往輟杯就聽，簾外重足一跡，賞歎深之。（徐珂：《清稗類鈔》第十冊《音樂類》，中華書局，1986 年，第 4935 頁）

【陸麗京度曲】錢塘陸麗京，名圻，度曲四齣，薄遊武塘，錢仲芳大集賓客，即令吳伶演唱。新聲豔發，絲竹轉清，四座之間，魂搖意深。（徐珂：《清稗類鈔》第十冊《音樂類》，中華書局，1986 年，第 4935 頁）

【心頭小人唱曲】安邱貢士張某寢疾，臥於床，忽見心頭有小人出，長僅半尺，儒冠儒服，作俳優狀，而唱崑曲，音清徹，說白自道名貫，一與己同。所唱節末，皆其生平所遭。四折既畢，吟詩而沒。張猶記其梗概，爲人述之。後爲高西園、張杞園所詢，且猶爲述其曲文也。（徐珂：《清稗類鈔》第十冊《音樂類》，中華書局，1986 年，第 4935～4936 頁）

編者案：此則重見於王士禛《池北偶談》卷廿六，字句有異，此則稍詳，或係自別處迻錄者。

【李笠翁挾妓度曲】李笠翁，名漁。性齷齪，善逢迎，遨遊官紳間。喜作詞曲及小說，常挾雛妓三四人，遇貴遊子弟，便令隔簾度曲，故使之奉觴行酒，復縱談房中術，誘重利。吳梅村亦識之，嘗贈以詩曰：「家近西陵住薛蘿，十郎才調歲蹉跎。江湖笑傲誇齊贅，雲雨荒唐憶楚娥。海外九州書志怪，坐中三疊舞回波。前身合是玄眞子，一笠滄浪自放歌。」尤悔庵亦曰：「十郎才調福無雙，雙燕雙鶯話小窗。送客留髡休滅燭，要看花睡炤銀缸。」自是而北里南曲中遂無不知有李十郎者矣。（徐珂：《清稗類鈔》第十冊《音樂類》，中華書局，1986 年，第 4936 頁）

【王夢樓教僮度曲】 丹徒王夢樓太守文治，嘗買僮教之度曲，行無遠近，必以歌伶自隨，辨論音樂，窮極幽渺。客至其家，張樂共聽，窮日不倦。海內求其書者，歲有餽遺，率費於聲伎。人或諫之，不聽，其自喜顧彌甚也。然至客去樂散，默然禪定。夜坐，脅未嘗至席。持佛戒，日食蔬果而已，如是者數十年。（徐珂：《清稗類鈔》第十冊《音樂類》，中華書局，1986 年，第 4936 頁）

【劉培珊爲老伎師】 劉培珊，金陵人，秦淮老伎師也。同治初，粵寇亂平，重理舊業，句欄中人大半稱女弟子。花白髭鬚，老而不俗，是丁繼之一流人物。善吹笛，女郎度曲，律呂稍有不合，輒委曲成全之。彈箏摘阮，尤擅絕技。每值踆烏西墜，顧兔東升，煙水迷漫之會，輒坐一小七板，往來於利涉橋、大中橋一帶，爲群弟子按拍。纔離西舫，又上東船，眞點水之蜻蜓，穿花之蛺蝶也。有嬾雲山人者贈聯云：「九曲青溪，一聲長笛。大江東去，孤鶴南飛。」又出素扇求詩，山人贈以四絕云：「魁官笛子卯官簫，往事蒼茫話板橋。各有宗風尊護法，彩雲儔隊領嬌嬈。」「新栽楊柳碧芊綿，幾輩兒孫繫畫船。天寶詩人多感慨，江南偏遇李龜年」。「十番子弟各翻新，只有何戡是舊人。我醉扣舷歌水調，可能擫笛付眞眞」。「祭酒詩編楚兩生，南朝狎客並知名。暮年冷淡無吟料，借爾箏琶遣（遣）我情」。（徐珂：《清稗類鈔》第十冊《音樂類》，中華書局，1986 年，第 4936～4937 頁）

【董福祥因唱得官】 左文襄公宗棠用兵西陲，收撫鎮靖諸堡。董福祥最後降，文襄怒，且患其跋扈難制，命斬之。已解衣辮髮矣，福祥忽高唱《斬青龍》即《鎖烏龍》。一劇，蓋隱以單雄信自況也。所唱秦腔，聲情激越，至「雄信本是奇男子」一句，衝冠怒目，尤有凜凜不可犯之槪。文襄壯之，命釋縛，並賜酒食，曰：「吾與單將軍壓驚也。」旋奏賞副將，令統率部眾，隨老湘營赴前敵。後克新疆，董功爲多。（徐珂：《清稗類鈔》第十冊《音樂類》，中華書局，1986 年，第 4937 頁）

【董炳源因唱落職】 董炳源者，湘人也。以文生從左文襄於新疆，積功擢至直刺。後牧安西州，至省，謁新藩司，以嘗同居文襄幕，共事有年也，延入密室，相見道故。及辭出，藩司復親送之登輿。炳源至是得意忘形，行至大堂，高唱「大叫一聲出帳外」云云，亦《斬青龍》劇中句也。藩司大駭，乃以其夙患心疾，舊疾忽發，詳參落職。（徐珂：《清稗類鈔》第十冊《音樂類》，中華書局，1986 年，第 4937～4938 頁）

【端忠愍喜南北大小曲】端忠愍公方生平喜聽南北大小曲，尤好二黃。督兩江時，官場多以此爲媒。一日，袁某之第三子名某某者，由山東至，以屬吏江蘇候補道。禮稟見，端猝然問曰：「能唱二黃乎？」某一時倉皇不能置對，端又強之曰：「爾必能唱，速唱與我聽之。」（徐珂：《清稗類鈔》第十冊《音樂類》，中華書局，1986 年，第 4938 頁）

【唱道情】道情，樂歌詞之類，亦謂之黃冠體，蓋本道士所歌，爲離塵絕俗之語者。今俚俗之鼓兒詞，有寓勸戒之語，亦謂之唱道情，江、浙、河南多有之，以男子爲多。而鄭州則有婦女唱之者，每在茶室，手搖鐵板，口中喃喃然。（徐珂：《清稗類鈔》第十冊《音樂類》，中華書局，1986 年，第 4939 頁）

【書場】上海有所謂書場者，一說書，一灘簧，一彈唱。日檔在午後之五、六時，夜檔在午後之九、十時。說書即南詞，男女均業之，灘簧率爲男，彈唱率爲女。日中坐而聽者，則皆男多於女。

彈唱之女，皆妓也，昔曰書寓，今則長三，惟大名鼎鼎著稱於時者，則不至。遊客見有當意者，即可點戲令唱，每齣一元，大抵每點戲必二齣。既點戲，妓傭以水煙袋進，即可詢問里居，往打茶圍。（徐珂：《清稗類鈔》第十冊《音樂類》，中華書局，1986 年，第 4939 頁）

【堂名】堂名，樂班也，亦稱清音班，昔之江寧，今之蘇、杭等處皆有之。以嘗自稱福壽、榮華等堂，故以爲名。每班用十歲至十五六歲之童子八人，服色皆同，領以教師管班，佐以華麗裝飾品及九雲鑼諸樂器，喜慶之家多雇用之。

乾隆時，江寧之清音小部，有單廷樞、朱元標、李錦華、孟大綬等。至末葉，次第星散。後起者爲九松、四松、慶福、吉慶、餘慶諸家，而腳色去來，亦鮮定止，而以慶福堂之三喜、四壽、添喜，餘慶堂之巧齡、太平爲品藝俱精。挾妓之遊客輒攜之，使並載於舫，無嫌竹肉紛乘也。未幾，而亦飾以玻璃燈球、燈屏，析木作架，略如盪湖船式。有招之往者，日間則別庋一箱，嚮晦迺合檣成之，絳蠟爭燃，碧簫緩度，模糊醉眼，幾疑陸地行舟也。（徐珂：《清稗類鈔》第十冊《音樂類》，中華書局，1986 年，第 4939～4940 頁）

【灘簧】灘簧者，以彈唱爲營業之一種也。集同業者五六人或六七人，分生旦淨丑腳色，惟不加化裝，素衣，圍坐一席，用絃子、琵琶、胡琴、鼓

板。所唱亦戲文，惟另編七字句，每本五六齣，歌白並作，間以諧謔，猶京師之樂子，天津之大鼓，揚州、鎮江之六書也。特所唱之詞有不同，所奏之樂有雅俗耳，其以手口營業也則一。婦女多嗜之。江、浙間最多，有蘇灘、滬灘、杭灘、寧波灘之別。杭灘昔有用鑼鼓者，今無之。

善琵琶者頗有其人。晚近以來，上海流行蘇灘，以林步青為最有名。林善滑稽，能作新式說白，婦女尤歡迎之。所至之處，座客常滿，其價亦較他人為昂。著名者尚有張筱棣、范少山、周珊山、鄭少賡、金清如等人。（徐珂：《清稗類鈔》第十冊《音樂類》，中華書局，1986 年，第 4940 頁）

【花調】花調，杭州有之，介於灘簧、評話之間。以五人分腳色，用絃子、琵琶、洋琴、鼓板。所唱之書，均七字唱本，其調慢而且豔，每本五六回。（徐珂：《清稗類鈔》第十冊《音樂類》，中華書局，1986 年，第 4941 頁）

【平調】平調為樂曲之一種，有長歌行、短歌行等曲。其器有笙、笛、筑、瑟、琴、箏、琵琶七種，今紹興有之。集六七人而唱之，七字句為多，曼聲長歌，如「花有清香月有陰」，則聽者所習聞，亦有道白。越女以其味淡聲希，聞之輒厭。（徐珂：《清稗類鈔》第十冊《音樂類》，中華書局，1986 年，第 4941 頁）

【盲妹彈唱】盲女彈唱，廣州有之，謂之曰盲妹。所唱為《摸魚歌》，佐以洋琴，悠揚人聽。人家有喜慶事，輒招之。別有從一老嫗遊行市中以待人呼喚者，則非上駟也。妹有生而盲者，有以生而豔麗，為養母揉之使盲者。蓋粵人之娶盲妹為妾，願出千金重值者，比比皆是也。（徐珂：《清稗類鈔》第十冊《音樂類》，中華書局，1986 年，第 4941 頁）

【鼓詞】唱鼓詞者，小鼓一具，配以三絃。二人唱書，謂之鼓兒詞。亦有僅一人者，京、津有之。大家婦女無事，輒召之使唱，以遣岑寂。（徐珂：《清稗類鈔》第十冊《音樂類》，中華書局，1986 年，第 4941～4942 頁）

【徐癡唱盲詞】崑山徐某，佚其名，大司寇乾學之玄孫也。父某，為邑諸生，放誕，不善治生，家資蕩然，生徒亦散盡。某年十三，受傭於縣胥，為之鈔書，得值以奉父母。父故嗜酒，每飯，無三爵不能舉箸。某力不給，貰於肆。久之，不能償，恐市儈之怒己也，日過肆，效柳敬亭抵掌談《三國》、

《隋唐演義》，聲色俱肖。市人悅之，遂不問酒值。已而遂佯狂歌唱，藉以易酒肉甘旨，本無關。父歿，母病，某又苦目眚，不能作書，居然抱絃索唱盲詞以爲業矣。

崑山於雍正壬子，分設新縣曰新陽，別建城隍廟於城東之羅漢橋，即葉文敏公半繭園故址也。某日，歌於斯，聽者雲集，日將午，輒告歸。強留之，則泣下，眾異之。或尾之去，則以所得金錢，市食品歸。母飯已，食其餘，復來，率以爲常。或詢其家世，則僞爲聾狀，憨笑而已，蓋以操術既卑，不欲污先人門閥也。其母死，遂不見，或曰自沉於河矣。眾呼之曰「徐癡」。（徐珂：《清稗類鈔》第十冊《音樂類》，中華書局，1986 年，第 4942 頁）

【紫痢痢善絃詞】有紫痢痢者，善絃詞，蔣心餘太史爲之作古樂府。（徐珂：《清稗類鈔》第十冊《音樂類》，中華書局，1986 年，第 4942 頁）

【彈詞】彈詞，以故事編爲韻語，有白有曲，可以彈唱者也。宋末有《西廂傳奇》，止譜詞曲，猶無演白。至金章宗時，有董解元者，作《西廂搊彈詞》，始有白有曲。《倭袍》、《珍珠塔》、《三笑姻緣》，皆彈詞也。昔柳敬亭以彈詞名，說左寧南法武侯，爲侯朝宗送桃花扇，其忠忱俠骨，有足多者，宜吳梅村爲之立傳也。其後以彈詞名者四家，曰陳、姚、俞、陸，俞則俞秀山也。四家中俞調獨傳，或訛爲虞調，謂出自虞山，非也。厥後又有馬調，馬名如飛。

彈詞爲盲詞之別支，其聲調惟起落處轉折略多，餘則平波往復，至易領會，故婦孺咸樂聽之。開場道白後，例唱開篇一折，其手筆多出文人，有清詞麗句，可作律詩讀者。至科白中之唱篇，半由彈詞家自行編造，品斯下矣。

蘇城操彈詞業者之出遊也，南不越嘉禾，西不出蘭陵，北不踰虞山，東不過松泖。蓋過此以往，則吳音不甚通行矣。彈詞業之不能發達，職是故也。

彈詞家之能持久與否，不知者輒謂其必視聽客之多寡以爲進退，而不知非也。說部若去頭腳，篇幅頓小，藝之善者，時出新意以延長之，而聽者猶嫌其短。反是，則一說便完，雖十餘日，亦覺枯坐片時之無謂。昔人謂善評話者，於《水滸》之武松打店，一腳閣短垣，至月餘始放下。語雖近謔，然彈詞家能如是，亦豈易耶！

戲劇有配角，而彈詞無之。

彈詞之插科，彼業謂之候頭。候頭之佳者，其先必遲回停頓，爲主要語

作勢，一經脫口，便戛然而止。科白之能解人頤，非簡練揣摩不可，其妙處在以冷雋語出之，令人尋味無窮。然亦有過於刻畫，尚未啓齒，而已先局局者，下乘也。

　　彈詞家開場白之前，必奏《三六》。《三六》者，有聲無詞，大類《三百篇》中之笙詩。《三六》每節爲三十六拍，不得任意增減，音節緊湊，無一枝蔓。自業灘簀者增加節拍，使之延長，彈詞家亦尤而效之，古意益蕩然無存。或曰，《三六》，即古之《梅花三弄》也。

　　善彈詞者之唱篇科白，悉視聽客之高下爲轉移。有名書場，聽客多上流，吐屬一失檢點，便不雅馴，雖鼎鼎名家，亦有因之墮落者。蘇州東城多機匠，若輩聽書，但取發噱，語稍溫文，便掉首不顧而去。故彈詞家坐場近城東，多作粗鄙狎褻語，不如是，不足以動若輩之聽也。然有時形容過刻，語涉若輩，彼業謂之干。則揶揄隨之，甚且飽以老拳。

　　書場口碑，多出之聽專疑爲站之譌。書者，中以轎役爲多，倒面湯，逐客令也。捉漏洞，衝口即出，不稍假借。而且場地愈合宜，則聽專書者亦愈多，彈詞家於此等處，必兢兢惟恐失若輩歡。若輩又好與說書先生兜搭，得其歡心，則招呼尤殷勤。所謂先生者，亦必笑顏承迎，與之酬咨，此輩之勢力可知。上海髦兒戲場，遇旦角登場，則怪聲四起，有貓叫聲，有狗吠聲，有如怨如慕如泣如訴聲，場上女伶，於發聲之尤怪異者，亦必回眸以一笑報之。蓋此種怪聲，多發自看白戲之馬夫、龜奴。近則每況愈下，有貌似上流之儇薄少年，亦不屑降尊而效馬夫、龜奴之響也。

　　彈詞家之應外埠聘也，場主必先訂定銀若干，名曰帶擋。負時名者，此處未及往而彼處帶擋又來，張步雲之奔波至死，以帶擋爲累。故其甫經學成及名不甚著者，多倩師友爲之代攬帶擋。

　　彈詞家應聘外埠，謂之出碼頭。出碼頭時所開書，多擇生澀腳本。名家之所以說部多而且熟者，練習之功候深也。亦有借碼頭爲試驗及殖財地，回蘇始拜師者。每拜一師，非六七十金不辦。彼業規例綦嚴，說一書必奉一先生，否則不能接受盤洋。然碼頭不盡蘇人，嘉、湖及常熟、無錫籍者，亦間有之，其藝亦有高出蘇人上者，特少數耳。

　　業彈詞者，於碼頭上遇非蘇州人而同業者，皆謂之外道。嘉善有一外道曰李文炳者，海寧硤石人，所說書爲楊乃武，近代史也。映帶周密，不脫不離，非略解文義者不辦。其絃索之圓熟，則雅近吳陞泉。

　　彈詞為吳郡所有，而越有平調，粵有盲妹，京、津有鼓詞，其聲調有足與彈詞相頡頏者。然彈詞亦有派別，今即俞調、馬調。比較言之，俞調音節宛轉，善歌之者，如春鶯百囀，竭抑揚頓挫之妙。其調便於少女。如飛出，一變凡響。以科舉時代之八股例之，俞調猶管韞山，而馬調則周犢山，亦彈詞家之革命功臣也。

　　彈詞名家多與文士遊，非丐其揄揚也，以操是業者多失學，略沾溉文學緒論，則吐屬稍雅馴。

　　同治初年，吳門彈詞家之著名者，為馬、姚、趙、王。馬即如飛，姚字似璋，趙字湘舟，王字石泉。姚所演講者為《水滸》，餘三人所擅長之說部，馬為《珍珠塔》，姚為《玉蜻蜓》，而王則《南樓傳》也。他若顧雅庭之唱白，田敬山之詼諧，亦俱負一時盛名。雅庭之唱篇，多出自蘇人江聽山之手，所說為《三笑》，插科道白，非他書比。要須出以文士口吻，得江編定，聲價十倍，江之深於此道可知。

　　如飛之子曰一飛，說唱尚有父風，而名不甚著。石泉之子曰綏卿，能覽書報，彼業中有爭執事，得綏卿片言立解，以學識為業中冠也。惟以嗜煙致倒其嗓，識者惜之。

　　敬山之子曰少山，落拓不羈，佯狂自恣。每坐場子，有時座為之滿，有時聽者幾絕跡。蓋其性頗僻，聽客少則振作精神，不稍軼本書範圍，不如是，將受場主擯斥也。聽客一多，則狂病復發，而語多不經矣。然其科白之嫻熟，心思之敏活，且能於背上彈三絃，傳其父技，皆為人所稱道者也。

　　說《描金鳳》之錢玉卿，亦蘇州彈詞家之錚錚者。玉卿為張步瀛之外舅，步瀛之技，即授自玉卿。玉卿晚年登場，輒與其子幼卿俱，善詼諧，與步瀛相彷彿。

　　說《三笑》之謝少泉，與步瀛為親家，生涯鼎盛，而其景況之拮据，殊不減於步瀛。彈詞家普通所用樂器，為琵琶與三絃二事，間有用洋琴者，則以年齒尚稚，而發音清脆也。晚近彼業中之善琵琶者，首推步瀛。步瀛坐場子，逢三六九日，例必於小發回時，奏大套琵琶一折。儕輩咸效顰焉，然終不能越步瀛而上之。步瀛天資優美，又習聞金春齡緒論。春齡曾充縣吏，為蘇州琵琶聖手。每歲之春，支硎山、獅子林例設琵琶會，四方之善琵琶者咸集，春齡必坐首席焉。

　　步瀛手法之熟，不可與率爾操觚者同日語。琵琶本西域樂，入中土獨早，

有鉤、彈、磕、拍、摘、打、掃、輪，種種手法。最流行之大套，爲《平沙落雁》、《霸王卸甲》，調名繁不勝舉。步瀛彈時，以《龍船鑼鼓》爲多。《龍船鑼鼓》，亦惟變換手法，隨意加入種種小調，間以疾徐高下之鑼鼓聲而已。

步瀛所說爲《玉蟭龍》，是書含有義俠性質，俗謂之大書小說，湘舟即以是見重於時。湘舟故後，有丁似雲。似雲之書太落靜功，聽之，嫌索索無生氣。步瀛素滑稽，書中角色雖多，能秩然不紊，各如其身分而止。蓋步瀛客遊久，致力於是書者專也。步瀛說《描金鳳》最熟，朱耀庭輩雖略負時名，終無以奪之。

陞泉之父業卜筮，盲人也。子二，曰西庚，曰陞泉。及長，即執贄於王秋泉之門。秋泉無赫赫名，而吳氏昆弟早歲即以善歌聞。西庚說唱亦佳，特好作下流社會語。陞泉無之，恂恂儒雅，無浮薄習氣。能作畫，且善鼓琴。陞泉之長子號九薌，次號品泉，其短命亦相類。（徐珂：《清稗類鈔》第十冊《音樂類》，中華書局，1986年，第4943～4947頁）

【女彈詞】女彈詞者，江蘇有之，亦遊歷各處。崑劇中有《女彈詞》一齣，則其由來之久可知矣。惟崑劇中《女彈詞》，其調爲《儿轉貨郎兒》，乃崑曲。今之女彈詞，其傳奇之本爲七言句，其雅處近詩，其俚處似諺，則微有不同耳。平仄多諧，頗似長篇之七言詩，間有三字句兩句，則似詞中之《鷓鴣天》調，或加以說白二三字，則又似曲中之襯字。其用韻寬於詩韻，亦異於詞韻、曲韻，大率通用音近之字，類毛西河之通韻焉。

上海稱女彈詞曰先生，奏技於書場曰坐場，又曰場唱。開場各抱樂具，奏樂一終，急管繁絃，按腔合拍。樂終，重弄琵琶，則曼聲長吟，率爲七言麗句，曰開篇。其聲如百囀春鶯，悠揚可聽。曲終，誦唐人五絕一首。說書時，口角詼諧，維妙維肖，以能描摹盡致，擬議傳神者爲貴。所慮者，不失之生澀，即流於粗疏，忘其爲女子身也。

女彈詞以常熟人爲最，其音淒惋，令人神移魄蕩，曲中人百計仿之，終不能並。其所說傳奇，大抵爲《三笑緣》、《雙珠鳳》、《白蛇傳》、《落金扇》、《倭袍傳》、《玉蜻蜓》諸書。

書場謂說正書者爲上手，答白者爲下手。

女彈詞皆有師承，例須童而習之。其後限制稍寬，有願入者，則奉一人爲師，而納銀幣三十圓於公所，便可標題書寓，後并此銀不復納矣。及書寓眾多，於是有每歲會書一次之例。會書者，會於書場而獻技，各說傳奇一段，

不能與不往者，自是皆不得稱先生，不得坐場。未幾，而此例亦廢。

妓席招彈詞女至，不陪席，別設遠坐，不敬煙，命女傭代敬。惟宴於其家，席無妓，始陪坐，曰堂唱，賚以銀幣二，獨與客對，亦敬煙。凡此斤斤，蓋其自處，即諺云賣口不賣身耳，然其中難言者亦頗有之。

女郎王青翰，乾隆時人。幼以眚失視，而明慧過人，工彈詞，清吭諧婉，間爲激昂悲壯語，令人色動神飛，然不輕發也。曾見賞於杭菫浦、王夢樓，賦詩投贈，聲價益高。性耽飲，持觴政極嚴，客不敢犯。尤善諧謔，偶一語入妙，四座爲之傾靡。名流讌集，必招致共飲爲快。或非其當意者，餌以重幣，不顧也。既與孝廉某善，出橐金促赴南宮試。旋聞孝廉試不利，且死，一慟幾絕。自此長齋杜門，不復弄潯陽江上琵琶矣。名流嘉之，傳諸吟詠，有爲《夢橫塘》詞以詠之者，其詞云：「澹雲遮月，薄霧籠花，卻疑妝倦如睡。幾曲春風，縈付與彈指。歌扇邀涼，酒襟留暖，未成歡計。漸徐孃老矣，冶思都銷，銷不盡，憐才意。　青青楊柳樓頭，想天涯弱婿，遠夢千里。覓甚封侯，空折了孤飛鴛翅。伴鐙影長明證佛，冷雨重門夜深閉。萬古傷心，一分才色，便一分憔悴。」

道光時，有楊玉珍者，色藝雙絕，善唱《玉蜻蜓》。有秀才張某惑之，以其有夫也，偕逃致訟，張之叔被累自縊。後官獲訊，張遣戍，玉珍隨之。迨赦歸，偕老焉。玉珍，絕色少女也，赦歸，則白髮老嫗矣。初，玉珍與張贈煙盒定情，好事者乃撰《煙盒記》傳奇，付之彈唱。

咸豐時，有陸秀卿者，吳人也，避亂至滬。貌爲絕色，藝爲絕技，人爭招致之。一曲八金，姍姍來遲，飄飄去速，名重一時。後嫁宰官。

上海書寓創自朱素蘭，久之而此風大著，同治初最盛。素蘭年五十許，易姓沈，猶時作筵間之承應。繼素蘭而起者，爲周瑞僐、嚴麗貞。瑞僐以說《三笑姻緣》得名，然僅能說其半，麗貞則能全演。惜蘭摧玉折，遽赴夜臺。瑞僐年逾大衍，猶養雛姬以博買笑貲。

同、光之交，蘇州有居中街路之孫寶卿者，虞山人，面淡芙蓉，腰纖楊柳，性豪放，有落落丈夫氣。凡遇賓筵把盞時，左顧右盼，妙語環生。善南詞，喜唱俞調，每一歌之，座客輒擊節稱善。

吳素卿、小桂珠同師習俞調，小桂珠後鬻於妓家，善畫蘭，重文人，輕巨賈，守身如玉，自誓非翰林不嫁。後如其志，果嫁閩中某太史。或云，素卿從不入書場獻技，以某客待之厚，有從一而終意，招致者皆辭之。

　　朱品蘭、朱素蘭爲姊妹，品蘭微憨，素蘭較黠。品蘭鍾情於某，欲嫁，其假母鎖閉之房中，未幾鬻於人。素蘭奏技時，修容過莊，或曰，此貞節坊在額上也。

　　其色藝之能兼者，爲陳月娥。彈詞女以月娥名者有三，曰陳月娥、汪月娥、姜月娥。陳名先著，汪、姜後出。陳之母爲芝香之女甥。貌美而藝佳，撫絃奏曲，其音節圓而婉，靜而幽，如一縷遊絲，晴空獨裊，態度亦楚楚可憐，汪、姜兩月娥不及也。惜善病，不甚登場。汪貌綽約而性冷峭，微近執拗。姜善笑，瘦弱如飛燕，可作掌上舞，惜曇花一現，即返兜羅矣。

　　以藝獨著者，首推袁雲儂。貌豐麗，語倜儻，藝嫻熟，以是眾皆悅之。彈詞女皆居上海之城北，而雲儂居城南，故城北無知雲儂者。某年，諸女士會書於金桂軒南之山林園樓，排日奏技，各擅勝場。雲儂登場，時薄暮矣，不及彈唱，忽忽說白數語，伉爽雋永，人歎爲會書第一。以是聲名鵲起，遂自南而北，曰葵挍焉。聽者曰罘，聲名日盛，知音者以兩字評之，曰硬響，以其調硬而聲響也。蓋俞調貴柔婉，貴靜細，貴情韻雙絕也。弟雲儂雖善說白而不善彈唱，斯其短耳。又有陳芝香、徐寶玉、汪雪卿、嚴麗貞諸人。芝香音清越而調靡曼，於四聲七音，辨析入微。其所彈之傳奇，殆經才人潤色，絕勝原本，詞雅語雋，聽者神往，刻意描摹，入理入情，惟妙惟肖。寶玉浩浩落落，有英雄氣，忽而喑嗚叱咤，忽而突梯滑稽，勝於觀劇，出奇制勝，誠巾幗中別調也。雪卿說白，意周而語簡。麗貞善繪悲咽，無言之處，有包蘊千萬言之概。

　　其以才色著者，有二人，一爲程黛香，一爲王麗娟。黛香自負，欲兼黛玉、香君而有之，故以自名。嘗自題馮小青《題曲圖》六絕句云：「焚將詩草了今生，莫再他生尚有情。卿說憐卿惟有影，儂將卿畫可憐卿。」「倩女離魂杜麗孃，雨窗題曲斷愁腸。麗孃命比卿卿好，不遇馮郎遇柳郎。」「卿題豔曲我題詩，舊事錢塘有所思。後有小青前小小，一般才女兩情痴。」「美人命薄太多愁，儂福還須幾世修。一事慰卿兼自慰，留些詩草也千秋。」「自傷飄泊已多年，未斷情根未了緣。畢竟好花終要落，憐卿有我我誰憐？」「近來惆悵欲焚琴，畫意琴心少賞音。欲畫卿卿題曲易，最難畫處是儂心。」有嘗與對奕者，談詩論畫，絕無俗韻。其女弟子程大寶，奏技於蘇州，招之往，黛香乃遂赴金閶矣。麗娟之才雖亞於黛香，畫樓幽雅，四壁圖書。曾嫁都司某，則以降寇而得官者也。麗娟逸去，仍歸海上，重理舊業焉。

其以色著者，爲王幼娟、徐雅雲、黃藹卿、陳佩卿。幼娟爲麗娟之妹，才遜而貌勝，藝則與埒。雅雲乃寶玉之女，性靜雅，貌端妍，寡言笑，歌亦清婉。藹卿、佩卿貌皆娟好。佩卿深於情，與施某有嚙臂盟。既而多金者購之，母已許矣，施泣，佩卿亦泣，母從其志，卒反金而嫁施。

宣統時，有陳筱卿者，華亭之羅店人，以彈詞遊江、浙間。每在茶館奏技，徐娘半老，風韻猶存，天足革履，不作時世裝束，不知者幾疑爲大家閨秀。惟吸鴉片，癮頗深。所唱開篇及道白，口齒清楚，委宛盡致。嘗奏技於福州路之聘樂園，聽客塡咽，座爲之滿。

無錫某茶居，某夕，懸牌有彈詞，登壇者乃巾幗偉人，凡三座。一人因疾輟演，餘二人，一名也是娥，年可三十；一名何處女，年不過十七八，說《金臺傳》大書而帶調片者也。宗馬調，幽雅悅耳，彈琵琶不用絃子。說時神情宛現，莊諧兼至，且能說《五義圖》，又能唱小曲、京調、灘簧。每度一曲，須酬銀幣三角至一圓。（徐珂：《清稗類鈔》第十冊《音樂類》，中華書局，1986年，第 4947～4952 頁）

【唱落子】京師、天津之唱蓮花落者，謂之唱落子，猶之南方之花鼓戲也。其人大率爲妙齡女子，登場度曲，於妓女外別樹一幟者也。聚族而居者曰落子班。（徐珂：《清稗類鈔》第十冊《音樂類》，中華書局，1986 年，第 4952 頁）

【評話】評話，即說書，又名平詞。明末國初，盛於江南，如柳敬亭、孔雲霄、韓圭湖輩，屢爲陳其年、余澹心、杜茶村、朱竹垞所鑑賞。次之有季麻子者，亦善之，爲李衛所賞。然南宋時杭州瞽女唱古今小說評話，謂之陶眞，是宋時已有此風，特當時所謂評話，如今之彈詞，此則敷演故事，漸重說白耳。

江、浙多有說評話者，以善嘲謔詼諧爲工，大率爲一朝一事，或一人之始終榮枯，亦謂之大書。其擅場處，不在唱之腔調，詞之工拙，惟能即景生情，滑稽無窮耳。沈建中以此得名，茶寮設座，後至者無地可聽。園亭銷夏，閨閣開尊，間亦召之。日止唱二回，即二段也。必白金二兩，他執事者不與，其聲價如此。杭有雞毛陳六者，亦與之埒。又揚州有善說皮五鬍子者，每登場，則滿座傾倒。（徐珂：《清稗類鈔》第十冊《音樂類》，中華書局，1986 年，第 4952 頁）

【周猴說《西遊記》】乾隆末葉，江寧每有無業遊民，略熟《西遊記》，

即挾漁鼓，詣諸妓家，探其睡罷浴餘，演說一二回，藉消清倦，所冀者，杖頭微資而已。擅此者推周某，群呼爲周猴。自入京，爲某巨公所賞，名益著。某敗，猴乃喪氣而歸。（徐珂：《清稗類鈔》第十冊《音樂類》，中華書局，1986 年，第 4953 頁）

【葉英多說《宗留守交印》】乾隆時，揚州有好奇狷潔之士，曰葉允福，字英多，一字霜林。年十六，補江都縣學生，嘗三踏省闈而不售。居常視世事醒酲，每思一發其邁往不羈之氣，而有託以自見。嘗謂：「士生今日，每欲神往古人而遇之。吾嘗讀太史公《史記》，摹寫千古人物，宛然在目。倡優之擅絕技者，登場扮演，其精神態度無不出。吾不能希太史公之萬一，而倡優又不可爲，則將安所寄以肆志乎？吾觀《東京夢華錄》、《武林舊事》記當時演史小說者數十人，而近日吾泰州柳敬亭，以之名於勝國之季，遨遊於公卿將帥間，爲所戲笑玩弄，其人仍不脫倡優餘習，然不可謂非絕代之藝也，此豈無傳之者乎？」於是辭家浪遊數年，歸而幡然曰：「得之矣。」

揚故多說書者，盲婦傖叟，抱五尺檀槽，編輯俚俗俚語，出入富者之家，列兒女嫗嫗，歡咍嘲侮，常不下數百人。然甚秘其技，不肯泄，故所常與同硯席通氣誼者，欲強試之，亦時應時不應。其爲一時說書之魁者，方百計密伺，偶入聽，則大驚卻走，而名遂籍甚。然人皆知其高簡絕俗，不敢求一奏也。其所說以《宗留守交印》爲最工，大旨原本史籍，稍加比傅，乃皆國家流離之變，忠孝抑鬱之志，撫膺悲憤，張目嗚咽。一時幕僚將士之聽命者，及諸子之侍疾者，疏乞渡河之口授者，呼吸生死，百端坌集，如風雨之雜沓而不可止也，如繁音急管之慘促而不可名也，如魚龍呼嘯松柏哀吟之震盪淒絕而無以爲情也。（徐珂：《清稗類鈔》第十冊《音樂類》，中華書局，1986 年，第 4953～4954 頁）

【子弟書】京師有子弟書，爲八旗子弟所創，詞雅聲和，且有東城調、西城調之別。西調尤緩而低，一韻縈紆良久。瞽人輒以此爲業，如王心遠、趙德壁輩，聲價至高，可與內城士夫之擅場者比肩而並矣。（徐珂：《清稗類鈔》第十冊《音樂類》，中華書局，1986 年，第 4954 頁）

【浦天玉善評話】乾隆時，江都有浦天玉名琳者，少不讀書，以掃街爲生。一日，過市肆，聞坐客說評話，悅之，曰：「爲善爲惡，其報彰彰如是。

奈何世之人如叩槃捫燭，摘埴而索塗哉？」遂日取小說家因果之書，令人誦而聽之。聽一過，輒不忘，於是潤飾其辭，摹寫其狀，爲人覆說。聽者皆感動，有欷歔泣下者。

　　琳體肥，右手短而挸，人呼之曰「拯子」。春秋佳日，絲管雜遝中，必招之說書以爲豪舉。（徐珂：《清稗類鈔》第十冊《音樂類》，中華書局，1986年，第4954頁）

　　【玉琵琶】玉琵琶者，武進、無錫間之老技師也，以天下琵琶第一聞，而吳中諸技師多未嘗聆其奏藝。金閶有某曲工者，亦以琵琶雄南部，顧名終出玉琵琶下，意頗不平。一日，詣其宅，高堂邃宇，闃其無人。信步入一軒，中無他物，架列琵琶三，一烏木床黃楊柱膠絲絃，二沉香床檀柱玉絲絃，三紫鐵床金柱銅絲絃也。曲工意以爲盡於是矣，竟取鐵琵琶彈之，嘈嘈切切珠落盤，意甚得也。曲終，一小童倚屏而笑。曲工方欲有問，侍者入請曰：「客飢矣，主人命姑飯，當出見。」曲工不得已，隱忍入座。飯時，絮絮問主人，且誇己技之高。倚屏小童對曰：「先生所能，童固優爲之。若主人，則不屑是。」曲工大詫。童從容取鐵琵琶奏之，曲工歉勿如，亟求見主人。童曰：「少安毋躁，姑觀其器可乎？」乃導入一精舍，則所列架如前狀，而三琵琶非故物矣。蓋一石根，一象牙，一羊脂美玉也。童取而一一奏之。至玉質者，忽作異聲，如鳳鳴九霄，鸞翔天外，僵風披拂，豁人襟抱，亦不知爲何曲也。曲工神迷精喪者久之。一聲撩撥，戛然而止，回顧己身，不覺漸沮。童固請覆奏，曲工瑟縮再四，由石而牙，幾不能成曲，趑趄不自安，遂不見主人而出。其後竟無來與之角藝者。（徐珂：《清稗類鈔》第十冊《音樂類》，中華書局，1986年，第4992～4993頁）

　　【二絃】二絃，方槽，底面有孔，木柄，曲首覆尾，如琵琶，又似三絃，但鼓方耳。（徐珂：《清稗類鈔》第十冊《音樂類》，中華書局，1986年，第4993頁）

　　【癩鬼均善二絃】廣州有癩鬼均者，本名均，以病癩，人因名之。執役於劇場，善奏二絃，能隨意譜一曲。而南音、粵謳、戲曲、談罵，及風聲、雨聲、小兒泣笑聲、新嫁娘嬌啼聲，舉凡人世間所有之聲籟，均從二絃中譜出之，聽之宛似眞者。（徐珂：《清稗類鈔》第十冊《音樂類》，中華書局，1986年，第4993頁）

【三絃】三絃，斲紫檀爲之，修柄，方槽，圓角，冒以虺皮。柄下曲，貫槽中，上直，與槽面平。通長三尺三寸有奇。柄末穿直孔，貫以三軸，左二，右一，納絃，以三軸縮之。山口及軸用象牙，柱用竹，槽面設柱，架絃微起，以指甲撥弄發聲。

三絃定絃以取聲，各隨宮調。其制起於秦，本三代鼗鼓之制，而改絃易響，謂之絃鼗，故雖能倚歌曲折，而仍以節制輻輳其間。《唐書》有龍首琵琶、雲頭琵琶，皆三絃。飾以虺皮，則似亦唐制也。（徐珂：《清稗類鈔》第十冊《音樂類》，中華書局，1986年，第4993～4994頁）

【陸君暘善三絃】畻城陸君暘初嘗學吳絃於吳門范崑白，得其技，已而盡棄不用。以爲三絃，北音也，自金、元以降，曲分南北，今則有南音而無北音。三絃猶鱍羊也，然而吳人歌之，而祇爲南曲之出調之半，吾將返於北，使撩撥之曼引而離迤者，盡歸激決。

嘗譜金詞董解元曲，又自譜所爲《兩鴿姻緣》新曲，變其故宮，獨爲刺促偪剝之音，名《幽州吟》，駭然於人。然其時故有知者，周延儒請與遊，累致千金散去。終自以不知於時，嘗著《三絃譜》，欲傳後。會大兵入吳，遯於三江之澨者若干年。世祖聞其名，御書紅紙曰：「召清客陸君暘來。」既入，御便殿賜坐，令彈。陸乃彈元詞《龍虎風雲會》曲，稱旨，賜之金。自是，貴邸巨室爭邀致之，無虛日。或欲使隸太常，弗屑也。年七十，尚能作遏雲之逸響。宋荔裳按察琬贈以詩云：「曾陪鐵笛宴寧王，吹笛梅花滿御床。幾度淒涼春草碧，不堪重過鬥雞坊。」

時松江提督馬進寶亦詁首下獄，人不敢問。進寶故善君暘，君暘任俠，直入獄具餉。臺臣聞者皆大駴，各起謀劾之。華亭張法曹急往告，君暘忼慨曰：「吾何難仍遯之三江間耶！至尊若問我，道我病死。」言訖竟行。後上果問及，如其言，上爲歎息。當是時，君暘名藉甚。初本名曜，君暘者其字。至是，以上稱君暘，遂以字行，凡長安門刺往來奏記，皆得直書陸君暘以爲榮。

君暘後復不得志。嘗過上海。上海名家子張均渼慕其技，君暘亦獨奇均渼，謂均渼知己，盡授其技，作《傳絃序》一篇。君暘多門徒，然皆不及均渼也。吳中三王之中有曰稚卿者，君暘弟子也。（徐珂：《清稗類鈔》第十冊《音樂類》，中華書局，1986年，第4994～4995頁）

【王玉峰善三絃】王玉峰，字正如，漢軍正黃旗人。生而盲，九歲喪父，隨母爲人傭。以廢視，無所得食。年十三，學於張治平。治平工歌曲，善胡琴，玉峰從之十四年，盡得其術。既成藝，以彈唱自給。光緒庚子之變，洋兵聞歌者輒嫵之，遂不復歌，而專力於三絃，冥心渺慮，體物肖聲，自曲本雜劇、鐃歌軍樂，下至男女媟藝之辭，皆心摹手追，運指應節。名伶譚鑫培、龔雲甫輩每登臺度曲，必往聽焉。時或蹀躞營門，聽步伐口號及行軍布陣之曲，歸而譜之，不爽絫黍。閉門獨坐，則手援三絃，凡小兒聲、婦女聲、行人車馬聲，與夫禽獸、飛鳴、候蟲、振羽一切音聲之不可以口舌傳者，莫不揣其性情，窮其微妙，意有所會，悉於絃間傳之，聽者忘其爲三絃也。

乙巳、丙午間，玉峰之名始起，王公貴人爭相招致，然深自矜重，不輕徇人。京師貴遊喜爲里巷淫冶之聲，以強玉峰，詭曰洋二黃，玉峰雖應之，心弗善也。那琴軒相國桐當國時，嘗以母壽召玉峰，使彈風流欵口，玉峰不肯，曰：「不祥之詞，奈何壽太夫人乎？」那瞿然曰：「微子言，吾念不及此。」玉峰出謂人曰：「那中堂不孝人也，母壽而樂聞不祥之聲。」自是，雖召不復往。載灃、弈劻聞其名，招之，玉峰固謝，謂載灃喜近小人，弈劻排斥異己，皆非正道也。戊申國卹，定制，民間不得演劇，諸伶請於警廳，願延玉峰，以所入助貧兒院，警廳許之。

玉峰自言，能奏舊劇二十餘齣，尤善者，爲《空城計》、《二進宮》、《韓琪殺廟》諸劇。或曾邀玉峰依次爲之，玉峰乃首演《空城計》，初出場時唱搖板，疾徐抑揚，各得其宜；坐在城樓，轉唱西皮，繼轉二六，莫不曲折如志，而狂笑尤得神。次演《二進宮》，生旦淨互唱二黃，字字宏亮。又次演《韓琪殺廟》，則秦腔矣，編者案：「秦」，原文作「奏」，當誤。聲之尖利，韻之流宕，其悲哀處，自足引起聽者一種凄楚之態。既畢，座客欲一聞反二黃，乃令續演《牧羊卷》一齣，亦復高亢可聽。蓋其用指之度，視發音之繁簡而別，音簡用指少，音繁用指繁，簡時用指僅一二，繁時則胥十指而並用之，故其發音之複雜，誠有不可思議者矣。（徐珂：《清稗類鈔》第十冊《音樂類》，中華書局，1986 年，第 4995～4996 頁）

【李萬聲善三絃】李萬聲善三絃，場置几案一、椅一，上張紅緞帳，下設錦繡幃，大書曰「寰球絕技」。俄頃，有人扶之而出，臺上下萬籟無聲，悉心靜聽。於是整理三絃，引場唱京都時調數句。既而按指輕彈，髣髴鑼鼓聲，《教子》中之三娘出焉。一曲青衫，抑揚婉轉，忽焉而生，忽焉而老生，

過門唱句，按腔合板，字字清楚，至生旦對唱，亦無絲毫夾雜。繼彈《滑油山》，宛然老旦聲調，得心應手，有頓挫自如之妙。終彈洋操一節，軍樂聲，洋鼓聲，步伐聲，一時並舉，若遠若近，不疾不徐，更覺出神入化，令人不可思議也。萬聲亦盲於目，與王玉峰同。（徐珂：《清稗類鈔》第十冊《音樂類》，中華書局，1986 年，第 4996～4997 頁）

【今劇之始】六朝以還，歌舞日盛，然與今劇爲不類。自唐有梨園之設，開元朝分太常、俗樂，以左右教坊典之，乃爲今劇之鼻祖。伶人祀先，明皇是稱，固其宜也。惟唐人以絕句入歌，朝有佳作，夕被管絃，昌齡畫壁旗亭，「黃河遠上」一曲，遂成千古。其事簡易，去今調遠甚。蓋院本始於金、元，唱者在內，演者在外，與日本之演舊戲者相仿。今開幕之跳加官，即其遺意。金、元以後，曲調大興，按譜填詞，引聲合節，乃爲崑曲之所自出。今劇由崑曲而變，則即謂始自金、元可也。

戲之劣處，無情無理，其最可笑者，如痛必倒仰，怒必吹鬚，富必撐胸，窮必散髮，殺人必午時三刻，入夢必二更三點，不馬而鞭，類御風之列子；無門故掩，直畫地之秦人。舉動若狂，情詞並拙，此猶可云示意於人也。至於手不執圭，障袖若琵琶之遮面；人孰我問，登臺如小鳥之呼名。王曰孤王，寡人絕對；父曰爲父，王季多逢。而且漢相秦丞，有匈奴大人之號；下官必稱上官爲大人。齊兵魏卒，得滿洲壯士之稱。凡扮胡人，必紅頂花翎，稱其卒伍曰巴圖魯。包孝肅以文正爲名，賈半閒以平章作字。將軍衷甲，必右袒以搴旗；袍帶戲往往曳一袖於背，廟堂壇坫恐萬無此式。美女捧心，卻當門以掩袖。且兩袖恒交掩於腹下。種種乖謬，思之啞然。大抵今劇之興，本由鄉鄙，山歌樵唱，偶借事以傳謳；婦解孺知，本無心於考古。故劇詞自爲一類，過雅轉覺不倫；本事全出稗官，正史絕無所採。或用平話之稱謂，或遵崑曲之排場，積久相沿，遂成定例矣。（徐珂：《清稗類鈔》第十一冊《戲劇類》，中華書局，1986 年，第 5011～5012 頁）

【戲劇之變遷】國初最尚崑劇，嘉慶時猶然。後乃盛行弋腔，即俗呼高腔一曰高調者。其於崑曲，仍其詞句，變其音節耳。京師內城尤尚之，謂之得勝歌。相傳國初出征凱旋，軍士於馬上歌之以代凱歌，故於《請清兵》等劇，尤喜演之。道光末，忽盛行皮黃腔，其聲較之弋腔爲高而急，詞語鄙俚，無復崑弋之雅。初唱者，名正宮調，聲尚高亢。同治時，又變爲二六板，則

繁音促節矣。光緒初，忽尚秦腔，其聲至急而繁，有如悲泣，聞者生哀，然有戲癖者皆好之，竟難以口舌爭也。崑弋諸腔，已無演者，即偶演，亦聽者寥寥矣。（徐珂：《清稗類鈔》第十一冊《戲劇類》，中華書局，1986 年，第 5012 頁）

【歐人研究我國戲劇】晚近以來，歐人於我國之戲劇，頗爲研究，英人博士瓦兒特，德人哥沙爾、那窪撒皆是也。

瓦兒特著一書，曰《中國戲曲》，分四期，曰唐，曰宋，曰金元，曰明，並就《琵琶記》及其他戲劇之長短略評之。

哥沙爾著一書，曰《中國戲曲及演劇》，分八章，一中國國民精神與其戲曲，二中國之舞臺俳優及作劇家，三中國之劇詩，四戲劇之種類，五人情劇及悲劇，六宗教劇，七性格喜劇與腳色喜劇，八中國之近世劇。

那窪撒著一書，曰《中國及中國人》，雖非戲劇專門之作，惟其中一章，有就我國戲劇各種方面加以評論者。

此外尚有《中國戲劇》二冊，一爲法人巴散著，一爲法人格蘭著。（徐珂：《清稗類鈔》第十一冊《戲劇類》，中華書局，1986 年，第 5012～5013 頁）

【崑曲戲】崑曲戲創始於崑山魏良輔，以前僅有弋陽、海鹽二腔。魏出，始能以喉轉聲，別成一調，遂變弋陽、海鹽故調爲崑山腔，蓋以地名。梁伯龍塡《浣紗記》付之，即王元美詩所謂「吳閶白面冶遊兒，爭唱梁郎雪豔詞」者是也。

或曰，創自明季之蘇崑生，蓋以人名。意者曲調相沿已久，崑生曾出新意潤色之，聲律乃益完密，好事者即以其名名之歟？

康熙朝，京師內聚班之演《長生殿》，乾隆時，淮商夏某家之演《桃花扇》，與明季南都《燕子箋》之盛，可相頡頏。淮商家豢名流，專門製曲，如蔣苕生輩，均嘗涉足於此，故其時爲崑曲最盛時代。而崑山之市井鄙夫及鄉曲細民，雖一字不識者，亦能拍板高唱一二折也。

嘉、道之際，海內宴安，士紳讌會，非音不樽。而郡邑城鄉，歲時祭賽，亦無不有劇。用日以多，故調日以下，伶人苟圖射利，但求竊似，已足充場，故從無新聲新曲出乎其間，《綴白裘》之集，猶乾隆時本也。

道光朝，京都劇場猶以崑劇、亂彈相互奏演，然唱崑曲時，觀者輒出外小遺，故當時有以車前子譏崑劇者。浙江嘉、湖各屬，時值春秋二季，尚有賣戲於鬧市者，蓋浙人猶有嗜之者也。

咸、同之季，粵寇亂起，蘇、崑淪陷，蘇人至京者無多。京師最重蘇斑，一時技師名伶，以南人占大多數。自南北隔絕，舊者老死，後至無人，北人度曲究難合拍，崑劇於是不絕如縷。

光緒時，滬上戲園僅有天僊、詠霓、留春諸家，皆京劇也，惟大雅爲純粹之崑劇。依常理論，崑劇應受蘇人歡迎，顧乃不然。雖竭力振作，賣座終不能起色。維持數載，卒以顧曲者鮮，宣告輟業。社員大半皆蘇產，相率歸去，或習他業，或爲曲師，貧不能自存，幾至全體星散。越數載，始有人鳩集舊部，組織聚福園，開演於蘇垣之府城隍廟前，雖不能發達，然尙可勉支也。及閶門闢馬路，大觀、麗華諸園接踵而起，冶遊子弟趨之若鶩，聚福遂無人顧問，不得已遂又歇業。然諸伶既聚則不可復散，乃易其名曰全福，而出外賣戲。頻年落拓，轉徙江湖，舊時伶工，凋亡殆盡，繼起者又寥寥無幾，宣統時聞如矣。（徐珂：《清稗類鈔》第十一冊《戲劇類》，中華書局，1986 年，第 5013 ～5014 頁）

【高調戲】紹興之高調戲，一名高腔，疑即古之所謂曼綽也。伶工曼聲長歌，後場之人從而和之，祝允明所謂「趁逐悠揚」者是也。其賣技江湖，大抵不出寧波、紹興二郡。（徐珂：《清稗類鈔》第十一冊《戲劇類》，中華書局，1986 年，第 5014～5015 頁）

【亂彈戲】自亂彈興而崑劇漸廢。亂彈者，乾隆時始盛行之，聚八人或十人，鳴金伐鼓，演唱亂彈戲文，其調則合崑腔、京腔、弋陽腔、皮黃腔、秦腔、羅羅腔而兼有之。崑腔爲其時梨園所稱之雅部，京腔、弋陽腔、皮黃腔、秦腔、羅羅腔爲其時梨園所稱之花部也。若徽腔，則在京腔之中。

或曰，亂彈即馬上戲，蓋軍樂之遺也。乾隆末葉，江寧有之，儈者載以舟而娛客，穹篷巨艦，踞坐其間，直如雞鶩一群，啞啞亂噪，了不悉其意旨，然十月之貲，亦需給一二千錢。（徐珂：《清稗類鈔》第十一冊《戲劇類》，中華書局，1986 年，第 5015 頁）

【崑曲戲與亂彈戲之比較】崑劇縝密，迥非亂彈可比，非特音節、臺步不能以己意損益，服飾亦纖屑不能苟。《剪髮賣髮》一齣，扮趙五娘者，例不得御珍飾。吳郡正旦某，一夕演此劇，偶未袒其常佩之金約指，臺下私議戚戚，某即顰蹙向臺下曰：「家貧如此，妾何人斯，敢懷寶以陷於不孝。」言

次，祖約指擲諸臺下曰：「此銅質耳。苟眞金者，何敢背古人髮膚之訓，翦而賣之乎？」私議乃息。（徐珂：《清稗類鈔》第十一冊《戲劇類》，中華書局，1986 年，第 5015 頁）

【弋腔戲爲崑曲皮黃之過渡】弋陽梆子秧腔戲，俗稱揚州梆子者是也。崑曲盛時，此調僅演雜劇，論者比之逸詩變雅，猶新劇中之趣劇也。其調平板易學，首尾一律，無南北合套之別，無轉折曼衍之繁，一笛橫吹，皆一二日，便可上口。雖其調亦有多種，如《打櫻桃》之類，是其正宗。此外則如《探親相罵》，如《寡婦上墳》，亦皆其調之變，大抵以笛和者皆是，與以絃和之四平腔如二黃中《坐樓》。及徽梆子，如《得意緣》中之調，即就二黃之胡琴以唱秦腔，似是而非，故祇可謂之徽梆子。均不類。崑曲微後，伶人以此調易學易製，且多屬男女風情之劇，故廣製而盛傳之，爲崑曲與徽調之過渡，故今劇中崑曲已絕，而此調則所在多有也。（徐珂：《清稗類鈔》第十一冊《戲劇類》，中華書局，1986 年，第 5015～5016 頁）

【皮黃戲】自有傳奇雜劇，而駢枝競出，有南北之辨，崑弋之分，宋以來綿延弗斷，此所謂雅聲也。然弋腔近俚，其局甚簡，有纖靡委瑣之奏，無悲壯雄倬之神。至皮黃出，而較之崑曲，尤有雅俗之判。皮黃者，導源於黃陂、黃岡二縣，謂之漢調，亦曰二黃，不知者乃於黃上加竹爲簧者誤。又以其一出於黃陂，又曰西皮。初甚簡單。崑之唱繫於曲牌，此則辨於諸板，板之類甚稀，第變化得神，錯落有節，自能層出而不窮矣。

皮黃以二黃爲正宗，西皮若或爲之輔。蓋二黃爲漢正調，西皮則行於黃陂一縣而已。其後融合爲一，亦不可復分。徽人至京者，以多藝名，出鄂人上，且多變換音節之處，故以徽調稱。實則徽固無調，猶北方不產茶而善於薰製，故京茶轉有名也。初時能者皆眞徽人，其後都人學之而善，徽人遂至絕跡，故南人轉謂之京調，猶外人改造土貨稱爲洋貨者是也。皮黃盛於京師，故京師之調爲尤至，販夫豎子，短衣束髮，每入園聆劇，一腔一板，均能判別其是非，善則喝彩以報之，不善則揚聲以辱之，滿座千人，不約而同。或偶有顯者登樓，阿其所好，座客群焉指目，必致譁然。故優人在京，不以貴官巨商之延譽爲榮，反以短衣座客之輿論爲辱，極意矜慎，求不越矩，苟不顚躓於此，斯謂之能。故京師爲伶人之市朝，亦梨園之評議會也。雖光緒庚子以後，風已稍替，而老成矩矱，知者猶多。若外埠之立異呈奇，固多有不

待終場而去者矣。能使人不去者，謂之掛座。能於末齣登場而人皆耐而相待者，謂之壓冑子。冑子者，武劇也。武劇能戀人，而欲以唱工加勝武劇，以徵觀者之去留，非有眞技足以動人者，不敢爾也。（徐珂：《清稗類鈔》第十一冊《戲劇類》，中華書局，1986 年，第 5016～5017 頁）

【文宗提倡二黃】文宗在位，每喜於政暇審音，嘗謂西崑音多緩惰，柔逾於剛，獨黃岡、黃陂居全國之中，高而不折，揚而不漫。乃召二黃諸子弟爲供奉，按其節奏，自爲校定，摘疵索瑕，伶人畏服。咸豐庚申之亂，京師板蕩，諸伶散失。穆宗嗣位，乃更復內廷供奉焉。

先是，京師諸伶多徽人，常以徽音與天津調混合，遂爲京調。然津、徽諸調，亦均奉二黃音節爲圭臬，腳本亦強半相同，故漢、津、徽調皆可通。文宗後益有取於漢黃，而諸人固能合眾長爲一者也。（徐珂：《清稗類鈔》第十一冊《戲劇類》，中華書局，1986 年，第 5017 頁）

【崑曲戲與皮黃之比較】崑劇之爲物，含有文學、美術如《浣紗記》所演西子之舞。兩種性質，自非庸大俗子所能解。前之所以尚能流行者，以無他種之戲劇起而代之耳。自徽調入而稍稍衰微，至京劇盛而遂無立足地矣。此非崑劇之罪也，大抵常人之情，喜動而惡靜，崑劇以笛爲主，而皮黃則大鑼大鼓，五音雜奏，崑劇多雍容揖讓之氣，而皮黃則多《四傑村》、《蚆蛸廟》等跌打之作也。（徐珂：《清稗類鈔》第十一冊《戲劇類》，中華書局，1986 年，第 5017～5018 頁）

【徽調戲】徽調源於漢調，初流行於皖、鄂間，其後桐城、休寧間人變通而仿爲之，謂之徽調。當承平時，桐城人官京師者，濟濟有眾，鄉音流入，殆亦有年，必不始於咸、同之世，然初僅一二雜劇，自立分支。後以崑曲式微，弋調不足以獨立，是調聆音易解，高朗悅人，都人嗜者日多。皖、鄂又不梗於戎馬，入都者眾，而程長庚亦挾技入都，於是始有徽調。其初行時，謹守繩墨，不能恣意豪放。繼而改用胡索，二黃之聲大振，奏琴好手亦應時而出，而崑曲轉黯淡無聞矣。

咸、同之際，京師專重徽班，而其人亦皆兼善崑曲，故徽班中專門名詞亦往往雜以吳語，如呼減短速唱曰馬前，呼紈袴學唱曰洋盤之類，至今劇界猶沿其稱。而北地無此名詞，故不能通其義，益雜糅於蘇班之舊稱，遂成爲

專門之謎語矣。

其時徽班有四，四喜、三慶、和春、春臺是也。評騭者於四喜曰曲子，以其春容大雅，不爲淫哇之聲也。於三慶曰軸子，以其所演皆新排近事，連日接演也。於和春曰把子，每日亭午必演《三國》、《水滸》諸劇，工技擊者，各出其技，以悅人也。於春臺曰孩子，以其諸郎皆夭夭少好也。

又有謂四喜、三慶、春臺、嵩祝爲四大徽班者。三慶得名最早，乾隆庚戌，高宗八旬萬壽，入都祝釐，時稱三慶徽，是爲徽班鼻祖。後乃省去徽字，稱三慶班。四喜在嘉慶時亦有聲，《都門竹枝詞》云：「新排一齣《桃花扇》，到處閧傳四喜班。」嘉慶庚辰，春臺無故散去，七月，仁宗崩。

嵩祝班聲價之隆，亦不亞於三慶、四喜、春臺，當時堂會必演四大班，足徵嵩祝之馳名一時矣。其後以不能自存，部中人始稍稍散去。好事者乃復召集後進子弟，別爲一隊，曰小嵩祝部，中皆乳燕鶯雛，呢喃學語，當筵顧曲，聊資笑噱而已。（徐珂：《清稗類鈔》第十一冊《戲劇類》，中華書局，1986 年，第 5018～5019 頁）

【秦腔戲】戲曲自元人院本後，演爲曼綽、絃索二種。絃索流於北部，安徽人歌之爲樅陽腔，湖廣人歌之爲襄陽腔，陝西人歌之爲秦腔。秦腔自創始以來，音皆如此，後復間以絃索，實與崑曲同體，惟多商聲，故當用竹木以節樂，俗稱梆子，與崑曲之僅用綽板定眼者略異也。

或曰，北派之秦腔起自甘肅，今所謂梆子者則指此，一名西秦腔，即琴腔。蓋所用樂器，以胡琴爲主，月琴爲副，工尺咿唔如語。乾隆末，四川金堂魏長生挾以入都，其後徽伶悉習之。然長生所歌爲山陝梆子，非甘肅本腔，故或又稱山陝調爲秦腔，稱甘肅爲西腔。其後稍加變通，遂有山陝梆子、直隸梆子之別。直隸梆子又分別之曰京梆子，曰天津梆子。

或曰，秦腔於明季已有，以李自成之事證之，則其興固在徽調以前也。京師昔與徽調分枝，絕不相雜。同、光之際，以義順和、寶盛和兩部爲最有名。此調有山陝調、直隸調、山東調、河南調之分，以山陝爲最純正，故京師重山西班。義、寶兩部，皆號稱山陝者也。直東人善唱者，亦必以山陝新到標題，其實化合燕音，苟圖悅耳，趙缶秦瑟，雜奏一堂，已非關西大漢之舊響矣。光緒時，張文達公之萬雅好此音，故春時團拜，同鄉、同年聚宴，謂之團拜。義、寶兩部亦得充場，與徽班並駕。雖在曩昔，僅有專園演唱，爲下流所趨，士大夫鮮或入顧，自玉成班入京，遂爲徽秦雜奏之始。

乾隆中葉，秦腔大昌於京師，孫淵如、洪稚存皆酷嗜之。畢秋帆撫陝時，長安多妙伶，其人悉工秦腔。孫、洪嘗謂吾國所有歌曲，高者僅中商聲。間有一二語闌入宮調，而全體則媿未能，惟秦中梆子，則無問生旦淨末，開口即黃鐘、大呂之中聲，無一字瀾入商徵，蓋出於天然，非人力所能強為。因推論國運與樂曲盛衰相繫之故，謂崑曲盛於明末，清惻宛轉，聞之輒為淚下，所謂亡國之音哀以思者，正指此言。及乾隆中葉，為國朝氣運鼎盛之時，人心樂愷，形諸樂律，秦腔適應運而起，雍容圓厚，所謂治世之音者是也。此語與近賢所論，直如南北兩極之反對矣。

秦人皆能聲，有二派，渭河以南尤著名者三，曰渭南，曰鰲屋，曰醴泉；渭河以北尤著名者，曰大荔。大荔腔又名同州腔。同州腔有平、側二調，工側調者，往往不能高，其弊也，將流為小唱；唱平調者，又不能下，其弊也，將流為彈詞。

西安樂部著名者凡三十六，最先者曰保符班，後有江東班。又有雙賽班，較晚出。稱雙賽者，謂所長出保符、江東之上也。後以祥麟色子至，又稱雙才班也。（徐珂．《清稗類鈔》第十一冊《戲劇類》，中華書局，1986 年，第 5019～5020 頁）

【崑曲、秦腔之異同】秦腔與崑曲為同體，其用四聲相同，其調二十有八亦相同，聲中有音，如喉、齶、舌、齒、脣。調中有頭，如高下緩急、平側豔曼、停腔過板。板中有起腰底之分，眼中有正、側之判，聲平緩，則三眼一板；惟高腔則七眼一板。聲急促，則一眼一板，又無所不同。其微異之點，則崑曲必佐以竹，秦聲必間以絲，今之唱秦聲者，以絲為主，而間以竹，或但有絲而去其竹。崑曲僅有綽板，秦腔兼用竹木。俗稱梆子。竹用寶簹，木用棗。其所以改用者，以秦多肉聲，竹不如肉，故去笙笛。又秦多商聲，最駛烈，綽板聲嫌沉細，僅堪用以定眼也。

至於九調之說，崑曲僅七調，無四合。七調中乙調最高，惟十番用之，上字調亦不常用，其實僅有五調。若正宮，則音屬黃鐘，為曲之主，相傳惟蘇崑生發口即是，一生所歌，皆正宮調。其後婁江顧子惠、施某二人，差堪繼聲。今則歌崑曲者甫入正宮，即犯他調矣。秦人顧曲，人人皆音中黃鐘，調入正宮。然所謂正宮者，非大聲疾呼滿堂滿室之謂也，當直起直落而復婉轉環生，即犯入別調，仍能為宮音，如歌商調則入商之宮，歌羽調則入羽之宮。樂經旋相為宮之義，自可以此證明之。蓋絃索勝笙笛，兼用四合，變宮、變徵無不具，以故叩律傳音，上如抗，下如墜，曲如折，止如槁木，句中鉤，

纍纍乎如貫珠，斯則秦聲之所有而崑曲之所無也。（徐珂：《清稗類鈔》第十一冊《戲劇類》，中華書局，1986 年，第 5021 頁）

【汴梁腔戲】北派有汴梁腔戲，乃從甘肅梆子腔而加以變通，以土腔出之，非昔之汴梁舊腔也。至雜以皮黃腔者，則以河南接壤湖北故耳。（徐珂：《清稗類鈔》第十一冊《戲劇類》，中華書局，1986 年，第 5021～5022 頁）

【土梆戲】土梆戲者，汴人相沿之戲曲也。其節目大率為公子遭難、小姐招親及征戰賽寶之事，道白唱詞，悉為汴語，而略加以靡靡之尾音。其人初皆遊手好閒之徒，略習其聲，即可搭班演唱，以供鄉間迎神賽會之傳演。三日之期，不過錢十餘千文，如供茶飯，且浹旬累月而不去矣。（徐珂：《清稗類鈔》第十一冊《戲劇類》，中華書局，1986 年，第 5022 頁）

【全本戲】全本戲專講情節，不貴唱工，惟能手亦必有以見長。就其新排者言之，如《雁門關》，如《五彩輿》，皆累日而不能盡，最為女界所歡迎，在劇中亦必不可少。然以論皮黃，則究非題中正義也。（徐珂：《清稗類鈔》第十一冊《戲劇類》，中華書局，1986 年，第 5022 頁）

【出頭】出頭，謂出人頭地也。粵人於簡短之戲，謂之「出頭」，殆以戲雖簡短，而為精華所聚，且以出而訛為尺歟？（徐珂：《清稗類鈔》第十一冊《戲劇類》，中華書局，1986 年，第 5022 頁）

【應時戲】京師最重應時戲，如逢端午，必演《雄黃陣》；逢七夕，必演《鵲橋會》，此亦荊楚歲時之意，猶有古風。自光緒庚子以來，專尚新異，輒不演矣。（徐珂：《清稗類鈔》第十一冊《戲劇類》，中華書局，1986 年，第 5022～5023 頁）

【武劇、趣劇、穢劇】皮黃舍生、旦、淨、小生四角外，惟外多唱。至近時外即以生充之，故無專充外角者，可毋論也。五者之外皆不重唱，如副與武生多武劇，貼與丑多趣劇、穢劇。穢劇即頑笑戲也。

武劇中向以「八大拿」見稱於世，蓋專指《施公案》黃天霸戲而言。如招賢鎮拿費德公，河間府拿一撮毛侯七，東昌府拿郝文僧，淮安府（編者案：「淮」原作「惟」，誤。）拿蔡田化，茂州廟拿謝虎，落馬湖拿鐵臂猿李佩，霸王莊拿黃隆吉，惡虎村拿濮天鵬是也。此外如《獅子樓》，如《三打店》，皆人數無

多，情文並至，亦武劇中暇逸之品，而技術仍不埋沒。觀武劇者，以上各齣，可歎觀止。而如《八蜡廟》、《四傑村》等，一味亂戰，殊乏味矣。總之，武劇中之人物，有大將，有莽夫，有劇盜，有神怪，其類至不齊，而演之者須性格各具，並能完全體貼爲上，蓋不若文劇之從容，得有臨時商榷之餘地也。

武劇以有武生爲主，以有情節者爲貴。如《惡虎村》、《落馬湖》、《盜御馬》，皆以說白勝，不專專於互相廝打也。其最難者，以《挑華車》、《長坂坡》二劇爲最喫力，場面太繁，身段太多，說白牌唱，干戈揮舞，一人精力有限，往往一齣未終，汗下如雨矣。

武生之腰腔，必自幼練成，及長，仍日有定程，時時演習，乃能轉折合度。或凌空如落飛燕，或平地如翻車輪，或爲倒懸之行，或作旋風之舞。以王夢生所見於京師者言之，其人上下繩柱如猿猱，翻轉身軀如敗葉，一胸能勝五人之架疊，一躍可及數丈之高樓，此種柔術，殊不多覯。要之，劇場所必不能無者，則兩兩揮拳，雙雙舞劍，雖非技擊本法，然風雲呼吸之頃，此來彼往，無隙可乘，至極迫時，但見劍光，人身若失，爲技至此，自不能不使人顧而樂之。他如擲棍、拋槍、拈鞭、轉鐧，人多彌靜，勢急愈舒，金鼓和鳴，百無一失。而且刀劍在手，諸式並備，全有節奏，百忙千亂之際，仍不失大將規模，非如近今武角，僅以多翻善躍爲能，氣粗以橫，不可嚮邇也。

趣劇以丑爲主，以活口爲貴。見景生情，隨機應變，謂之「活口」。往時著者，如《連升三級》，最爲丑角難題。每遇科舉之年，各班必演此劇，場後題出，以用趣語解釋三題，聯爲一氣，最爲悅聽。其強爲穿插處，眞有匪夷所思者，不得謂梨園中無雋才也，他如《拾金》、《捉夫》等，亦皆丑角專劇。與貼配者，則穢劇多矣。

穢劇以貼爲主，以不傷淫爲貴。內分四種，一專尙情致，一專尙淫凶，一以口白見長，一以身段取勝。甲種如《閨房樂》、《得意緣》，尙不涉於淫穢。其次則《賣胭脂》、《拾玉鐲》，斯近蕩矣。乙種如《殺皮》、《十二紅》、《雙釘計》、《南通州》，皆淫凶不可嚮邇，在所宜禁。丙種如《坐樓》、《翠屏山》、《鬮山》、《查關》等劇，皆以說白取勝，此種品格略高，稍加改良，固可人意者也。丁種如《馬上緣》、《小上墳》，皆看身段步法，在頑笑戲中別爲一類，此亦無傷大雅者。惟《馬上緣》之臉兒相偎，《小上墳》之其欲逐逐，則宜略留分寸耳。（徐珂：《清稗類鈔》第十一冊《戲劇類》，中華書局，1986年，第5023～5024頁）

【新戲】新戲至光緒時盛行，實即周、秦時代優人之所爲，專取說白傳情，絕無歌調身段，以動合理趣爲貴，以事完首止爲佳。不嗜歌者視之，如眞家庭，如眞社會，通塞其境，悲喜其情，出奇生新，足動懷抱。是以自東瀛販歸後，所在流行，感動人心，日漸發達，是亦輔助教育之一種，有其舉而莫敢廢者也。我國開發最早，自六朝以後，歌舞怡情，故每言戲，必偏重音樂、美術一途，無專以說白扮演勝者。而蜀中春時好演《捉劉氏》一劇，即《目蓮救母》六殿滑油之全本也。其劇至劉青提初生演起，家人瑣事，色色畢俱，未幾劉氏扶母矣，未幾劉氏及笄矣，未幾議媒議嫁矣，自初演至此，已逾十日。嫁之日，一貼扮劉，冠帔與人家嫁新娘等，乘輿鼓吹，遍遊城村。若者爲新郎，若者爲親族，披紅著錦，乘輿跨馬以從，過處任人揭觀，沿途儀仗導前，多人隨後，凡風俗宜忌及禮節威儀，無不與眞者相似。盡歷所宜路線，乃復登臺，交拜同牢，亦事事從俗。其後相夫生子，烹飪鍼黹，全如閨人所爲。再後茹素誦經，亦爲川婦迷信恆態。迨後子死開齋，死而受刑地下，例以一鬼牽挽，遍歷嫁時路逕。諸鬼執鋼叉逐之，前擲後拋，其人以苫束身，任其穿入，以中苫而不傷膚爲度。唱必匝月，乃爲終劇。川人恃此以祓不祥。與京師黃寺喇嘛每年打鬼者同意。此劇雖亦有唱有做，而大半以肖眞爲主，若與臺下人往還酬酢，嫁時有宴，生子有宴，既死有弔，看戲與作戲人合而爲一，不知孰作孰看。衣裝亦與時無別，此與新戲略同，惟迷信之旨不類耳。可見俗本尙此，事皆從俗，裝又隨時，故入人益深，感人益切，視平詞鼓唱，但記言而不記動者，又進一層，具老嫗能解之功，有現身說法之妙也。（徐珂：《清稗類鈔》第十一冊《戲劇類》，中華書局，1986 年，第 5025～5026 頁）

【串戲】俗謂演劇曰串戲，其言始於明。明彭天錫串戲妙天下，多扮丑淨，千古之奸雄佞倖，經天錫而心肝愈狠，面目愈刁，口角愈險是也。（徐珂：《清稗類鈔》第十一冊《戲劇類》，中華書局，1986 年，第 5026 頁）

【反串】反串爲戲之最無味者，如旦改唱生，生改扮貼，拿腔作勢，直反常爲妖，然社會好奇，往往以此爲樂。

咸豐中葉，京伶于三勝每遇新角對演，必反串以難之。嘗因某伶演《法門寺》，某伶未至，臺下觀者急不能待，班主乃乞三勝飾趙璉。然三勝，武生也，忽扮須生，眾譁然。三勝出臺，乃長歌一曲，聽者亦皆擊節焉。

譚鑫培去鬚作丑，扮《盜魂鈴》之八戒，田際雲掛鬚為生，唱《讓城都》之劉璋，以示賢者之無所不能，偶一遊戲，未為不可。鑫培唱秦腔，能學元元紅，老元元紅，光緒中葉已歿，秦腔中之聖手也。際雲唱西皮，能學汪桂芬，固亦煞是能事也。（徐珂：《清稗類鈔》第十一冊《戲劇類》，中華書局，1986 年，第5026 頁）

【說戲】說戲云者，以此伶所能，告之彼伶之謂也。蓋戲中忽缺一腳，欲某伶充數，或貴官特欲令演，而適非所習，故就能者乞教，告以唱詞臺步，俾臨時強記，率爾登場，佳伶當之，雖不成熟，亦能得占優勝。蓋詞皆俗語，又皆不出其類，場面臺步，各有定名定式，如武劇中花樣繁多，然每式均有名，如三出槍、五出槍之類，觀者目眩不覺，實皆聯各式而成一場，無無名無式者，故一說可能也。習戲既久，舉類可通，故一說登臺，如所夙習。以譚鑫培唱《探親》之村婆，其為臨時猝說可知，詞句繁多，又為劇中正角，且唱調變腔，此難之難者，非彼不能，亦非宮廷之威，不能令其發此一汗，竭力從事也。（徐珂：《清稗類鈔》第十一冊《戲劇類》，中華書局，1986 年，第 5027 頁）

【海派】京伶呼外省之劇曰海派。海者，汎濫無範圍之謂，非專指上海也。京師轎車之不按站口者，謂之跑海。海派以唱做力投時好，節外生枝，度越規矩，為京派所非笑。京派即以善於剪裁、乾淨老當自命，此誠京派之優點，然往往勘破太過，流弊亦多。（徐珂：《清稗類鈔》第十一冊《戲劇類》，中華書局，1986 年，第 5027 頁）

【規矩】崑曲規矩最嚴，皮黃漸替。昔時副末開場，生、旦送客，晚近已廢。津、滬劇園，終場時尚有烏帽、鳳冠者二人，出而將事，然大抵如童稚遊戲，冠而不裳，草草一恭，不復成禮矣。

京師戲園未開場以前，例設繡旗八面，分插三隅，臺累兩案為臺，上懸朱幟，中設印符各事，若為將軍戎幄者然。前臺鼓樂，三奏三擂，乃開首劇。若唱堂會，尚有跳加官等事。客至點戲，有貼執笏至坐客前為禮，謂之抱牙笏。演劇時，貼持朝笏及戲名冊呈請選擇，擇意所欲者一二齣令演之，曰「點戲」。餘由伶人任意自演。此與《教坊記》所載者異。記云：「凡欲出戲，所司先進曲名上，以墨點者即演，不點者即否，謂之『進點』。」曲終有犒，亦貼著朱衣，當臺頓首以謝，謂之紅人。此種規章，後已漸歸淘汰。他如伶在前臺，犯規有罰。後臺

坐次，各有定箱，列箱四壁，有大衣箱、二衣箱、盔頭箱等稱，惟丑可亂坐，餘則生可坐大衣箱，且僅能坐靴箱，規律甚嚴。其人遇有事，同赴精忠廟申訴，聽會首處分，賞罰重輕，仍取決於公議。

伶界公例，以登臺最後為最佳，以名角自命者，非壓胄子不肯出。戲在末者，俗稱為後三齣，與此者皆上選。其前為中胄子，日中時例應有小武劇，故謂之「中胄子」。中胄前後皆中選。再前為頭三齣，開臺未久，客均不至，以下駟充場，藉延晷刻，不特上選斷不與此，即中角亦無為之者。（徐珂：《清稗類鈔》第十一冊《戲劇類》，中華書局，1986年，第5027～5028頁）

【格律】舊劇格律至嚴，崑曲尚矣。即以皮黃論，聲音、腔調、板眼、鑼鼓、胡琴、臺步姿勢、武藝架子，在在均有定名定式，某戲應如何，某種角色應如何，固絲毫不可假借也。（徐珂：《清稗類鈔》第十一冊《戲劇類》，中華書局，1986年，第5028頁）

【情節】徽戲情節，凡所注重者在歷史，而惜非真歷史也。其原本全出於《列國演義》、《三國演義》、《水滸傳》、《西遊記》、《封神演義》諸書，加以明季仕宦、閹瑺之遺聞，《玉堂春》、《四進士》、《雪杯緣》、《審刺》、《打嵩》、《法門寺》等。國初京師四方之巨獄，《馬四遠》、《送盒子》、《殺皮》、《十二紅》、《南通州》等。再以《綴白裘》中之崑戲，稍事變通，亦成今劇，意在以往事動人興感。而事苦不真，且編戲者又非通人，故唱工雖佳，而能入情者絕少，轉不如秦腔各劇，注意家庭，猥瑣之中，卻有令觀者入神之妙。蓋皮黃偏重忠孝二義，秦腔則推而廣之，如《蘆花計》以教人之為繼母者，《打柴訓弟》以教人之為兄者，《殺廟》以教人之為僕者，《對影悲》以教人之為嫡妻者，《雙冠誥》以教人之為妾者，《算糧》、《登殿》以教人之為婦翁者，《三疑計》以教人之為師者，他如《八義圖》則重在友，《六月雪》即《斬竇娥》。則重在姑，《獅子樓》則重在鄰，較《水滸傳》增出鄰人弔喪伴宿一層，事近不情，然顧足長人敦里睦鄰之念。《小磨房》即《十八扯》，本梆子戲。則重在小姑叔，凡倫常交際之地，有可戒可風者，皆編入戲文，以資觀感。初僅行於太行以西，為鄉人謠唱，故其俗視關東稍近敦厚，亦未始非先輩提倡興感之功。若與徽戲溝而通之，亦未嘗無益於薄俗也。（徐珂：《清稗類鈔》第十一冊《戲劇類》，中華書局，1986年，第5029頁）

【做工】做工之能事，無窮盡，如唱《盜宗卷》必忠直，但飾爲癡，則謬矣。唱《空城計》必閒雅，若露爲詐，則遠矣。爲《天雷報》之老父者，必如鄉愚，方爲合格。爲《白虎帳》之元帥者，必力持鎮定，乃近人情。非然者，不厭則疏，過猶不及。曩時名伶，必經數十年之揣摩閱歷，始能現身示人，惟妙惟肖。觀於《壯悔集》中之馬伶，欲扮嚴嵩，必鬻身於權奸之門，窺探三年而後得。《閱微草堂筆記》中之某伶，欲充婦人，必先自忘爲男子，貞淫喜怒，先擬境於心，然後登場自合，其難其愼，概可知矣。（徐珂：《清稗類鈔》第十一冊《戲劇類》，中華書局，1986年，第5029～5030頁）

【臺步臺容】於做派、白口之外，更進而求其次者，曰臺步，曰臺容。臺步之考究，以崑班爲最，京班則不甚注意，然恒爲演劇之補助品，不可漠然忽之也。臺步之施設，亦因戲而異，袍帶戲宜端重莊嚴，文巾戲宜從容閒雅，而靠把戲若《九更天》、《陽平關》等，更宜於匆促之中，求其穩重，務必絲絲入扣，不可躁急失愼，以致棄亂。至於臺容，演劇者類多淡漠置之，譬之演劇者爲二十歲，則無論其挂黑髯，挂白髯，戲中人爲五十歲，爲八九十歲，自觀劇者視之，但見其爲二十歲人，此不知化裝之故也。日本人演劇，以一人於一劇中扮數人，而各異其貌，即諦視之，亦不能辨。且多喜塗脂施粉，即十八十歲人，亦顏色嬌嫩，殊不可解，是非研究化裝，不足去其病。近見評劇者，每謂天生一副老旦面目。夫老旦面目，天生固足以豪矣，而其他諸角色，固不能專恃天生，必以化裝之美惡爲臺容之美惡也。（徐珂：《清稗類鈔》第十一冊《戲劇類》，中華書局，1986年，第5030頁）

【戲必有技】戲之難，非僅做工，尤必有技而後能勝其任。武技俗謂之把子。無論，即以文戲言之，其能事在衣裝一方面者，則如《黃鶴樓》之冠，皇叔應以首上冠擲丈許，落於拉場人手。《李陵碑》之甲，不能見解脫痕，且須合板。《瓊林宴》之履，生一出臺，便須以足擲履，以首承之，不得用手扶助，自然安置頂上方合。《烏龍院》之靴。宋江應於旦膝上左右旋其靴尖，與指相和，必相左以速而善變其方位爲能。其能事在用物一方面者，則如《九更天》之刀，時刻促而準。《戰蒲關》之劍，旦炷第三香時，生立旦後，劍自落手。《楊妃醉酒》之爵，啣而折腰。《採花趕府》之花，招手而出，近戲法。《虹霓關》丫鬟之盤，以兩指旋轉之，飛走而啣其杯，走定盤正置杯甚速，皆須應節，甚難。《打連箱》稚妓之鞭與扇，式甚多，皆非久練不能。其技皆應絃按節，炫異驚奇，非夙能者，苟易人爲之，

斷不能靈敏新奇也。（徐珂：《清稗類鈔》第十一冊《戲劇類》，中華書局，1986年，第5030～5031頁）

【扮戲】伶人扮戲時之苦，不可言喻。溼帕幕首，由眉際上矗爲鬟，挾眉俱起，故成掉梢，凜然有豪傑氣。初試緊束，如孫悟空之經緊箍咒，頗不能堪，久乃由勉即安，不至岑岑如戴山矣。花旦上裝，兩頰勻脂甚厚，以視北地胭脂，不止倍蓰。若覿面相看，色如深醉，頗不適目。惟登場之後，遠近皆宜，卓文君頰際芙蓉，望而可見。戲衣緞繡，皆極粗糙，而彩色特豔，與面色相配，均與常人不同。若衣之以行通衢，雖在劇場以爲美觀，亦將駭而卻走。蓋宜於燈光遠視，非眞顏色動人也，此亦光學、審美學之別科也。
（徐珂：《清稗類鈔》第十一冊《戲劇類》，中華書局，1986年，第5031頁）

【打筋斗】打筋斗，顛覆旋轉其身以爲戲也。筋斗亦作金斗、觔斗、跟頭，蓋以頭委地而翻斗跳過，且四面旋轉如球也。（徐珂：《清稗類鈔》第十一冊《戲劇類》，中華書局，1986年，第5032頁）

【排場】戲中排場，亦曰過場，穿插停勻，指示顯露，如報名唱引，暗上虛下，繞場上下，《寄子》中之亂兵。走場緩唱，《黃金臺》之頭一場。又如馬僮備馬，《伐子都》。擺對相迎，《黃鶴樓》。以及雷雨繞場，《天雷報》。兵卒繞場，《收關勝》。雲水繞場，《大賜福》、《金山寺》、《泗州城》等。與一切大小起霸，《長坂坡》之四將遞出，爲大起霸；《四傑村》之英雄改扮，爲小起霸。長短吹牌飲酒時唱《舉杯慶東風》之類。等。皆人人所知，習成定式者也。（徐珂：《清稗類鈔》第十一冊《戲劇類》，中華書局，1986年，第5032頁）

【切末】切末，點綴景物之謂也。《桃花扇》之十六萬金，爲最耗財力。崑曲尚切末，徽班規模甚狹，取足應用而已。曩時天津有班曰太慶恆，最以切末著稱，如《金山寺》中之水法，以泰西機力轉動之水晶管，置玻璃巨篋中，設於法海座下，流湍奔馭，環往不休，水族鱗鱗，此出彼入，頗極一時之盛。又演《大香山》一劇，諸天羅漢，貌皆飾金，面具衣裝，人殊隊異。而戲中三皇姑之千手千眼，各嵌以燈，金童玉女之膜坐蓮臺，悉能自轉，新奇詭麗，至足悅觀。惟班中唱做無人，未久即廢。

京師切末，大率不外龍虎羊犬、奎星土地、鬼面佛面及橋亭雲樹數事而

止，其他則《長生殿》有鵲，《戰宛城》有兔，惜亦不盡有。惟內廷演劇，此類孔多，出鬼入神，備六殿諸天之勝。

上海自新劇既興，以西法佈景，繪形於幕，自視舊制為優。然畫背景者，必用油畫法，此派傳自西方，故所繪景物，亦多為西洋式。廳堂桌椅無論矣，乃至古樹矮屋，小橋曲徑，其形色姿態，亦異中土，而戲中人乃峨冠博帶作漢人古裝，豈非大不相稱耶？

京劇以聲歌代語言，以姿勢表動作，故精神上之能事極縝密，而物質上之佈置轉多忽略不備。揚鞭則為騎，累桌則為山，出宅入戶，但舉足作踰限之勢，開門掩扉，但憑手為挽環之狀，紗帽裹門旗，則為人頭，飾以偽鬚，則為馬首，委衣於地，是為屍身，俯首翻入，是為墜井。乃至數丈之地，舉足則為宅內外，繞行一周，即是若干里。凡此，皆神到意會，無須責其形似者。自有舞臺，乃多用佈景，器具必真，於是扞格附會，反多支離。如上床安寢，何以未卸裙履？未入房戶，何以能見聯屏？乘車者既有真車矣，騎馬者何以無真馬？交戰時，背景一幅山林，而相打者乃轉來轉去，追逐半日，不離尋丈之地，此皆不可通者也。（徐珂·《清稗類鈔》第十一冊《戲劇類》，中華書局，1986 年，第 5032～5033 頁）

【行頭】戲具謂之行頭，分衣、盔、雜、把四箱。衣箱、盔箱均有文扮、武扮、女扮之分，雜箱中皆用物，把箱中則蠻儀兵器，此為江湖行頭。

昔時排一新本，必以多金特製之。如淮商排《桃花扇》一劇，費至十六萬金之多，可謂侈矣。自入本朝，人盡髡頭，衣皆袍褂，劇演古事，略存漢官威儀，二百餘年以來，大端未易，而踵事增華之處，則無時無之，以較古代衣冠，當亦有不觚之歎。洎光緒初年，雖尚華麗，然斟酌於其人其事，相沿有定，某戲應著某式，某角應服某色，某場應易某制，固皆井井有條，不稍紊亂。及癸巳玉成班由滬入京，袍笏冠帶，無不窮極奢麗，都人覩之而善，後遂互相效仿，不復講舊時規制。庚子以後，益亡等矣。其最觸目者，女伶貼界，彩繡分披，終場屢易，且姑毋論，即如黃天霸之羅巾，珠纓遍耀，武二郎之板帶，金繡齊輝，黃官副戎，武為戍犯，其必不相稱，屬想可知。然武劇皆少年英雄，尚可不必呆講，至若白鬚丞相，粉鼻朝官，袍皆數寸之緣，邊皆緋紅之飾，神遊目想，在古必無。而且戲場化裝，貴在神肖，故昔時《拾玉鐲》之旦必荊布，《小上墳》之貼必縞衣，今則任意增妍，有被羅綺而披彩色者矣。甚且冠帔不悅目，則悉易衫裙，巾幅不動人，則亂攢珠玉，尚文

太過。至新戲出，而又全從時式，一切以質矯之，雖演《紅樓夢》之尤三姐，書中明標紅襖綠褲，亦改從時尚雅素一流。過與不及，其失也均，固咸失戲之本意矣，必求似其人，斯爲無負。十六萬金之裝飾，若非專就其人特製，亦安用是多金爲哉！（徐珂：《清稗類鈔》第十一冊《戲劇類》，中華書局，1986 年，第 5033～5034 頁）

【化裝之名稱】化裝之顏色，總名彩色。老生以胭脂粉和兩頰曰上彩，花臉開臉曰鉤臉，花旦裝蹺曰蹺蹺。劇中去冠時露出之豎髮曰水髮，妖怪或神將及頭陀披髮之髮曰蓬頭，髮之繞成一結，如《褚彪》，《蚖蠟廟》等戲，脫帽時露出者曰髮糾。鬚之總名曰口面。老生之三絡長鬚，黑者曰黑三，白者曰白三，花者曰彩三。花面之長鬚，白者曰白，滿黑者曰黑滿。鬚之左右較長，中間略短，演劇時可左右抓開者，紅曰紅抓，黑曰黑抓，耳上之毛曰鬢毛。鬚上虬結成團者曰虬髯四喜。小丑短鬚向上者曰一簇，小丑之三絡短鬚曰丑三，鬚之下頜用鬃絲吊掛短髭者曰吊達。短髭之作一字形者，黑者曰黑一字，白者曰白一字，花者曰彩一字。（徐珂：《清稗類鈔》第十一冊《戲劇類》，中華書局，1986 年，第 5034～5035 頁）

【前場】在戲臺拉前場，非易事也。場面節奏，須全熟於胸，方無臨事周章之失。將跪則需墊，將坐則移椅，稍不應節，毆詈皆來，故非斷輪老手，不易稱職。所尤難者，爲放燄火。燄火者，以紙煤引火，夾於指間，手撮松香屑盈握，衝火而出，俾到地仍燃，其燄之濃淡長短急徐，須與戲相配。如《火燒木哥寨》一齣，用燄火最多，此起彼顛，前仆後繼，或繞場連燦，或當胸忽燃，或迅如流星之光，或斷如燐火之燄，最難在收場之際，其人俯躬以入，火即從其僻處倒擲而出，光如匹鍊，作拋物線，到地熊熊，並發火燄而止。能此者，闔座之人無不鼓掌稱善。（徐珂：《清稗類鈔》第十一冊《戲劇類》，中華書局，1986 年，第 5035 頁）

【後場】琴師、鼓員等曰後場，亦曰場面。場面之位次，以鼓爲首，一面者曰單皮鼓，兩面者曰荸薺鼓，名其技曰鼓板，都中謂之鼓老，猶尊之之意也。若李四之鼓板，梅大鎖之胡琴，皆名手也。伶人負重名，則自置場面。同業宴會，必邀其鼓老或琴師與俱，尊以首座，其他雲鑼、鎖吶、大鐃等不與焉。

昔時鼓板之座在上鬼門，椅前有小搭腳、小櫈椅，後屏上繫鼓架。鼓架

高二尺二寸七分，四腳各方一寸二分，上雕淨瓶頭高三寸五分，上層穿小枋四八根，下層八根，上層雕花板，下層下緣環柱子，橫擴尺寸同單皮鼓例，在椅後下枋，莘薺與板例在椅屏間。大鼓箭二，小鼓箭一，在椅墊下。崑腔猶此制，京班微有異同，而奏技時位次首列則一也。自改舞臺，悉驅後場於臺側廂樓之上，鼓員面臺前，列而坐，目注演者，迎合其步武手口以爲疾徐高下之節，然不良於施展，恒以爲苦。北伶南下，狃於故習，猶坐其自置場面於臺口一隅，然實不雅觀，有時亦足妨礙一部份座客之視線，即其坐席，亦復凌雜無次矣。（徐珂：《清稗類鈔》第十一冊《戲劇類》，中華書局，1986 年，第 5035～5036 頁）

【胡琴、鼓板與唱戲之關係】唱戲之事，宜先研求板眼腔調，尖團吞吐，唇喉齒舌，平上去入，得此十六字訣，方可言戲。然無眞嗓子，或中氣不充足，則又徒然，天工、人力二者固不可缺一也。至藝成以後，尤有種種凶難，配搭不得人，不可；胡琴、鼓板不得人，尤不可。胡琴、鼓板不得人，則唱者自唱，拉者自拉，南轅北轍，背道而馳矣。故欲拉與唱能黏合在一處，不使有絲毫扞格之虞，必平素常在一處討論，知其行腔使調用何種方法，因其勢而利導之，調門之忽高忽下，嗓音之在家與不在家，全恃胡琴襯托得宜。即或唱者偶有微疵，不經意而脫略，拉者能隨機應變，補苴罅漏，如天衣無縫，不著痕跡，斯爲妙手也。

鼓板爲胡琴之前導，導之東，則不能西也。故鼓板打錯，則胡琴不得不拉錯，雖明知其錯，亦不能不隨以俱錯。惟可臨時向之糾正，然必在未打之先，若既經打錯，即無可如何矣。

板眼分二種，有一板三眼者，有一板一眼者，西皮、二黃皆然。三眼者，慢板二黃、慢板西皮、慢板反二黃、二黃快三眼、西皮快三眼、反二黃快三眼是也。一眼者，原板二黃、原板西皮、原板反二黃、西皮二六板、四平調是也。無眼連擊者，快板是也。不受板之拘束者，爲倒板、搖板。西皮、二黃皆然。至西皮、二黃拍板之各異者：一，三眼之板，二黃起迄皆在板上，間有落中眼者，西皮則每句分三節，首節起迄在中眼，次節起於板，迄於末眼，末句起迄皆在板上，亦間有落中眼者。二，一眼之板，二黃起迄皆在板上，西皮則分三節，首節起於眼，迄於眼，次節起於板，迄於眼，末節起於板而迄於眼或板，二六板起於眼而迄於板。三，無眼連擊之板，即所謂快板，

須字字皆在板上而後可。

　　西皮、二黃原板、正板等鼓板之點，皆有一定，即出臺與動作之鼓板，亦有一定之名稱，若所謂長鎚、雙長鎚、鳳點頭、急緊風、節節高、四擊頭（編者案：「擊」，原作「繫」，誤。）、扭絲等是也。與管絃雜奏者，又有落馬令、泣顏回、將軍令等調。此數事者，皆以鼓凡言鼓皆小鼓，其槃槃者，以大鼓二字別之。爲領袖。尋常腔調，鼓師皆所素習，自無錯誤。若有新腔，則非熟手不辦，否則每至轉折處，彼輒心慌手顫，疑爲走板，而刻意爲之補救，愈弄愈差，帶水拖泥，幾無是處矣。

　　胡琴亦然。尋常腔調，猶可無甚差謬，若有新聲，而行腔過於巧險者，必須預爲練習。故胡琴之妙，不以過門之花點爲能，而以隨腔爲難也。蓋過門之花點，是胡琴自身之妙，與唱工初無關係，若不能隨腔，則無取乎有花點也。

　　所謂隨腔者，即其工尺與唱者之腔調，委婉曲折處，一一脗合，無稍參差，而絃音高低，與喉音亦須一致。凡唱曲者，其聲調之高低雖有一定，然每至拔高處，不能無勉強之弊，而沉下處又每覺其幽閟，此等處，皆須有胡琴妙手爲之補苴襯托。所謂補苴襯托者，每至將拔高之前一二句，先將絃音略爲放低，則唱者雖用高腔，亦不覺其喫力，若遇將沉下之時，又將絃音預爲拔高，使唱者腔雖沉下，而音調卻不覺其幽閟。凡能此者，始得目爲胡琴中之妙手也。

　　拉胡琴，須兩手皆有工夫，左手指音須活潑不滯，右腕拉弓須靈敏而有力。指音不佳者，則字眼不能明晰，右腕無力，則絃音不能清越。是故同一胡琴也，或能響，或不能響，或字眼絕清，或僅模糊影響，則視乎其左指右腕之工夫如何耳。是故名伶之琴師，每能洞悉其歌曲中之癥結所在，而設法爲之掩飾，抑揚高下，無不一一爲之襯托，遂使音節格外雋妙。一旦易以生手，便不能圓轉如意矣。

　　乾、嘉時，某崑部中，有鼓師朱念一者，將登場，鼓箭爲人竊去，將以困之也。念一曰：「何不並竊我手。」易以他箭，奏技如常時。又滿人有鼓雙、鼓壽者，亦以善鼓著稱，其擂能急能徐，能輕能重，能於緩處忽焉加多，緊處忽焉減少，《琵琶行》中所謂如急雨、如私語者，彷彿近之。花色生新，專奏已足適聽，若與諸金並奏，更能出色當行。諸金中如大鑼、小鑼，均以備陰陽二聲者爲上，陽聲散放，陰聲手撫，相間互奏，一器而得數音，雖戲

場不用《十番》、《燈月圓》諸雜牌，皆金鼓專調之名，如《玉蓮環》、《大富貴》等，皆昔時元宵佳奏也。而群手能合能分，起止應節，固亦足爲戲劇增美。否則一節稍凌，一聲稍誤，全場頓足，闔座叫囂，鼓師浹背汗流，雖佳劇亦減色矣。（徐珂：《清稗類鈔》第十一冊《戲劇類》，中華書局，1986 年，第 5036～5039 頁）

【絃管】劇中絃管常用者，絲惟胡琴、月琴、三絃即俗稱咸子者，是蓋阮家製也。三種，竹惟笛、海笛、鎖吶三種。鎖吶、海笛，非吹牌不用，笛非唱崑、弋腔不用，恆用者惟絲。然絲中惟胡琴必不可離，若月琴、三絃，則非旦唱不甚用，旦唱亦於反調、慢板用時較多，餘亦不輕作響。胡琴以過門包腔即和唱也。爲貴，然各種牌調，亦委婉動人，如《罵曹》中之《夜深沉》，起落急徐，與大鼓相應，頗堪適耳。又如《戰宛城》中之《柳青娘》，即貼看兔時胡琴之調。以能揉絃者爲佳，幽咽鏗鏘，極蕩冶孤悽之致。此亦非高手不辦，尋常琴手僅足給事，無專能令人喝彩者。梅大鎖、陳某以外，都中惟有張某，尚能奏花調，知鉤勒，然手音亦不能異眾，其餘更等諸自鄶矣。

北曲宜絃索，南曲宜簫管。絲之調弄，隨手操縱，均可自如，竹則以口運氣，轉換之間，不能如手腕敏活，故其音節，北曲渾脫瀏亮，南曲婉轉清揚，皆緣所操不同，而其詞亦隨之而變，有不能強者。就絃索言之，雅樂以琴瑟爲主，燕樂以琵琶爲主。自元以降，則用三絃。近百年來，二絃即胡琴。獨張，此絃索之變遷也。（徐珂：《清稗類鈔》第十一冊《戲劇類》，中華書局，1986 年，第 5039 頁）

【後臺】後臺管理，難在派戲，某與某配，某先某後，某某性情是否相合，某某聲調是否相合，預爲支配，必公必平；不愜眾情，動起責難，稍用壓力，必致失場，故充此選者甚難。下此則看衣箱一流，預知某戲某裝，未事料量，臨事裹束，過事摺疊，千忙百遽中，亦必料理井井而後可也。（徐珂：《清稗類鈔》第十一冊《戲劇類》，中華書局，1986 年，第 5040 頁）

【禁演聖賢之事】優人演劇，每多褻瀆聖賢。康熙初，聖祖頒詔，禁止裝孔子及諸賢。至雍正丁未，世宗則並禁演關羽，從宣化總兵李如柏請也。（徐珂：《清稗類鈔》第十一冊《戲劇類》，中華書局，1986 年，第 5040 頁）

【禁內城演戲】光緒辛巳閏七月初七日，丁鶴年請禁內城茶園演戲。李蒓客云，十剎海演劇，恭王之子貝勒載澂爲之，以媚其外婦者。大喪甫過百

日，即設之，男女雜坐。內城效之者五六處，皆設女座，釆飾覬演，一無顧忌。澂與所眷日微服往觀，惇邸欲掩執之，故恭邸諭指鶴年疏上，即日毀之。外城甫開茶園，一日亦罷。（徐珂：《清稗類鈔》第十一冊《戲劇類》，中華書局，1986 年，第 5040 頁）

【內廷演劇】內廷演劇，遇劇中須拜跪時，必面皇上而跪，若轉場，亦不得以背向皇上。

乾隆初，高宗以海內昇平，命張文敏公照製諸院本進呈，以備樂部演習，各節皆相時奏演。如屈子競渡、子安題閣諸事，無不譜入，謂之《月令承應》；內廷諸喜慶事，奏演祥瑞者，謂之《法宮雅奏》；萬壽令節前後，奏演群僊神道添籌錫禧，以及黃童白叟含哺鼓腹者，謂之《九九大慶》；又演目犍連尊者救母事，析爲十本，謂之《勸善金科》，於歲暮奏之，鬼魅雜出，實有古人儺祓之意也；演唐玄奘西域取經事，謂之《昇平寶筏》，於上元前後日奏之。曲文皆文敏親製，詞藻富麗，引用內典經卷。後又命莊恪親王譜蜀漢《三國志》典故，謂之《鼎峙春秋》；又譜宋政和間梁山諸盜，及宋、金交兵，徽、欽北狩諸事，謂之《忠義璇圖》。其詞皆出月華遊客之手，鈔襲元、明《水滸》、《義俠》、《西川圖》諸院本，遠不逮文敏矣。嘉慶癸酉，仁宗以教匪事，特命罷演諸連臺，至上元日，亦惟以《月令承應》代之。（徐珂：《清稗類鈔》第十一冊《戲劇類》，中華書局，1986 年，第 5041 頁）

編者案：此則又見於昭槤《嘯亭續錄》卷一，字句略異，當係自彼處迻錄者。

【南府】內廷掌戲曲者曰昇平署，其後令年幼太監習之，謂之南府。南府之名，始自康熙時。道光初元，將南府人役一概遣散，光緒朝復之。（徐珂：《清稗類鈔》第十一冊《戲劇類》，中華書局，1986 年，第 5041 頁）

【頤和園演戲】頤和園之戲臺，窮極奢侈，袍笏甲胄，皆世所未有。俞潤僊初次排演《混元盒》，其一切裝具多借之內府。所演戲，率爲《西遊記》、《封神傳》等小說中神僊鬼怪之屬，取其荒幻不經，無所觸忌，且可憑空點綴，排引多人，離奇變詭，誠大觀也。戲臺廣九筵，凡三層，所演妖魅，有自上而下者，有自下突如其來者，甚至二廂樓亦作化人居，而跨駝舞馬，則庭中亦滿焉。有時鬼神畢集，面具千百，無一相肖。神僊將出，先有十二三歲之道童作隊出場，繼有十五六歲、十七八歲者，隊各十人，長短一律，絕無參

差，舉此則其他可知也。又按六十甲子，飾爲壽星六十人，旋增至一百二十人。又有《八僊慶賀》一劇，所扮道童，不計其數，至唐玄奘雷音寺取經之日，如來上殿，迦葉、羅漢、辟支、聲聞，高下計分九層，列座幾千人，而臺仍綽有餘地也。

光緒某年，頤和園演劇，某伶獻《讓城都》一戲，孝欽后聆其詞句，謂左右曰：「我前年出京時，大有此光景也。」言時不勝欷歔。

內廷或頤和園之演劇，名優均須進內當差，若輩因自稱曰供奉。傳差一次，賞銀二十兩，若譚鑫培、羅百歲等，歲且食俸米二十石。惟內廷門禁至嚴，須有腰牌，乃可出入。又如於午前見太監，必道老爺吉祥，午後則道老爺辛苦，亦慣例也。

供奉諸伶入內時，孝欽后恆諭以暇時即宜讀書。某歲七夕，傳戲後，孝欽製一謎語，面書四「多」字，底爲兩時令名，命內監出示諸伶以試猜之。某伶靈慧，獨猜中，乃除夕七夕也。書呈，頗得厚賞。又嘗出「三春三月三」五字命諸伶對，某伶對「半夏半年半」，亦賞之。

光緒辛丑，孝欽后自西安回鑾，譚鑫培曾傳差二日。一日，命演《鎮潭州》，小生楊再興，則李蓮英也。又大內樂部，凡大小太監，無不極口規摹譚調。（徐珂：《清稗類鈔》第十一冊《戲劇類》，中華書局，1986 年，第 5042～5043 頁）

編者案：此則第一節與趙翼《簷曝雜記》卷一《大戲》條字句頗同，然甌北所記乃熱河行宮戲臺，此則所在頤和園，非同一事。此則或係參照趙書而擬，或係迻錄時誤記地名，俟考。

【堂會演戲】優人演段者，始於伊耆時羅氏鹿女，其後尤盛於東周，至漢代元會爲百戲之一，明人因謂之爲戲。京師公私會集，恆有戲，謂之堂會。其優人有名者，士大夫無見不見，輒能舉其名。劉韞齋侍郎崑言湘中歌者，有京師之聲，且以王壬秋將出京，不及待其堂戲再集爲憾。（徐珂：《清稗類鈔》第十一冊《戲劇類》，中華書局，1986 年，第 5043 頁）

【京師戲園】京師戲園，惟太平園、四宜園最久，名亦佳，查家樓、月明樓其次也。雍正時，以方壺齋、蓬萊軒、昇平軒爲最著。查家樓者，人簡稱之曰查樓，在肉市，爲明巨室查氏所建，戲樓巷口有小木坊，書「查樓」二字。乾隆庚子，燬於火，僅存木坊。後重建，改名廣和。（編者案：此與戴璐《藤陰雜記》所敘相近，文字多異。）

　　嘉慶時，京師戲園擅名者，分四部，曰春臺，曰三慶，曰四喜，曰和春，各擅勝場。大抵午後開場，至酉而散。若慶賀雅集，假其園以召賓客爲堂會戲者，辰開亦酉散，無夜劇。其爲地，度中建臺，臺前平地曰池。對臺爲廳，三面皆環以樓。堂會以尊客坐池前近臺，茶園則池中以人計算，樓上以席計算。故平時坐池中者，多市井儈儈，樓上人譃之曰下井。若衣冠之士，無不登樓，樓近劇場右邊者名上場門，近左者名下場門，皆呼爲官座，而下場門尤貴重，大抵爲佻達少年所豫定。堂會則右樓爲女座，前垂竹簾。樓上所賞者，率爲目挑心招、鑽穴踰牆諸劇，女座尤甚。池內所賞，則爭奪戰鬥、攻伐劫殺之事。故常日所排諸劇，必使文武疏密相間，其所演故事，率依《水滸傳》、《金瓶梅》兩書，《西遊記》亦間有之。若《金瓶梅》，則同治以來已輟演矣。

　　光緒庚子以前，戲園定價，每座售錢百三十文。自經拳匪之變後，蠲除舊例，各自爲謀，各園戲價始參差不一矣。

　　庚子以前，京城之戲園戲班，分而爲二，戲園如逆旅，戲班如過客。凡戲班於各戲園演戲，四日爲一周，周而復始，生意之盈虧，視班底之硬挣與否，而戲園不蒙其影響。蓋當時各戲園有團結力，互相調劑，不至偏枯，法至良，意至美也。其後復稍稍一變，班與園合而爲一，亦如滬上僅有園名，而無戲班之名稱也。（徐珂：《清稗類鈔》第十一冊《戲劇類》，中華書局，1986 年，第5043～5044 頁）

　　【奉天戲園】奉天爲邊陲開府之首區，戲園之多固不爲異，乃至一縣一鎮一村落，亦皆有之，而每園必男女雜糅，寫聲寫色，外縣爲尤甚。其戲臺之構造，與天津相等，爲京師所弗及，女伶亦美。（徐珂：《清稗類鈔》第十一冊《戲劇類》，中華書局，1986 年，第5044 頁）

　　【開封戲園】開封地處中原，財豐物阜。同、光之際，歌詠昇平，以論戲劇，本處優等地位。蓋當時名優以京師爲中心點，初被擠，則至山東之濟南，再被擠，則至河南之開封，故就當時之統計，開封戲劇之盛，位置實爲第三。花旦天鳳名滿天下，凡過開封者，無論士商，咸以不見天鳳爲恨。其時開封有兩天，一天景園，肴饌最佳，一即天鳳。天鳳具絕色，嘗有某名媛願委身事之，天鳳辭以有室，媛請爲媵，不許，遂致寢疾。天鳳憐而迎之，歸未久，天鳳病夭，媛絕粒以殉。時戲劇古風未泯，崑黃並重，凡籍隸梨園者，亦必兼通崑曲，此

蓋開封戲劇之極盛時代也。

厥後流風相沿，至光緒甲辰、乙巳間，某撫蒞汴，雅好京劇，以汴中戲園之簡陋，出廉俸付入，建巨場一所，賃與菊部。於時名伶有所謂牡丹紅、八千紅、櫻桃紅、粉桃紅、林小芬、萬盞燈輩應運而出。斯時有人為之比較，而知京師、濟南、上海之劇日進化，開封猶在幼稚時代。時津、漢劇界亦在幼稚時代。然當時崑曲，已如黃鍾、大呂，不數數覯，此蓋開封崑劇衰落，二黃猶盛之時代也。

洎宣統末，徽班崑黃劇，開封謂之徽班。之勢日落千丈，向者為四五，至此僅餘一班。掌之者時有頂替，時而名為春偓，時而名為富貴春，班中既毫無秩序，而觀者亦絕無僅有。嘗有座客僅集十數人而開演者，菊部末運，於斯為極，此蓋為崑黃衰落之時代也。（徐珂：《清稗類鈔》第十一冊《戲劇類》，中華書局，1986 年，第 5045 頁）

【郭某始創戲園於蘇州】 蘇州戲園，明末尚無，而酬神宴客，侑以優人，輒於虎邱山塘河演之，其船名捲梢。觀者別雇沙飛、牛舌等小舟，環伺其旁。小如瓜皮，往來渡客者，則曰蕩河船，把槳者非娷髻少女，即半老徐娘。風雨甚至，或所演不洽人意，岸上觀者輒拋擲瓦礫，劇每中止。船上觀客過多，恐遭覆溺，則又中止。一曲笙歌，周章殊甚。雍正時，有郭姓者，始架屋為之，人皆稱便，生涯甚盛。自此踵而為之者，至三十餘家，捲梢船遂廢。

乾隆丁亥，江蘇布政使胡文伯禁戲園，商賈乃假會館以演劇。至光緒時之戲園，則皆在閶門外矣。（徐珂：《清稗類鈔》第十一冊《戲劇類》，中華書局，1986年，第 5045～5046 頁）

【上海戲園】 上海戲園，向僅公共租界有之，其戲臺客座，一仍京、津之舊式，光緒初年已盛，如丹桂、金桂、攀桂、同桂，皆以桂名，稱為巨擘，他若三雅園、三僊園、滿庭芳、詠霓、留春亦著。客之招妓同觀者，入夜尤多，紅箋紛出，翠袖姍來，么絃脆管中，雜以鬢影衣香，左顧右盼，真覺會心不遠。戲館之應客者曰案目，將日夜所演之劇，分別開列，刊印紅箋，先期挨送，謂之戲單。妓女請客觀戲，必排連兩几，增設西洋玻璃高腳盤，名花美果，交映生輝。惟專尚京班，徽腔次之，而西崑雅調，真如引商刻羽，曲高和寡矣。庚子以後，間有改良新劇焉。

　　丹桂爲劉維忠所設，嘗語人曰：「世無百年不朽之業，吾之丹桂，他日或爲人有，亦無所憾，惟必仍此二字耳。」故後雖易主，而商標如故。以宣統辛亥言之，上列各園之名稱，皆已消滅，而丹桂則巋然獨存。

　　上海昔有山陝班所設之戲園，商標曰義錦，在廣東路之寶善街，久廢。

　　光緒戊申秋，有商辦新舞臺崛起於南市之外馬路，劇場全部構造，悉仿歐制，戲臺爲半月形，可旋轉，並有一切佈景，每齣必易，加之以電光，建築告成，即以丹桂全部實之，兼演新舊劇。

　　各舞臺之劇資，較舊式之所謂茶園者爲昂，而皆以銀幣計之，分別座位之遠近，日夜且又不同。日戲爲大餐間一圓，二層樓特別包廂六角，頭等正廳四角，三層樓包廂三角，二等正廳二角，三等座一角，夜戲爲大餐間一圓五角，二層樓特別包廂一圓，頭等正廳、三層樓包廂均八角，二等正廳四角，三等座二角。至孩童之減半，傭僕之五分，則日夜皆然。點心及茶，另計資，而不強人。其著名之劇，爲《李陵碑》、《陰陽河》、《完璧歸趙》、《探寒窰》、《三娘教子》及改良各新劇，座客日夜填咽，車馬盈門，營業之盛，得未曾有。於是大舞臺繼起於漢口路，新劇場再起於法租界，其劇場建築，一以新舞臺爲圭臬，而舊式之茶園，則僅一二髦兒戲班，如群僊、丹桂者，若魯靈光之巋然獨存而已。

　　上海各戲園之至臘月也，四方過客皆紛紛言歸，家居者料量度歲，方日不暇給，戲園之生涯自必銳減，至是而案目商於園主，有請客之舉。請客者，以戲券售之於向識之看客，恆較常日爲昂，俗諺謂之打野雞，即打秋風也。看客念其終歲伺應之勤勞，輒許之；園主以其時之方慮折閱也，故亦不拒案目之請焉。（徐珂：《清稗類鈔》第十一冊《戲劇類》，中華書局，1986 年，第 5046～5047 頁）

　　【廣州戲園】廣州素無劇場，道光時，江南史某始創慶春園，其門聯云：「東山絲竹，南海衣冠。」未幾，怡園、錦園、慶豐、聽春諸園，相繼而起。番禺許霞橋孝廉裀光嘗招倪鴻劬輩賦觀劇詞，得數百首，刻之。汪芙生《觀劇詩序》有云：「偶來顧曲，多慘綠之少年；有客吹簫，喚小紅爲弟子。人生行樂，半在哀絲豪竹之場；我輩多情，無忘對酒當歌之日者，足以見一時文酒風流之盛。比年以來，閭閻物力，頓不如前，遊客漸稀，諸園皆廢。自客歲羊城兵燹之餘，疇昔歌場，鞠爲蔓草矣。」蓋指咸豐朝英兵入粵及紅巾擾亂言之。光緒初，惟繁盛街市之神廟，或有戲臺，遇神誕建醮，始演戲，如

渡頭北帝廟、油欄直街某神廟之屬是也。及劉學詢於其所建之劉園，演戲射利，又於劉園附近建廣慶戲園，是爲西關有戲園之始。自是而南關、東關、河南亦各有戲園，然廣慶不久即廢，餘亦往往輇演也。

　　廣州戲班有外江、本地之別，外江班所演關目，與外省同，本地班則以三晝四夜爲度。開臺之第一夜，必首唱《六國封相》，晝則演正本，夜則先演三出頭，再演成套，演至天明，又演一尾戲，曰鼓尾。及省河之南與東關、西關諸園繼起，每園繳捐至巨萬，商業因以興盛。更有將戲本改良，如優天影之扮演戒煙，及關於家庭教育各戲者，無不窮形盡相，乃大爲都人士所歡迎矣。（徐珂：《清稗類鈔》第十一冊《戲劇類》，中華書局，1986年，第 5048 頁）

　　【十公班】王宸章，明兵部尙書在晉之曾孫也。善歌曲，美丰姿。晚居岳市。順治乙酉，大吏迫其易服，宸章集里中貴介公子十人，棄儒爲伶，人謂之十公班，蓋以十公子而成一伶班之義也。李謬臣有詩云：「十公班內諸公子，故國衣冠拜冕旒。」（徐珂：《清稗類鈔》第十一冊《戲劇類》，中華書局，1986年，第 5048～5049 頁）

　　【老棗樹班】順、康間，掖縣張大司寇北海忻夫人，大學文安公母也。張以胡中丞爲姻家，胡故有優伶一部。一日，兩夫人宴會，張謂胡曰：「聞尊府梨園最佳。」胡古樸，不曉文語，輒應曰：「如何稱得梨園，不過老棗樹幾株耳。」左右皆匿笑。人因號胡氏班爲老棗樹班。（徐珂：《清稗類鈔》第十一冊《戲劇類》，中華書局，1986年，第 5049 頁）

　　編者案：此則又見於金埴《不下帶編》卷四，字句多同，當係自彼處迻錄者。

　　【西安三十六班】康熙時，西安樂部著名者凡三十六，最先者曰保符班。保符班有太平兒，姓宋，名子文，色藝素佳。嚴長明至關內時，以年長不復登場，故未及見。小惠、鎖兒、寶兒、喜兒皆隸江東班。雙賽班故晚出，稱雙賽者，謂所長出保符、江東上也。後以祥麟、色子至，又稱雙子班。南如、三壽字。友泉銀花字。義兄弟來最後，亦同在此部。及色子赴浙，眾又戲呼南如爲賽色子矣，惟色藝難兼，性行各異。嚴初至時，有四兩者，臨潼人，色差遜於瑣兒。後又有豌豆花者，三原人，聲差遜於小惠。其藝，均可步祥麟後塵。二子留會城，不久皆去。金隊子者，姓劉，醴泉人。雙兒，姓白，咸陽人，隸錦繡班，小有色藝，然固涇陽曲部也。以嚴賞之，遂留西安，不復歸。

又拴兒居富平某部署中，賈拜三上舍常稱之。後莊盧庵權令時，挈以至西安。之數子者，固皆一時之選也。（徐珂：《清稗類鈔》第十一冊《戲劇類》，中華書局，1986年，第5049～5050頁）

【六燕班】吳三桂喜度曲，不差累黍，有周公瑾風焉。蓄歌童十數輩，自教之，中六人藝最勝，稱六燕班，蓋六人皆以燕名也。嘗微服遊江淮間，與六燕俱。賈人某亦嗜聲伎，值家讌演劇，吳投刺謁之，賈延入，納之上座。未幾，樂作，脫板乖腔，百無一當。主人與客極口褒獎，吳但默坐，瞑目搖首而已。主人憤而言曰：「若村老，亦諳此耶？」吳曰：「不敢，然嗜此已數十年矣。」主人愈不悅。客有點者，請吳奏技，否則將有以折辱之。吳欲自炫，不復辭謝，欣然爲演《惠明寄柬》一折，聲容臺步，動中肯要，座客皆相顧愕眙。少焉樂闋，下場一笑，連稱獻醜而去。（徐珂：《清稗類鈔》第十一冊《戲劇類》，中華書局，1986年，第5050頁）

【禮邸有菊部】大興舒位，字鐵雲，禮闈報罷，留滯京華。太倉畢子筠華珍方客禮親王邸，二人皆精音律，嘗取古人逸事，撰爲雜劇，如楊笠湖吟風閣例。王好賓客，亦知音。王邸舊有吳中菊部，每一折成，輒付伶工按譜，數日嫻習，即邀二人顧曲，盛筵一席，輒侑以潤筆十金。（徐珂：《清稗類鈔》第十一冊《戲劇類》，中華書局，1986年，第5050頁）

【貓兒戲】教坊演劇，俗呼爲貓兒戲，又名髦兒戲。相傳揚州有某女子名貓兒者，擅此藝，開門授女徒，大率韶年稚齒，嬰伊可憐。光緒時，上海北里有工此者，每當妝束登場，鑼鼓初響，鶯喉變徵，蟬鬢如冠，撲朔迷離，雌雄莫辨，淋漓酣暢，合座傾倒，纏頭之費，所得不貲，亦銷金之鍋也。

金奇中曰：「俗以婦女所演之劇曰髦兒戲者，蓋以髦髮至眉，兒生三月，翦髮爲鬌，男角女羈，否則男左女右，長大猶爲飾以存之，曰髦，所以順父母幼小之心也。又俊也，毛中之長毫曰髦，因以爲才俊之稱。《詩》：『烝我髦士。』士中之俊，猶毛中之髦也。又選也，《詩》：『譽髦斯士。』譽，古通與，語助辭也，選斯士也。謂之髦兒戲者，意謂伶之年齡皆幼，技藝皆嫻，且皆由選拔而得，無一濫竽者也。」此奇中之所解釋者也。王夢生則曰：「昔以婦人拖長髻而飾男子冠服，至可一笑，故有此稱。」

光、宣間，貓兒戲漸見發展，其優異之處，亦有勝於男伶者。以此類推，

女子之資性能力，無事不可學，而文學、美術固尤所優爲者也。（徐珂：《清稗類鈔》第十一冊《戲劇類》，中華書局，1986 年，第 5051 頁）

【京師有貓兒戲】光緒時，京師有貓兒戲一班，然惟堂會演之，聲勢寥落，非觀劇者所注意也。（徐珂：《清稗類鈔》第十一冊《戲劇類》，中華書局，1986 年，第 5051 頁）

【秦淮有貓兒戲】秦淮河亭之設宴也，向惟小童歌唱，佐以絃索笙簫。乾隆末葉，凡十歲以上、十五以下聲容並美者，派以生旦，各擅所長，妝束登場，神移四座，纏頭之費，且十倍於男伶。（徐珂：《清稗類鈔》第十一冊《戲劇類》，中華書局，1986 年，第 5052 頁）

【滬有貓兒戲】同、光間，滬上之工貓兒戲者有數家，清桂、雙繡爲尤著。每演，少者以四齣爲率，纏頭費僅四餅金。至光緒中葉，則有群僊戲館，日夕演唱，頗有聲於時。（徐珂：《清稗類鈔》第十一冊《戲劇類》，中華書局，1986 年，第 5052 頁）

【檔子班】女伶之外，有所謂檔子班者，一名小班，始於嘉、道間。所歌之曲，書於扇，且僅演劇而不侑酒，亦即貓兒戲也。杭州陸應有詩云：「一片氍毹貼地紅，雙鬟妝束內家工。不須曲記相思豆，但看坤靈扇子中。」「此多分明禁臠看，當筵未許侑杯盤。任教誦遍摩登咒，戒體依然著手難。」

若光緒時，天津所在有之，居侯家後，一堂輒有雛姬數人，玉貌綺年，所唱曰檔調。而江西亦有檔子班，以廣信府之人爲多，且遠至廣州，達官豪商每招之侑酒，然皆以度曲爲事而不演劇也。

光緒中葉，上海亦有檔子班，其人率來自江右，居之安李氏，其最著者也。居之安，爲公共租界福州路中市之里名，未幾而室爲主者改築，因徙會芳里，恐問津者之或迷途也，仍顏其門楣曰「居之安」。其家有小戲臺，凡就宴者，可命其登臺歌舞，亦可出外演劇，且侑酒也。（徐珂：《清稗類鈔》第十一冊《戲劇類》，中華書局，1986 年，第 5052～5053 頁）

【瑤之女樂】廣西九嶷山一帶，瑤民聚處，衣服飲食，猶有古風。有隨大吏往謁舜陵者，禮成設宴，瑤民獻女樂八人，草履紅裳，脛以下皆露膚，工跳舞，歌詞一闋，清脆可聽。詞云：「山高高，水遙遙，盤皇子孫在山好。」

詞僅三句，輒循環歌之。（徐珂：《清稗類鈔》第十一冊《戲劇類》，中華書局，1986年，第 5053 頁）

【演《八僊上壽》】 常州府有屬縣八，惟靖江介在江北。順、康間，某親貴出守常州，聲勢烜赫，僚屬備極嚴憚。一日，以壽演劇，七邑令皆來稱祝，靖江令獨後至，懼甚，屬閽者爲畫策，遂重賂伶人，時方演《八僊上壽》劇，七人者先出，李鐵拐獨後，七人問曰：「來何暮也？」鐵拐曰：「大江風阻，故爾來遲。」閽人即於是時，以靖江令手版進，太守大喜，遂延入，至盡歡而罷。（徐珂：《清稗類鈔》第十一冊《戲劇類》，中華書局，1986 年，第 5053 頁）

編者案：此則又見於況周頤《眉廬叢話》，字句略異，當係自彼處迻錄者。

【演《長生殿》傳奇】 錢唐太學生洪昉思昇著《長生殿》傳奇，初成，授聚和班演之，聖祖覽之稱善，賜優人白金二十兩。於是，諸親王及閣部大臣，凡有宴會，必演此劇，而纏頭之費，較之御賞且數倍。聚和班優人乃請開筵爲洪壽，即演是劇以侑觴。某日，宴於宣武門外孫公園，名流之在都下者，悉爲羅致，而不及給諫黃六鴻。黃奏謂皇太后忌辰，設宴樂爲大不敬，請按律治罪。上覽其奏，命下刑部獄。益都趙秋谷對簿自承，經部議革職，一時凡士大夫及諸生除名者，幾五十人，秋谷及海寧查夏重其最著者。後查改名愼行，登第。趙年僅廿八，竟廢置終其身。洪放歸，旋墮苕、霅間而死。當時編修徐嘉炎，亦與讌對歌，賂聚和班優人，詭稱未與，得免。都人有口號云：「國服雖除未滿喪，何如便入戲文場？自家原有三分錯，莫把彈章怨老黃。」「秋谷才華迴絕儔，少年科第盡風流。可憐一齣《長生殿》，斷送功名到白頭。」「周王廟祝本輕浮，也向長生殿裏遊。抖擻香金求脫網，聚和班裏製行頭。」徐豐頤修髯，有周道士之稱，後官學士。或曰，黃由知縣行取入京，以土物、詩稿遍贈諸名士，至秋谷，答以柬云：「土物拜登，大稿璧謝。」黃銜之刺骨，故有是劾也。（徐珂：《清稗類鈔》第十一冊《戲劇類》，中華書局，1986 年，第 5053～5054 頁）

編者案：此則又見於梁章鉅《浪跡續談》卷六、陳康祺《郎潛紀聞》卷十、震鈞《天咫偶聞》卷七、況周頤《眉廬叢話》等，然較以上數家字句頗異。

【演《目連救母》】 康熙癸亥，聖祖以海宇蕩平，宜與臣民共爲宴樂，特發帑金一千兩，在後載門架高臺，命梨園子弟演《目連傳奇》，用活虎、活

象、活馬。（徐珂：《清稗類鈔》第十一冊《戲劇類》，中華書局，1986年，第5054頁）

【演《臨川夢》傳奇】蔣心餘太史士銓性峭直，不苟隨時，以剛介爲和珅所抑，留京師八年，無所遇，以母老乞歸。其才其遇，無一不與明湯玉茗相類，因爲《臨川夢》傳奇以自況焉。其自序略云：「先生以生爲夢，以死爲醒，予則以生爲死，以醒爲夢。於是引先生既醒之身，復入於既死之夢，且令四夢中人，與先生周旋於夢外之身，不亦荒唐可樂乎！」（徐珂：《清稗類鈔》第十一冊《戲劇類》，中華書局，1986年，第5054～5055頁）

【演《花魁孃子》】李味莊兵備宴客嘉蔭堂，歌者孔福方演雜劇中之《花魁孃子》，瞥有羅浮大蝶飛至，繞伶身三匝而去。陸祁生孝廉因作《僊蝶謠》，而改七薌爲之圖。詞云：「東海桃花紅雨霽，南海僊人放蝴蝶。水精簾下讀道書，屋裏衣香花不如。花非花兮花解語，細漏丁冬碧紗雨。定子當筵申子喉，消息劇於十五女。相逢不是青陵臺，且占百花頭上開。花開花落凝絲竹，絲竹分明不如肉。海水泪泪山冥冥，有人讀破《南華經》。造得酒樓邀李白，傳來絲筆付秦青。牽雲曳雪斑騅送，殺粉調鉛寫春夢。不知鳳子爲誰來，還問翠釵釵上鳳。」（徐珂：《清稗類鈔》第十一冊《戲劇類》，中華書局，1986年，第5055頁）

【演《水滸傳》】兗州陽穀縣西北有墓，俗呼西門塚，西門慶之葬所也。其地有大族潘、吳二氏，自言是西門嫡室吳氏、妾潘氏之族。一日，社人登臺演劇，吳之族使演《水滸記》，潘族謂辱其姑，聚族大鬨，互控於縣。縣令大笑，各扑一二人，令荷枷通衢，硃批曰：「無恥犯人某示罪。」然二氏終不悟也。（徐珂：《清稗類鈔》第十一冊《戲劇類》，中華書局，1986年，第5055～5056頁）

　　編者案：此則又見於王士禛《香祖筆記》卷十二，字句略異，或係迻錄自其一家者。

【演《探親相罵》】《探親相罵》一劇，原爲崑曲中之梆腔雜劇，雖京戲亦演之，然悉仍其舊。蓋道、咸之際，樂風漸變，趨重京劇，自後內廷傳唱，常例皆京崑並奏，故率將崑曲闌入，各地伶人遂亦相沿成習，意謂亦在京戲範圍。實則此劇純用吹腔，固猶是崑曲之面目也。惟服裝做工，則因時會而遷移，間有不相沿襲者，而唱白腔調，悉與《綴白裘》同，調門悉用《銀

絞絲》曲。中有不合者，殆爲沿訛。惟依崑曲原本，尚少末後與男親家相遇、重延解勸、兩親母和好如初之一段，大率爲演京劇者所刪矣。至其劇情，則爲鄉間親家母胡媽媽背布袋騎驢入城，探其名野花者之女也。先是，女見母訴苦，旋與親家母相見，則一村一俏，無不相形見絀，且談吐之時，每被奚落。旋以語及野花之傻，一則苛求，一則迴護，遂至爭執相罵，不歡而別。（徐珂：《清稗類鈔》第十一冊《戲劇類》，中華書局，1986 年，第 5056 頁）

【演《新安驛》】《新安驛》戲，一名《女強盜》，蓋侯俊山登臺逞奇，自行編演者也。劇中情節，脫胎於《文武香球》，然事實人名，均與小說不盡符合，蓋拉雜編湊，亦一時遣興之作。略按其事，則張桂英曾與龍官寶訂婚，及官寶下山，久不得耗，桂英甚念之，遂喬扮男子，下山訪尋。路過新安驛，宿一逆旅，黑店也。主人爲嫗女二人，女常喬裝爲男盜，以殺人越貨爲事。是日，嫗見桂英裝重金多，遂先以蒙汗酒醉之使倒，令其女持刀入房行劫。女見桂英之俊美，欲以身委之，遂解除男裝，露出廬山眞面，以清水噴桂英，使醒，召嫗述其意。桂英姑允之。彼此又略較武藝，女見桂英技不精，意益滿。及合卺後，女爲代解羅襦，則一纏足之女子，大驚，急詢其故，桂英詳述之，始知亦巾幗也。此劇離奇變幻，本無寓意，惟忽而笄，忽而弁，忽而濃鬚撩鬢，忽而搔首弄姿，爲足增觀者興趣耳。滬上名伶之演此者，以七盞燈爲獨步。

或曰，《新安驛》一戲羌無故實，實爲俊山而設。初，俊山至京，主者患無以揄揚之，某太史爲製此劇，故始則紅鬚裝束嚴急，令人但聞其聲，已而去鬚，已而改爲豔裝，已而又改爲便服，裝束雅淡，頃刻之間，變換數四，無不絕妙。於是一二日間，名即大譟。後竟因以致富，乃於張家口及其旁近之地，廣設商店矣。（徐珂：《清稗類鈔》第十一冊《戲劇類》，中華書局，1986 年，第 5056～5057 頁）

【串客】土俗尚傀儡之戲，名曰串客，見《溫州府志》。後則不然，凡非優伶而演戲者，即以串客稱之，亦謂之曰清客串，曰頑兒票，曰票班，曰票友，日本之所謂素人者是也。然其戲劇之知識，恆突過於伶工，即其技藝，亦在尋常伶工之上。伶工妬之而無如何，遂斥之爲外行，實則外行之能力，固非科班所及也。

京師稱票友改而業唱者，曰某處某處，實則「處」乃訛字，應作「出」，

蓋有斯人一出目無餘子之意，重之之稱也。孫菊儕在京師稱孫出。出字，惟孫當之無媿色，餘則出與不出等，改出爲處，宜也。

雍、乾間，士夫相戒演劇，且禁蓄聲伎，至於今日，則絕無僅有矣。（徐珂：《清稗類鈔》第十一冊《戲劇類》，中華書局，1986 年，第 5057 頁）

【李笠翁曲部誓詞】李笠翁家蓄伶人，嘗撰曲部誓詞，文云：「竊聞諸子皆屬寓言，稗官好爲曲喻，《齊諧》志怪有其事，豈必盡有其人；博望鑿空詭其名，焉得不詭其實。矧不肖硯田餬口，原非發憤而著書；筆蕊生心，匪託微言以諷世。不過借三寸枯管，爲聖天子粉飾太平，揭一片婆心，效老道人木鐸里巷。既有悲歡離合，難辭謔浪詼諧。加生旦以美名，既非市恩於有託；抹淨丑以花臉，亦屬調笑於無心。凡此點綴劇場，使不岑寂而已。但慮七情以內，無境不生，六合之中，何所不有，幻設一事，即有一事之假同；喬命一名，即有一名之巧合，焉知不以無基之樓閣，認爲有樣之胡盧。是用瀝血鳴神，剖心告世，稍有一辜所指，甘爲三世之瘖，即漏顯誅，難逭陰罰，作者自十於有赫，**觀者幸諒其無他**。」（徐珂：《清稗類鈔》第十一冊《戲劇類》，中華書局，1986 年，第 5058 頁）

【陳半山喜串風月之劇】乾隆時，京師有稱陳半山者，佚其名，浙人也。年可七十餘，佗背而上下其肩，歪頸面斜，眉目高低。喜串風月之劇，脂粉滿面，衣極濃豔。每登場，輒栩栩自得，觀者無不掩口，而半山恬不爲怪。然性好俠，尚義氣，頗饒於資，客京師時，座中食客常數十人。而又慕道不娶，鍊形服氣，且善祈晴雨，蓋方術之士也。惟以愛串戲，人皆詆其無恥耳。（徐珂：《清稗類鈔》第十一冊《戲劇類》，中華書局，1986 年，第 5058 頁）

【撫藩登場演劇】乾隆季年，山東巡撫國泰年甫逾冠，玉貌錦衣，在東日，酷嗜演劇。適藩司于某亦雅擅登場，嘗同演《長生殿》院本，國去玉環，于去三郎。演至〈定情〉、〈窺浴〉等齣，于自念堂屬也，過媟褻或非宜，弄月嘲花，略存形式而已。詎舞餘歌闋，國莊容責之曰：「曩謂君達士，今而知乃迂儒也。在官言官，在戲言戲，一關目，一科諢，戲之精神寓焉。苟非應有盡有，則戲之精神不出，即扮演者之職務未盡。君非頭腦多烘者，若爲有餘不敢盡，何也？」于唯唯承指。繼此再演，則形容盡致，唐突西施矣。國意殊愜，謂循規赴節，當如是也。（徐珂：《清稗類鈔》第十一冊《戲劇類》，中華書

局，1986 年，第 5058～5059 頁）

編者案：此則重見於況周頤《眉廬叢話》，字句稍異，或係自彼處迻錄者。又孫寰鏡《棲霞閣野乘》卷上《山東巡撫國泰之笑史》條所載亦此事，然字句出入較大，孰爲原本？俟考。

【陸辛何率妻妾串戲】有陸辛何者，家小康，素樸儉，布衣敝屣，徵逐市廛。性好漁色，廣納姬妾，假設錦屏繡幕，多所配置。每日自市歸，登樓，即與其妻妾串戲。陸有時扮顯官，或公子，或文人學士，變化萬端，妻妾即隨之而貴賤，時爲夫人、太太，時爲娼妓、優伶。戲罷卸妝，下樓扃鎖，其妾嘗語人云：「貴賤無常，終日忙碌，世間事大可作如是觀也。」（徐珂：《清稗類鈔》第十一冊《戲劇類》，中華書局，1986 年，第 5059 頁）

【魏耀庭串花旦】光緒庚寅、辛卯間，戶部有小吏曰魏耀庭者，能演劇，嘗串花旦，人戲呼爲魏要命。其人年近不惑，及掠削登場，演《鴻鸞禧》等劇，則嫣然十四五閨娃也，惜齒微涅，不瓠犀耳。南皮張文達公之萬極賞之。文達書畫至不易求，有人見其贈魏精箑，一面蠅頭小楷，一面青綠山水，並工緻絕倫。（徐珂：《清稗類鈔》第十一冊《戲劇類》，中華書局，1986 年，第 5059～5060 頁）

編者案：此則重見於況周頤《眉廬叢話》，字句稍異，當係自彼處迻錄者。

【王貝子串戲】光緒末，宮中盛行客串，太監宮女，冠履雜沓，王、貝子亦扮演出場。（徐珂：《清稗類鈔》第十一冊《戲劇類》，中華書局，1986 年，第 5060 頁）

【王君宜唱譚調】京師票友，實繁有徒，有學部主事王君宜者，名益保，實爲個中翹楚。其唱以譚鑫培爲歸，喉音本極相近，又與陳彥衡爲友，得鑫培行腔讀字之法，每一引吭，人幾疑爲鑫培在座也。一日，酒樓宴唱，適鑫培過其下，聞而善之。由是君宜之名，益日以起，都中識與不識，介人以盛筵相約者，趾恆相錯。君宜亦不自吝祕，酒酣必爲一奏，以是貴遊子弟，就之者多。顧其人溫雅循謹，捨酒食外，無所取於人，特非上流社會，不與周旋，亦不輕向市廛串票，故人尤重之。鑫培繼響，伶界推劉鴻聲，然以野戰得之，不若君宜之溫潤醇厚，尺度嫻穩也。（徐珂：《清稗類鈔》第十一冊《戲劇類》，中華書局，1986 年，第 5060 頁）

【學生爲優】光緒時，留學日本人士曾創春陽社，習演新劇。王熙普者，自號鐘聲，亦其一也。既回滬，以改良戲曲遊說於沈敦和，設春陽社，募生徒習之。已而挈其徒至杭，欲招中學畢業生爲優，教育會尼之，又以他事見逐於浙撫，復至滬，入春桂戲園演唱。木鐸者，鄂人劉霖也，嘗留學於日本早稻田大學，未卒業而回國，在杭州之求是書院爲教員。轉徙至京津，爲大學堂通譯員。其在京時，好冶遊，善唱二黃，與優人狎。尋與鐘聲合，而以改良戲曲遞呈民政部，是爲吾國學生演新劇之鼻祖也。

其後春陽社既解散，而滿洲任天知入日本籍，改名藤堂調梅。所組之進化團出。未幾，率其徒西走，如鎮江、江寧、蕪湖、安慶諸處，無不擇地串演。繼而又南渡海以至甬、甌，西溯江以抵湘、鄂，東南諸行省，遂皆有其足跡矣。（徐珂：《清稗類鈔》第十一冊《戲劇類》，中華書局，1986 年，第 5060～5061 頁）

【觀劇有南北兩派之別】觀劇者有兩大派，一北派，二南派。北派之譽優也，必曰唱工佳，咬字眞，而於貌之美惡，初未介意，故雞皮鶴髮之陳德琳，獨爲北方社會所推重。南派譽優，則曰身段好，容顏美也，而藝之優劣，乃未齒及。一言以蔽之，北人重藝，南人重色而已。

北方之音剛以殺，酷喜梆子。南方之音柔以佻，惟中州與漢上之音洪爽，故黃調最合南北之嗜。而道白必推中州，以其清越諧和，莊栗有節也。北人於戲曰聽，南人則曰看，一審其高下純駁，一視其光怪陸離。論其程度，南實不如北。宣統末，滬人雅能聽曲，然喜高嗓而不辨神韻，喜激昂而不樂鎮靜，至於能拍板眼、明音率、求做工、審情節者，實不數覯。而北方則紈袴、販夫，皆能得此中三昧也。（徐珂：《清稗類鈔》第十一冊《戲劇類》，中華書局，1986 年，第 5061 頁）

【喝采】名伶一出場，即喝采，都人謂之迎簾好，以好之多寡，即知角色之高下，不待唱也。故有老手已不能唱，而每出仍舉座讙呼，謂之字號好，蓋以其著名已久耳。（徐珂：《清稗類鈔》第十一冊《戲劇類》，中華書局，1986 年，第 5061～5062 頁）

【徐野君好觀俳優戲】徐野君性洒落不與人事，獨好觀俳優戲，以爲騷人逸士，興會所至，非此類不足稱知己也。（徐珂：《清稗類鈔》第十一冊《戲劇類》，中華書局，1986 年，第 5062 頁）

【商蒼雨觀劇於水西莊】商蒼雨編修盤，號寶意，精音律，楊升庵之琵琶，康對山之腰鼓，兼其風致。乾隆乙卯秋，入都，道經天津查氏之水西莊，查蓮坡出歌者演劇，蒼雨留詩曰：「記得東華甲夜長，九枝絳蠟膩歡場。誰知碎雨零煙後，又聽朝來翠袖涼。」「重簾消息隔傾城，相見翻疑面目生。不用掩羞裁月魄，當年著眼已分明。」又「錦屏銀燭夜闌時，細細風懷脈脈知。結習猶煩大迦葉，麗情都付小楊枝。」「司空相見何曾慣，學士休言不合宜。禪榻茶煙惆悵在，頓教雙鬢忽成絲。」又「妙高臺上好風光，值得東坡醉一場。解唱幾時明月有，元郎本是舊袁郎。」「水西秋景未凋殘，送客留情坐夜闌。惱亂好花紅著眼，不教攀折只教看。」後二首指元郎也。是日，元郎度曲，毛郎疊奏，寶意則自吹紫簫以和之。（徐珂：《清稗類鈔》第十一冊《戲劇類》，中華書局，1986 年，第 5062 頁）

編者案：此則又見查爲仁《蓮坡詩話》卷中，字句全同，當係自彼處迻錄者。

【沈遵生不觀劇】沈學善，字遵生，錢塘人。嘗館平湖縣署，適演劇，主人固請出觀，遵生固卻。薄暮獨立牆陰，人詢之，對曰：「靜聽蟋蟀秋吟，差勝笙歌盈耳也。」（徐珂：《清稗類鈔》第十一冊《戲劇類》，中華書局，1986 年，第 5062～5063 頁）

【觀劇焚斃多人】廣州酬神演劇，婦女雜遝，列棚以觀，曰看臺，又曰子臺。市廛無賴，混跡其間，斜睨竊探，恣意品評，以爲笑樂，甚有攫取釵釧者。道光乙巳四月二十日，城中九曜坊演劇，設臺於學政署前，席棚鱗次。一子臺中人以吸水煙遺火，遂爾燎原，致焚斃男女一千四百餘人。

是日也，西關有王姓者，家小康，翁媼夙忠厚，僅一子，已授室矣。忽告翁媼，欲入城觀劇，囑其婦某氏爲之櫛髮，婦於辮頂分四縷辮焉。甫出門，遇友約往佛山鎮置貨，初猶以他故辭，不欲往，強之，乃偕行。比災作，則是子已在佛山鎮，而翁媼不知也，聞戲場火發，亟率婦往視，則烈焰燼餘，有屍似其子者，哭而殮之，招靈設魂於家。其婦自往視，至畢葬，竟不哭。翁媼皆惡，呵之，謂其無夫妻情。婦第順受，不與辨。未幾，其子與友自佛山歸，翁媼愕然，稱其婦智，因詰其何以確知非夫也。婦言，當日繫四縷辮髮，諦審灰燼，髮痕乃三縷，故不敢哭。然究不知夫之所往，疑慮莫釋，晨夕淚痕浸漬枕蓆間，亦不敢言耳。

是夕之火，起於看臺，而被焚之慘，則由於攤館。蓋署前多奸蠹，包庇

聚賭，吏莫能詰。時適有南海縣文武約會查拿，事機不密，爲若輩所覺，預將東轅門扄之。火發時，眾皆由西轅門走避，擁擠踐踏而斃者，可二三百人。居中被焚之屍，有挺立不仆者，有似油炸蝦者，有爲灰燼堆垛不成人形者，約千餘。其逃出之人，有燒去半頭半臂者，有燒去一手一足者，近或至家，遠僅至中途，又約斃百餘人。使當時東轅門不閉，則南出書坊街，東出九曜坊，所全活者當不尠也。

是日，男女闖入學政儀門，由考舍越牆逃避者，尙千餘人。更奇者，番禺長塘街有寡婦某氏，夫死無子，撫六歲幼女，守志甚苦。是日，此女隨其嬸母觀劇，其嬸母已燒斃，某氏度其女亦及於難也，二十一日晨，備小匣，往收其屍。屢尋不見，忽聞其女呻吟聲，出自數重屍下，大駭，倩人將屍逐一移去，則其女尙有一息，僅燒去半邊丫髻。負而歸，詰之，則言當時不知火發，僅似睡熟夢魘者然，而動不由己，弗能轉身，故醒而號呼耳。（徐珂：《清稗類鈔》第十一冊《戲劇類》，中華書局，1986 年，第 5063～5064 頁）

【李長壽觀劇】李長壽，粵寇之投誠者也，雄於資。嘗遊滬，至丹桂戲園觀劇，至則據廳事而獨坐，誡案目，禁他人入座，惟召妓侍觀，環侍左右，顧盼自豪。（徐珂：《清稗類鈔》第十一冊《戲劇類》，中華書局，1986 年，第 5064 頁）

【恭王嗜崑劇】恭親王溥偉喜觀崑劇，能自唱，其左右亦能和之。每遇小飲微醺，輒歌舞間作，偶倦，即令左右賡續以爲樂，曲罷，恆賜以酒。又嘗召伶演武劇，忽顧左右曰：「若曹亦可與之廝打。」眾不諳武藝，莫敢應，則力促之，謂當賞白金。時孫菊僊在側，起而言曰：「君等宜努力，王爺固有人各一錁之賞，或且可得膏藥一張也。」王頓悟，令止之。（徐珂：《清稗類鈔》第十一冊《戲劇類》，中華書局，1986 年，第 5064～5065 頁）

【楊文敬好觀劇】楊文敬公士驤勤於爲政，偶亦觀劇，聞譚鑫培至津，一日，與某鹽商言，欲得譚入署演劇。往請之，不可曰：「吾來津，以遊故，安暇屑屑爲此！」固哀之，猶不可，某乃求與譚友善者更往，譬說萬端，並許以千金，乃允，然僅一齣而止。楊大悅，賞數百金。是日譚所得有一千數百金之多。（徐珂：《清稗類鈔》第十一冊《戲劇類》，中華書局，1986 年，第 5065 頁）

【京師婦女觀劇】道光時，京師戲園演劇，婦女皆可往觀，惟須在樓上耳。某御史巡視中城，謂有傷風化，疏請嚴禁，旋奉嚴旨禁止。而世族豪門，仍不斂跡，園門雖揭文告，仍熟視無睹也。某憤甚，思有以創之。一日，赴園，坐樓梯旁，遣役登樓宣言，謂奉旨明禁婦女觀劇，宅眷自諳禁令，來此者必爲妓女，今召爾等下樓，候點名。宅眷不聽，某又使人傳諭曰：「果爲宅眷者，則弁髦聖旨之罪，當更加等，速言夫家、母家姓名、官職聽參。」諸人大懼，圖竄，乃勒令各具不再觀劇甘結，事乃寢。

京師戲園向無女座，婦女欲聽戲者，必探得堂會時，另搭女桌，始可一往，然在潔身自好者，尚裹足不前也。

光緒庚子，兩宮西巡後，京師南城各處，歌舞太平如故也。辛丑和議成，巨室眷屬悉乘未回鑾前，相率觀劇，粉白黛綠，座爲之滿。迨薄暮車歸，輒爲洋兵所嬲，受辱者不可以數計。有一婦道出某處，爲守門德國兵所止，驅之下車。婦既下，忽一德兵遽牽其腕而調之，婦大怒，以手舉車凳擊德兵，德兵受傷卻退，婦乃乘間登車，急揚鞭馳去。然自光緒季年以至宣統，婦女之入園觀劇，已相習成風矣。（徐珂：《清稗類鈔》第十一冊《戲劇類》，中華書局，1986 年，第 5065～5066 頁）

【河南婦女觀劇】咸豐時，張觀準夙以道學自名，嘗官河南知府，甫下車，即禁止婦女入廟觀劇。雖畏法暫戢，而皆移之城外四郭之祠廟，每演劇，婦女輒空巷往觀。一日，西郭某廟又演劇，張微服往，攜胡床，坐廟門外，命役守後門，男子悉驅出，乃令役宣言曰：「官謂若輩遊廟，必愛僧徒，將命一僧背負一婦出。」於是眾乃相持而泣。郡紳聞之，急詣張，爲之緩頰，自是窮鄉小市，婦女且不敢入廟矣。（徐珂：《清稗類鈔》第十一冊《戲劇類》，中華書局，1986 年，第 5066 頁）

【京師雜劇】京師戲劇之外，有托偶讀作吼。、影戲、八角歌、什不閒、子弟書、雜要把式、像聲、大鼓、評書之類。托偶，即傀儡子，又名大臺宮戲。影戲，借燈取影，哀怨異常，老嫗聽之，率能下淚。八角歌，有青衣數輩，或弄絃索，或歌唱打諢，頗足解頤。什不閒，有旦有丑而無生，所唱歌詞，別有腔調，低佪宛轉，冶蕩不堪。咸、同以前頗重之。（徐珂：《清稗類鈔》第十一冊《戲劇類》，中華書局，1986 年，第 5066 頁）

編者案：此則又見富察敦崇《燕京歲時記》「封臺」條，或係自彼處迻錄者。字句略異，《歲時記》曰「八角鼓」，此曰「八角歌」。

【秧歌戲】秧歌，南北皆有之，一名鸚哥戲，詞甚鄙俚，備極淫褻，一唱百和，無絲竹金鼓之節。孝欽后自光緒辛丑西巡返蹕，衰老倦勤，惟求旦夕之安，寵監李蓮英探孝欽意，思所以娛之，於觀劇外，輒傳一切雜劇進內搬演。慈意果大悅，尤喜秧歌，纏頭之賞，輒費千金。遂至一時風靡，近畿遊民，輒習秧歌，爭奇鬥異，冀以傳播禁中，得備傳召，出入大內，藉勢招搖，而梯榮罔利者坐是比比矣。（徐珂：《清稗類鈔》第十一冊《戲劇類》，中華書局，1986 年，第 5067 頁）

【太平鼓戲】京師有太平鼓之戲，鐵條為廓，蒙以皮，有長柄，柄末綴鐵環十數，且擊且搖，環聲與鼓聲相應。其小者，如盌如鏡，為孩提玩物，更有大如十石甕者。群不逞聚而擊諸市，所至鼓聲、環聲、喧笑聲、鬧鬧聲，耳為之震。道光時，有結為太平鼓會者，聚百數十人，著人羊皮袍，遇粲者，則群以袍圍之，裹而奔。婦女號，則眾鼓齊鳴，市人無聞者，遠近失婦女無數。抵暮，則挾至城根無人處，迭淫焉，往往至死。其幸生還者，又畏羞不敢告人。御史某知其害，奏禁之，復拘為首者數人，斬以徇，而太平鼓之風遂息。（徐珂：《清稗類鈔》第十一冊《戲劇類》，中華書局，1986 年，第 5067 頁）

【打花鼓戲】打花鼓，本崑戲中之雜齣，以時考之，當出於雍、乾之際。蓋泗州既沉，治水者全力注重高家堰，而淮患悉在上流，鳳、潁水災，於茲為烈。是劇以市井猥褻之談，狀家室流離之苦，殆猶有風人之旨焉。歌中有曰：「自從出了朱皇帝，十年倒有九年荒。」

嘉、道間，江、浙始有花鼓戲，傳未三十年，而變遷者屢，始以男，繼以女；始以日，繼以夜；始於鄉野，繼於鎮市；始盛於村俗農畦，繼沿於紈袴子弟矣。

同、光間，上海城中西園之隙地，有花鼓戲，演者集三四人，男擊鑼，婦打兩頭鼓，和以胡琴、篗板，所唱皆穢詞褻談，賓白亦用土語，取其易曉。觀劇啜茗之餘，日斜人稀之候，結伴往聽者時有之。（徐珂：《清稗類鈔》第十一冊《戲劇類》，中華書局，1986 年，第 5067～5068 頁）

【陳桐香演花鼓戲】陳桐香，字璧月，行三，浙之餘姚人。含睇宜笑，雙趺至纖，工演花鼓戲。浙東瀕海各縣，厥風甚盛。時值棉花已採，以戲進者日集。桐香往來吳越間，所識多豪門右族、貴戚公子。或買舟向村落居人，斂錢演劇。士女如雲，負販駢集。陸博蹴球之徒，以及遊手無常業者，且往往藉之以食。

桐香少傾心於梁溪某公子，有終焉之志。將之邗江，公子填詞贈別云：「阿娘知道嫁東風，挈兒也作飄零絮。」嘗與唐小憐至蘇州。小憐名愛，腰支瘦削，眉黛間蘊可憐之色，時稱為兩璧人，相邀者益無虛日。一日，在吳某家獻技，燈樹百枝，氈毹六尺，雙花掩映，紙醉金迷，及賓散，漏下已四鼓矣。

（徐珂：《清稗類鈔》第十一冊《戲劇類》，中華書局，1986 年，第 5068 頁）

【洋戲】西伶之來華演戲也，道光朝已有之，當時呼為洋戲，錢塘陳芰裳編修元鼎嘗於觀後而為《洋戲行》焉。詩曰：「鏗鈞韃韃張樂庭，兜離俶詭觀海經。廣場大開郊之坰，覆以氈幄通以扃。霞標高欲凌蒼冥，星火錯落光青熒。三層圍坐儼列屏，凹睛凸鼻皆殊形。東邊拍鼓西坎鈴，繁響奚止鳴玲玎。驪黃騮駱何駉駉，捷於激電流於星。有美人兮來亭亭，桃花馬上螺鬟青。一隊兩隊行伶竮，千態萬態同娉婷。纖手亂散天花零，逆鼻似有優曇馨。含睇宜笑誰尹邢，絕藝直可驕吳伶。一童宛宛猶髫齡，倒投跟掛惟所令。如猱升木鳥插翎，注視不覺心憬惺。葡萄美酒催薦醽，方言蠻舌爭瓏玲。彼都士女笑且聆，我輩但能以目聽。赤熛一怒聲震霆，綠煙朱燼紛揚靈。魚龍曼衍浮滄溟，隱隱猶帶波濤腥。龜茲法部陳唐廷，華鬘菩薩娥貓婗。方今干羽舞未停，是豈向化來觀型。玉樓十二春夢醒，崑崙歌舞空甲丁。記得「丁歌甲舞，曾醉崑崙」，京師某戲園中之楹語也。雲愁海思迷晦冥，西方試與歌榛苓。」

（徐珂：《清稗類鈔》第十一冊《戲劇類》，中華書局，1986 年，第 5068～5069 頁）

【上海有外國戲園】上海有外國戲園，華人亦有往觀者。而西人演戲，於唱歌、跳舞甚為注意，且男演男戲，女演女戲，如公共租界圓明園路之蘭佃姆，南京路之謀得利是也。禮查路之禮查客寓亦有戲場，惟不常演耳。當演戲時，觀者不得吸煙、食物，必俟休息時入一別室，始可為之。（徐珂：《清稗類鈔》第十一冊《戲劇類》，中華書局，1986 年，第 5069 頁）

【頑把戲】江湖賣技之人，如弄猴、舞刀及搬演一切者，謂之曰頑把戲，

本元時語也。演時，恆以鑼一、大鼓一，更迭或同時奏之。（徐珂：《清稗類鈔》第十一冊《戲劇類》，中華書局，1986 年，第 5069～5070 頁）

【文武戲法】文武戲法，多京、津人爲之。家有堂會，即喜壽慶賀等事。可招之來演試，其技有巧耍花罐、頭頂大缸、飛盆飛碗、燈下火彩、幼童技藝、化學奇術等。光、宣間，上海亦有之，而技手仍京、津人。（徐珂：《清稗類鈔》第十一冊《戲劇類》，中華書局，1986 年，第 5070 頁）

【瓦納演幻術】同治甲戌四月初一夜，上海圓明園路西人戲園演戲法，蓋英術師瓦納所奏之技也。演術八次，出神入化。繼有影戲。是夕八時半，門啓，園圓如織，位置獨別，燃火於樓岑，使光倒映，凡一百七十點，如蓮房然。戲臺障以絳簾。九時樂作，拽簾臺現。臺上陳設精雅，中懸一架如八卦圖，黏紙牌長闊二寸許。術人出，與客爲禮，以指彈之，如飛絮落花，隨風飄墮。手牌盈掬，奉客抽取六具，摺置手鎗中，扳動鎗機，振地一聲，而紙牌仍貼於架，不倚不偏。座客手之舞之，足之蹈之，撫掌笑聲，振聾人耳。一套既終，臺上設花梨桌二具，出瓶一杯一，傾酒飲客，隨各置桌中，覆以皮筒，中空無物。術人喃喃有詞，揭筒，則杯瓶已易位，覆筒逾刻，還原矣。又出一鳥籠，中蓄白燕三，先懸臺上，易置玻璃盒中，玻璃四面澄徹，中空可鑒，巾裹其盒，扳鎗一響，而白燕數翼，依然飲啄籠中，其來無方。所演各技，均不借助於寸巾尺袱以爲遮掩，惟此則以巾裹玻璃盒與鳥籠，外亦用巾幅略一遮蓋耳。又借客之手巾、約指，以炫其奇。約指則倩客閉置於盒，琅琅有聲，手巾則紅、白二幅，各窬一孔，如眼睛然。略一指揮，則紅白互補，形如滿月，又如較射之鵠，頃刻還原，略無補綴痕。約指既置盒中，搖之作響，託置臺上，振地一響，而約指懸於臺上之花樹中。約指由客縛以碎綾以爲記認，其變幻不可思議，其出沒尤不可以楮墨形容。有盒一，內扁而外方，盒內表形，倩客鎖閉，臺供一器，形不類表，而鐘數宛然，使針旋轉，如臺上之針一點，則盒內亦然，屢演不差累黍。最後，取客一高冠，中空無有，手納冠中，出皮一、衣一、巾一、袴一、小洋傘兩擎，又皮盒長五寸，橫闊約三寸，層出不窮，至十二具，堆置於桌。使復納入，則一盒幾不能容。又向冠中取紙裹糖饋客，由十數枚至二十枚，每冠一轉，則糖隨手出，後至百數十枚，源源不絕，饋客幾遍。將冠反置臺中，人坐於傍，忽聲自冠出，如鎗響然，冠爲之穿。術人踏火使熄，冠扁，術人作愧報狀，摺冠置一鉛管

中，管圓而長，形如犀角。忽又一聲，鎗發管中，而原冠掛於梁。梁高不可攀，再響一鎗，而冠落地，固完好也，因舉以還客。每演一術，座客皆興高釆烈，拍掌不已。至是演止，臺復障以絳簾。逾刻樂作，燈光盡熄，則演影戲矣。（徐珂：《清稗類鈔》第十一冊《戲劇類》，中華書局，1986 年，第 5070～5071 頁）

【湯姆演幻術】光緒某歲，上海圓明園路之西洋戲園，有西人湯姆演幻術。華人有往觀者，則見其呼七八歲之童子上場，使立其旁，己則左手持一黑帽，帽藏雞卵十餘枚，則覆以黑絨布，以右手取一蛋，置童唇邊，然後令童以手接之，如是者十餘次乃已。十餘枚雞卵既皆置童手中，乃令其僕以物來，盛之以去，遂遣童子下。觀者則見西人由童口中，取出雞卵，乃知必有機器使人不之見。未幾，見觀劇者後，有一機器，似照影戲者，有綠色光，自小孔中射出，殆即以是光遮人之眼歟？（徐珂：《清稗類鈔》第十一冊《戲劇類》，中華書局，1986 年，第 5071～5072 頁）

【桶戲之幻術】康熙時，有作桶戲於山東淄川之市者。桶可容升，無底而中空，術人以二席置於街，持一升入桶，旋出，即有白米滿升，傾注席上。又取，又傾，頃刻兩席皆滿，然後一一量入，畢而舉之，猶空桶也。（徐珂：《清稗類鈔》第十一冊《戲劇類》，中華書局，1986 年，第 5072 頁）

【偷桃之幻術】淄川蒲留僊嘗於童時赴郡，值立春。舊例先一日，各行商賈以彩樓鼓吹赴藩司，曰演春，留僊往觀之。是日，觀者如堵，堂上四官皆赤衣，東西相向坐。留僊時方稚，不解其何官，但聞人語嘈嘈，鼓吹聒耳。忽有一人率披髮童荷擔而上，似有所白，萬聲洶動，亦不聞爲何語，但聞堂上作笑聲，即有青衣人大聲命作劇。其人應命方興，問作何劇。堂上相顧數語，吏下，宣問所長，答言能顛倒生物，吏以白官。少頃，復下，命取桃子。術人諾，解衣覆笥，故作怨狀，曰：「官長殊不了了，堅冰未解，安所得桃？不取，又恐爲南面者所怒，奈何？」其子曰：「父已諾之，又焉辭？」術人惆悵良久，乃云：「我籌之爛熟，春初雪積，人間何處可覓，惟王母園中，四時常不凋謝，或有之，必竊之天上乃可。」子曰：「嘻，天可階而升乎？」曰：「有術在。」乃啓笥，出繩一團，約數十丈，理其端，望空中擲去，繩懸墜空際，若有物以挂之者。未逾時，繩愈高，渺入雲中，手中繩亦盡，乃呼子曰：「兒來，余老憊，體重拙，不能行，得汝一往。」遂以繩授子，曰：「持

此可登。」子受繩，有難色，怨曰：「阿翁亦大憒憒，如此一線之繩，欲我附之以登萬仞之高天，倘中道斷絕，骸骨何存矣！」父又強喝迫之曰：「我已失口，悔無及，煩兒一行。兒勿苦，倘竊之以來，必有百金賞，當爲兒娶美婦。」子乃持索盤旋而上，手移足隨，如蛛趁絲，漸入雲霄，不可復見。久之，墜一桃，如盌大。術人喜，持獻公堂。堂上傳視良久，亦不知其眞僞。忽而繩落地上，術人驚曰：「殆矣！上有人斷吾繩，兒將焉託？」移時，一物墮，視之，其子首也，捧而泣曰：「是必偷桃爲監者所覺，吾兒休矣。」又移時，一足落。無何，肢體紛墮，無復存者。術人大悲，一一拾置笥中而闔之，曰：「老夫止此一兒，日從我南北遊，今承嚴命，不意罹此奇慘，當負去瘞之。」乃升堂而跪，曰：「爲桃故，殺吾子矣。如憐小人而助之葬，當結草以圖報耳。」坐客駭詫，各有賜金。術人受而纏諸腰，乃扣笥而呼曰：「八八兒，不出謝賞，將何待？」忽一蓬頭僮，首抵笥蓋而出，望北稽首，則其子也。（徐珂：《清稗類鈔》第十一冊《戲劇類》，中華書局，1986 年，第 5072～5073 頁）

　　【斬人之幻術】幻術之奇者，能以人斬爲數塊，合而復生。有一人攜一幼童，立於中央，手持一刀，令童伸二臂，皆斬之，既復斬其二足二腿及頭，流血如注，一一置之罈中，封其口。須臾破罈，則童已復活，手足仍完備，從容而出。（徐珂：《清稗類鈔》第十一冊《戲劇類》，中華書局，1986 年，第 5073 頁）

　　【庖人善撮僊法】嘉定葛存怨嘗館滬上沈某家，有庖人善撮僊法之技。當暑夜乘涼時，小主人令其奏技，即於桌鋪紅氈，口中喃喃，俄見氈下有水三四碗在焉，並可撮盆果碗菜，食之無異。惟先須與錢數十文，然後可取，否則一撮不靈矣。葛初不信，其人曰：「今有鹽一盆，請置先生房中，僕在此，先生從觀之可也。」葛扣門而出，及入門，鹽宛然在焉，亦不解其何自來也。

（徐珂：《清稗類鈔》第十一冊《戲劇類》，中華書局，1986 年，第 5074 頁）

　　【老人幼女試幻術】廣州沈又村家，中秋日，忽有老人來，攜幼女一，布囊一，自云瓊州人，攜眷返里，遇海風覆舟，妻子俱歿，僅與幼女免，今飄泊難歸，乞少助川資，俾老弱得歸故里。閽者斥之，老人不服，遂爭辯，喧聲達內室。又村出而問故，老人前自陳白，且云善種種新奇戲術。又村乃命於廳事試演之，且曰：「果佳，當重犒也。」老人乃張布囊，出紅巾二，石塊二，又出小鋤，掘地深尺許，將石塊分埋其中，取一紅巾覆其上，旋以清

水灌溉之，俄見土起，石芽生焉。老人灌溉愈勤，芽亦猛長，漸分枝節，穿巾而出。已而益高，枝葉並茂，庭中竟生雙玉樹矣。所覆紅巾，自發芽時已裂為碎錦，絓石枝而上，變為紅花。俄花落，片片皆紅玉，老人拾之，徧送沈之家人。家人各給以錢，老人稱謝。視樹上，已結實矣，碧圓瑩滑，非李非奈，不知何果。老人乃於囊中取竹筐一，命女猱升其上，摘果盛其中，贈眾人，眾又各給以錢。老人遂以竹筐擊樹三，樹忽暴縮，漸入土中，了無痕跡。出花果視之，還成布屑石子矣。

老人至是而言曰：「尚有薄技，敢盡獻之。」乃出一朱漆盤，上書「聚寶盆」三字，令家人投物其中，云一可得百。又村夫人戲以金簪投之，老人持向西，三搖之，果然金簪滿矣。送至夫人前，視之，皆與眞者無少異，竟不辨何者為己物，乃盡藏之，給錢五千。老人叩謝，荷囊而去。逾時，夫人出簪視之，悉蘆梗，而眞者亦烏有矣。使人追之，已不知所往。（徐珂：《清稗類鈔》第十一冊《戲劇類》，中華書局，1986 年，第 5074～5075 頁）

【番僧奇術】康熙時，釋體空在青州，見二番僧，其貌奇古，耳綴雙環，被黃布，鬚髮鬈如，自言從西域來，聞太守重佛，謁之。太守遣二隸送詣叢林，和尚靈彎不甚禮之。執事者見其狀異，私款之，止宿焉。或問：「西域多異人，羅漢得無有奇術否？」其一囅然笑，出手於袖，掌中托小塔，高裁盈尺，玲瓏可愛。壁上最高處，有小龕，僧擲塔其中，矗然端立，無少偏倚。視塔上，有舍利放光，照耀一室。少間，以手招之，仍落掌中。其一僧乃袒臂，伸左肱，長可六七尺，而右肱縮無有矣。轉伸右肱，亦如左狀。（徐珂：《清稗類鈔》第十一冊《戲劇類》，中華書局，1986 年，第 5075 頁）

【以食器試幻術】有富家子招一術士至家，術士置杯酒於案，舉掌拍之，杯陷入案中，口與案平，捫案下，不見杯底。少選取出，案如故。又舉魚膾一巨碗，擲之空中不見。令取回，則曰：「不能。在書室畫廚夾扆中，自取可耳。」時以賓從雜遝，書室多古器，已嚴扃，且夾扆高僅二寸，碗高三四寸許，斷不可入，疑其妄。姑呼鑰啓視，則碗置於案，所貯為佛手五，原貯佛手之盤乃易為魚膾，藏夾扆中矣。（徐珂：《清稗類鈔》第十一冊《戲劇類》，中華書局，1986 年，第 5075～5076 頁）

【以刀試幻術】徽州程某家，一日忽來衣服襤褸者三人，各手一刀，

至院，乃以刀柄納入土中，刀尖向上。一人袒腹向下一躍，插刀尖上，又一人立其背上，竭力蹬之，刀遂由背穿出，血流如注。忽立起，拔刀，則腹間已無絲毫之傷，而血跡亦隨之不見。又一人以小刀納口中，未幾，穿頭頂而出，既出，而頭亦宛然毫無傷痕，口喃喃作乞憐語。家人逐之，不去。已而一老僕王某至，乃向三人以手作勢曰：「爾等豈不識此耶？」三人色變，默然去。蓋以刀插腹等術，爲障眼法，老僕知其暗號，故作是勢，以使之去也。（徐珂：《清稗類鈔》第十一冊《戲劇類》，中華書局，1986 年，第 5076 頁）

【奮身穿圓隙】韓漣，字石塘，嘉、道間之錢塘諸生也。某歲孟春，登吳山，見有以竹筐試幻術者。竹筐八棱，每棱向內置利刃，中有圓隙僅尺許，置案上，以兩人扶立之，一人袒裼奮身穿圓隙而過者三，觀者危慄，而其人遊行自若也。（徐珂：《清稗類鈔》第十一冊《戲劇類》，中華書局，1986 年，第 5076 頁）

【口技】口技爲百戲之一種，或謂之曰口戲，能同時爲各種音響或數人聲口，及鳥獸叫喚，以悅座客。俗謂之隔壁戲，又曰肖聲，曰相聲，曰象聲，曰像聲。蓋以八僊桌橫擺，圍以布幔，一人藏於中，惟有扇子一把，木板一塊，聞者初不料爲一人所作也。（徐珂：《清稗類鈔》第十一冊《戲劇類》，中華書局，1986 年，第 5076～5077 頁）

【京師有象聲戲】順治時，京師有爲象聲之戲者，其人以尺木來，隔屏聽之，一音乍發，眾響漸臻。時方開市，則廛主啓門，估人評物，街巷談議，牙儈喧呶，至墟散而息。或爲行圍，則軍帥號召，校卒傳呼，弓鳴馬嘶，鳥啼獸嘯，至獵罷而止。自一聲、兩聲以及千百聲，喧豗雜沓，四座神搖。忽聞尺木拍案，空堂寂如，展屏視之，一人一几而已。（徐珂：《清稗類鈔》第十一冊《戲劇類》，中華書局，1986 年，第 5077 頁）

【郭貓兒善口技】揚州有郭貓兒者，善口技。嘗於席右設圍屏，不置燈燭，郭坐屏後。主客靜聽，久之無聲。俄聞二人途中相遇，揖敘寒喧，其聲一老一少，老者拉少者至家飲酒，投瓊藏鉤，備極款洽。少者以醉辭，老者復力勸數甌，遂踉蹌出門，彼此謝別，主人閉門。少者履聲蹣跚，約可二里許，醉仆於途。忽有一人過而蹴之，扶起，乃其相識者也，遂掖之至家。而街柵已閉，呼司柵者。一犬迎吠，頃之，數犬皆吠，又頃益多，犬之老者、

小者、遠者、近者、哮者同聲而吠，一一可辨。司柵者出啓柵。無何，至醉者之家，則又誤叩江西人之門，驚起，知其誤也，則作江西鄉音以詈之，群犬又數吠。比至，則其妻應聲出，送者鄭重而別。妻扶之登床，醉者索茶，妻烹茶至，則已大鼾，鼻息如雷矣。妻詈其夫，喞喞不休。頃之，妻亦熟寢，兩人鼾聲如出一口。忽聞夜半牛鳴矣。夫起大吐，呼妻索茶作囈語，夫復睡，妻起便旋納履，則夫已吐穢其中，妻怒罵久之，遂易履而起。此時群雞亂鳴，其聲之種種各別，亦如犬吠也。少選，其父來，呼其子曰：「天將明，可以宰豬矣。」始知其爲屠門也。其子起，至豬圈飼豬，則聞群豬爭食聲，噬食聲，其父燒湯聲，進火傾水聲。其子遂縛一豬，豬被縛聲，磨刀聲，殺豬聲，豬被殺聲，出血聲，燖剝聲，歷歷不爽也。父謂子曰：「天已明，可賣矣。」少選，聞肉上案聲，即聞有買賣數錢聲，有買豬首者，有買腹臟者，有買肉者。正在紛紛爭鬧間，拲然一聲，四座俱寂。（徐珂：《清稗類鈔》第十一冊《戲劇類》，中華書局，1986年，第5077～5078頁）

　　編者案：此則又見鄭澍若《虞初續志》卷七所收東軒主人《口技記》，字句略異，當係自彼處迻錄者。

【口技演夫婦度歲事】有習口技者，攜一扇一尺，入空屋中，始爲夫婦談度歲事，喃喃細語。繼而夫持錢如市，與店夥論價低昂，較斤兩。歸而叩門，喚婦烹飪，一一作交代。若洗竈，若汲水，若燃火，若盛物，若擺桌祭祀。俄而有索債人來，先甘言乞緩期，而索店賬者，收會資者，借當物者，或男或女，喧擠一室。初則辯論，漸至口角，終且鬥毆。其中有擊桌聲，碎碗聲，狗吠聲，小兒啼哭聲，鄰人勸解聲，門外爆竹聲，聲聲各肖，不可端倪。眾方傾耳凝聽，而尺木一聲，萬響俱寂。（徐珂：《清稗類鈔》第十一冊《戲劇類》，中華書局，1986年，第5078頁）

【賣口技者要客肅聽】有賣口技者，佚其姓氏，衣敗絮，履脫底，嘗手持撫夫往來於松江。松江某紳宴會無所樂，客請以口技進，紳欣然。則默默無對，木立於旁。紳仰首笑曰：「客能乎？」曰：「能也。」曰：「客何能？」曰：「無能也。」紳一笑置之，命盡奏其所能。賣技者乃揖眾客曰：「吾技雖賤，然不凝神肅聽，則請毋奏之爲愈也。」一座諾之。賣技者趨入幃，撫夫一下，闔室寂然。忽聞巨獅出谷聲，哀啼病呼聲，村下群犬驚惶聲，獅默然喘息聲，犬奔走亂吠聲，獅驚吼聲，逃遁聲，犬奮追聲，村人旁觀鳴掌呼笑

聲。至此又撫一夬，則諸聲寂然，賣技者啓幃出矣。（徐珂：《清稗類鈔》第十
一冊《戲劇類》，中華書局，1986 年，第 5079 頁）

【周德新善口技】周德新為長洲褚人穫之師，善口技。嘗於屏後演兵
操，自撫軍初下教場放礮，至比試武藝，殺倭獻俘，放礮起身，各人聲音無
不酷肖。（徐珂：《清稗類鈔》第十一冊《戲劇類》，中華書局，1986 年，第 5079 頁）

【陸瑞白能口戲】陸瑞白能口戲，善作釘碗聲及群豬奪食聲，又善作
僧道水陸道場鈸聲，且有大鐃、小鐃，雜以鑼鼓，無不合節。（徐珂：《清稗類
鈔》第十一冊《戲劇類》，中華書局，1986 年，第 5079 頁）

【陳金方善口技】凡燕、趙、吳、越、楚、粵各地之語言，善口技者皆
能之。宣統辛亥上巳，金奇中僑滬，曾招一口操江陰語曰陳金方者，至寓廬演
之。演時，俄而為馬嘶，俄而為牛鳴，俄而為羊叫，俄而為犬吠，俄而為豕啼，
而禽鳥昆蟲之聲，時亦雜出於其間，且人類之喜怒哀樂，畢集於是。及撤幃，
則其人出矣。金方言在滬業此者，有十六人，知其姓名者，為天津魏老二、周
福保，濟南斗金標，兗州陳老二、陳老三，揚州吳小弟、徐老鳳，杭州方壽山。
（徐珂：《清稗類鈔》第十一冊《戲劇類》，中華書局，1986 年，第 5080 頁）

【畫眉楊】京師有楊姓善作口技者，能為百鳥音，其效畫眉也，尤酷似，
人皆以畫眉楊呼之。禮親王嘗聞其作鸚鵡呼茶聲，宛如嬌女窺窗，又聞其作
鸞鳳翱翔，戛戛和鳴，如聞在天際者。至於午夜寒雞，孤梟蟋蟀，亦無不酷
似。一日作黃鳥聲，如睍睆於綠樹濃陰中，韓孝廉崧觸其思鄉之感，因之泣
下。（徐珂：《清稗類鈔》第十一冊《戲劇類》，中華書局，1986 年，第 5080 頁）

【百鳥張】光緒庚寅五月，嘉善夏曉巖寓京師，招集同人至十刹海，作
文酒之會。其地多樹，為百鳥所翔集，座客方聞鳥聲而樂之。酒半，有善口
戲者前席，言願奏薄技，許之。則立於窗外，效鳥鳴，雌雄大小之聲無不肖，
與樹間之鳥相應答。及畢，詢其姓名，則曰：「姓張，人以我能作百鳥之聲，
皆呼曰百鳥張。」（徐珂：《清稗類鈔》第十一冊《戲劇類》，中華書局，1986 年，第
5080～5081 頁）

【山右客善煙戲】煙戲，以吸旱煙之煙為之也。乾、嘉間，吳林塘廣文
在京，其同年為設五旬壽宴。吳居太平會館，賀客盈門，至暮，設筵，幾三

百座。時紀孝廉汝佶年最稚，而興最豪。有阿其尊人文達公善諧謔者，且以難孝廉。孝廉談笑風生，一座捧腹。由是滿浮大白，請同座各獻所能，以爲林塘壽。

時有山右客某擅煙戲之術，本售技於燕、趙間，特挺身自薦，命其僕以煙筒進。其筒長徑尺，而口特宏大，能容四兩有餘，蓺火吸之，且吸且噓，若不見其煙之出入者。少頃，索苦茗一盞，飲訖，即張口出煙一團，倏化爲二鶴，盤旋空際，約數十往返。俄聞喉間有聲，惟水雲一庭而已。細視雲鱗中，皆寸許小鶴，漸舞漸大，漸離漸合，又漸聚爲二鶴。未幾，客手一招，鶴入其口而滅。眾復請之，客張口出朵雲，中有層樓峭閣，大如指尖，然朱闌碧檻，隱約可見。末復於雲山縹緲間，現出「海屋添籌」四字，稍稍化去。眾意猶未愜，尚有後請，客訂以明日。至明日，則室邇人遠矣。或問客爲何如人，吳懵然，疑賀友所邀者，殆亦雲遊中之奇人也。（徐珂：《清稗類鈔》第十一冊《戲劇類》，中華書局，1986 年，第 5081 頁）

【癯叟善煙戲】 劉文恭公生辰，有巨公薦一術者，云善煙戲，呼至，一癯叟也。出煙管尺許，煙斗大逾盎盂，盛煙令滿，吸一時許，徐起，登高几，吐之，水波浩淼，雲霧瀰漫。俄而樓閣重重，森立水面，乘鸞跨鹿者紛集，一鶴銜籌，翔舞空際，爲海屋添籌之戲。吐畢下几，煙凝結半日始散。（徐珂：《清稗類鈔》第十一冊《戲劇類》，中華書局，1986 年，第 5081～5082 頁）

【僧善煙戲】 道光季年，嘉興市上至一僧，向煙肆募煙，出其煙具，略同於術人所吸者。吸畢，徐徐吐出，盤旋空際，歷時乃散。旁有一漕艘旗丁，方吸煙，俟其畢，笑語僧曰：「吾少亦習此。」即吐圈無數，連吸連吐，箇箇皆圓，徐出濃煙一縷，直穿圈中，纍纍相屬，如青蚨之在貫也。（徐珂：《清稗類鈔》第十一冊《戲劇類》，中華書局，1986 年，第 5082 頁）

【手技】 手技之種類不一，有能拄物於鼻者，每入市，隨手舉物，如桌椅，則仰承其足，如刀斧，則豎置以柄。尤奇者，取一秤，繫錘於顛，而植其末於鼻。又取稻草，摘取其末尺許，揉之極熟，而又捋之使直，縛二十錢於杪，而以其末豎置鼻尖，皆橫出於外，不失墜也。（徐珂：《清稗類鈔》第十一冊《戲劇類》，中華書局，1986 年，第 5082 頁）

【罐子王弄罐】光緒庚子春正月，京師雜耍館有王某獻技，運酒罐如氣球，其名爲罐子王。家居麻線胡同，身偉露頂，衣短衣。以一大紹興酒罐厚寸許者，置臺上，刮磨光潤，畫以金龍五色雲，以鐵器扣其四周，聲琅琅然，蓋恐人疑其非陶器也。手提而弄之，中錚錚作響，蓋置銅鐵等絲於內也。始則兩手互擲互承，如轆轤轉於兩臂兩肩及背，繼則或作騎馬勢，而擲罐出跨上，摩背躍過頂，承以額，硠然有聲，人咸慮其腦裂，而彼恬然也。罐立於額，不以手扶，屢點其首，則罐盤旋轉於額，或正立，或倒立，或豎轉，或橫轉，罐中銅鐵絲聲與罐額相擊撞聲，錚錚硠硠，應絃合節。俄以首努力一點，則罐上擊屋梁，聽其下墜於地，地爲震動，而罐不少損，則又取弄如前。復上出，仍承之以額，而或承罐口之邊，或承罐底之邊，如刀下斫其首，而不知痛。手叉腰，罐歙附於額，繞場行數十周，且揖且跽，且稽首，且起立，且下臥，且轉輾反側，而罐如有所繫，雖作搖搖欲墜狀，而仍不墜也。復努之上及屋，或承以一指，或唧以口，如是者數四往復，則坐而少休，氣不喘，色不變也。乃復運之以一臂，繞臂轉如風輪，見罐不見臂也。繼復運以兩臂，左右齊轉，則如有兩罐分繞兩臂者，而不擊撞，亦仍一罐也。次運以指，亦如之，次則且運且劈之，聞空中作裂瓦破甌聲，視罐，忽若左右分作兩半者，忽若上下分作兩截者，忽張手揸罐腹而擎之，若罐有柄者，忽握罐口而起，若罐有膠者，誠不可測也。又徑以罐置於頂，而袖其兩手，如束縛。始以頭努罐起，承以肩，左右努之，則左右跳擲。次承以腰，以尻，左右努之，則左右跳擲。次承以膝，亦如之。次承以足背，左右踢之。次承以大指，亦左右踢之。復上出之，而次第下之。繼乃上下飛騰，四面盤辟，不辨其是肩，是背，是腰，是尻，是膝，是足，第見滿身皆罐，滿臺皆罐。始則猶見一人袖手轉側於罐陣中，繼則觀者滿眼皆罐，不復見人，觀者靡不咄咄稱奇。方迷亂間，其人忽欻然仆地，仰臥，罐自屋梁下，擊其鼻。群大驚，而罐且兀立鼻尖。復努立而起，忽倒豎，以兩足捧罐直立，以兩手履地，繞場而行，兩足復分，頂其左右罐，承擲如手弄。良久，忽作虎跳，橫轉如車輪，而罐隨之。忽翻觔斗，起落如蚱蜢躍，而罐亦隨之。復兩足踢罐上擊屋空中，罐與人俱如敗葉轉，罐忽著地，而兀立其上，向眾揖云：「罐子王獻醜。」（徐珂：《清稗類鈔》第十一冊《戲劇類》，中華書局，1986年，第5082～5084頁）

【高蹺】高蹺，雙木續足之戲也。此戲之起頗古，《列子》云「宋有蘭子，以技干宋元君，以雙枝長倍其身，屬其脛，並趨並馳」者是也。後或謂

之長趫，或謂之長蹻，或謂之高撬，或謂之踏蹺，今稱高蹺。蓋以足繫木竿上，跳舞作八僊狀也。（徐珂：《清稗類鈔》第十一冊《戲劇類》，中華書局，1986 年，第 5084 頁）

【蹴踘】蹴踘，遊戲之事。踘，亦作鞠，毛丸也。相傳起於黃帝之時，分左右曹以踢之。陳迦陵檢討其年有《詠美人蹴踘》詞，調寄《拋球樂》，詞云：「聞道凝妝多暇，蟬髩嬌婷，勻面纔了，緶額初竟，纖纖眉嫵，蘸畫縠翠羽低飛，疉香閣紅襟新乳，正好作劇尋歡，小疉魚箋，遍約嬉春女。向煖日紅樓，商量細數，氤氳粉澤，喧闐笑語。算白打鞦韆和格五，總然無意緒。且水晶簾畔，斜穿鞠域，相邀同去。此際綽約輕盈，嬌花百朵，瓊枝一樹。寶釵鬆，羅襪小，爭漾絳綃窮袴。玉醉花欹，吹亂紅巾幾縷。一泓香雪，臨風慢舞，髮髿似滾瓊閨絮。更香球將墜，最憐小玉多能，旁襯凌波微步。漸蹴罷春憨扶髩影，嬌喘渾無語，小換輕容，滿身紅雨。」（徐珂：《清稗類鈔》第十一冊《戲劇類》，中華書局，1986 年，第 5084～5085 頁）

【戲球】臺灣番人以藤絲編製爲球，大如瓜，輕如綿，畫以五彩，每風日清朗，會社眾爲蹴踘之戲。先以手送於空中，眾番各執長竿，以尖托之，落而復起，如弄丸戲彈，以失墜者爲負，罰以酒。（徐珂：《清稗類鈔》第十一冊《戲劇類》，中華書局，1986 年，第 5085 頁）

【足球】足球，與蹴鞠相類，蓋效西法也，宣統時盛行之。其質料爲印度橡皮或塗橡皮膠之帆布，鼓氣令滿，外裏以皮囊，圓徑約八九寸。遊戲時，人分兩組，偕入長三百三十尺闊百六十尺之廣場。場之兩端，各立長十八尺闊六尺之木架爲門，以球能踢入對面之門者爲勝。（徐珂：《清稗類鈔》第十一冊《戲劇類》，中華書局，1986 年，第 5085 頁）

【黃仲則觀虎戲】以虎爲戲，乾隆時已有之，不僅西人有此技也。黃仲則嘗觀之而作詩曰《圈虎行》，詩曰：「都門歲首陳百技，魚龍怪獸罕不備。何物市上遊手兒，役使山君作兒戲。初舁虎圈來廣場，傾城觀者如堵牆。四圍立柵牽虎出，毛拳耳戢氣不揚。先撩虎鬚虎猶帖，以桮卓地虎人立。人呼虎吼聲如雷，牙爪叢中奮身入。虎口呀開大如斗，人轉從容探以手。更脫頭顱抵虎口，以頭飼虎虎不受。虎舌舐人如舐穀，忽按虎脊叱使行，虎便逡巡繞闌走，翻身踞地蹴凍塵。渾身抖開花錦茵，盤回舞勢學胡旋。去。似張虎威實

媚人，少焉仰臥若佯死。投之以肉霍然起，觀者一笑爭釀錢。人既得錢虎搖尾，仍驅入圈負以趨。此間樂亦忘山居，依人虎任人頤使。伴虎人皆虎唾餘，我觀此狀氣消沮。嗟爾斑奴亦何苦，不能決踣爾不智，不能破檻爾不武，此曹一生衣食汝。彼豈有力如中黃，復似梁鴦能喜怒。汝得殘餐究奚補，俔鬼羞顏亦更主。舊山同伴倘相逢，笑爾行藏不如鼠。」（徐珂：《清稗類鈔》第十一冊《戲劇類》，中華書局，1986 年，第 5085～5086 頁）

【馬戲】馬戲，古百戲名，馬舞之屬。《鹽鐵論》云：「馬戲鬥虎。」《三國志・甄皇后傳》注：「后年八歲，外有立騎馬戲者，家人皆上閣視之，后獨不行。」《夢華錄》云：「駕登寶津樓，諸軍呈百戲，蓋先一人空手出馬，謂之引馬。次一人磨旗出馬，謂之開道旗。又一執旗挺立鞍上，謂之立馬。或以身下馬，以手攀鞍而後上，謂之騙馬。騙俗借爲誑騙字，古曰戲馬，《漢書》注稱爲截馬之術，《西河詩話》謂之賣解。或手握定鐙袴，以身從後鞦往來，謂之跳馬。忽以身離鞍，屈右腳掛馬騣，左腳在鐙，右手把騣，謂之獻鞍。」又曰：「棄鬃背坐，或以兩手握鐙袴，以肩著鞍橋，雙腳直上，謂之倒立。忽擲腳著地，倒拖順馬而走，復跳上馬，謂之拖馬。或留左腳著鐙，右腳出鐙離鞍，橫身在鞍一邊，左手捉鞍，右手把鬃，存身直一腳順馬而走，謂之飛僊膊馬。又存身拏出在鞍一邊，謂之鐙裏存身，或右臂挾鞍，足著地順馬而走，謂之趕馬。」凡此，皆與西洋之馬戲絕相似也。（徐珂：《清稗類鈔》第十一冊《戲劇類》，中華書局，1986 年，第 5086 頁）

【陸古漁觀走馬】《鹿邑道中觀內人走馬歌》，錢塘陸古漁廣文夢熊作也，歌云：「春來僕僕江北道，落花低拂裙腰草。美人如玉嬌春風，絕技人誇身手好。眞源城外長堤邊，綠楊大道沙如綿。紅妝騎馬試馬走，金韉玉勒珊瑚鞭。杏子衫輕宮袖小，雙分繡袴纖趺繞。烏綾裹額斜插花，結束腰圍柳枝嫋。初來調轡馳康莊，花驄蹀躞遊龍強。周流已覺四蹄熟，一聲撥叱看騰驤。匹練光中人不見，觀者如山色都變。欹身附馬伏馬腹，翩若驚鴻低掣電。翻身上馬立鞍橋，婕妤當熊馬更驕。僊乎僊乎欲飛去，萬人助喝雷動搖。花翻塵滾流光激，盤盡圍場漸收靮。徐整雲鬟再束腰，一朵芙蓉紅欲滴。別有美人馬上旋，橫陳玉體如小憐。已驚跟絓忽倒立，摩空兩瓣淩波蓮。殊姿異態難悉數，二美環旋繞接武。姍姍僊骨漢宮初，飛燕何曾掌中舞。從容下馬整華裙，繩戲竿緣技有餘。試問隱娘、紅線輩，雙丸劍術將何如？」（徐珂：《清

稗類鈔》第十一冊《戲劇類》，中華書局，1986年，第5087頁）

【文宗觀馬戲】咸豐時，每至上元日，文宗輒於未申之交，駕至西廠，先陳八旗驫馬諸戲，有一足立鞍鐙而馳者，有兩足立馬背而馳者，有扳馬鞍步行而並馬馳者，有兩人對面馳來各在馬上騰身互換者，有甲騰出乙在馬上戴甲於首而馳者，曲盡馬上之奇。日既夕，則樓前舞燈者三千人列隊焉，口唱《太平歌》，各執綵燈循環進止，各依其綴兆，一轉旋，則三千人排成一「太」字，再轉成「平」字，以次作「萬歲」字，又以次合成「太平萬歲」字，所謂「太平萬歲字當中」也。舞罷，則煙火大發，其聲如雷霆，火光燭半空，但見千萬紅魚，奮迅跳躍於雲海之內也。（徐珂：《清稗類鈔》第十一冊《戲劇類》，中華書局，1986年，第5087～5088頁）

【西人演馬戲】西人之至滬為馬戲者不常有，演時，大抵張廣幕為場，場形圓，中央為奏技處，觀者環坐四周。場有奏樂處，鈴動樂作，演技者聯翩而出，騎術極精。初用常法騎馬，循場而走，繼則立於馬背，旋以兩膝跪於馬背，且走且跳索，或令馬走方步。其始馬首尚有韁，未幾，即盡去之。或一人立於場中，舉鞭為號，馬即如法作種種遊戲。又能馴伏獅虎及象等獸，驅使之，無異於驅馬。且能倒立，以手代足而步行。或跨一輪，上十數層之階級，或上懸空之梯，或步行於鐵絲之上，或以種種方法踏腳踏車。最妙者為翻棍，其身手之快，直無異於飛鳥也。（徐珂：《清稗類鈔》第十一冊《戲劇類》，中華書局，1986年，第5088頁）

【猴戲】鳳陽韓七能弄猴。凡弄猴者，僅畜一、二。七所畜多至十餘，凡猨狙玃父之屬，大小畢具，且不施羈勒。每演劇，生旦淨丑，鳴鉦者，擊鼓者，奔走往來者，皆猴也，無一不備，而無一逃者。他弄猴者多異之，叩其術，不得。久之，乃知韓故癮君子也，每得猴，輒鎖致榻前，陳芙蓉膏一盤，燈一具，高臥吸之。猴既不能脫，躁躍久之，則亦登榻弄煙具。韓即噴以煙，猴初驚卻，久而安之，則亦戲效人偃臥，就燈嘘之，韓即教以燒吸之法。不匝月，癮成，則解其鎖鍵，猝舉棒擊之，猴負痛奔逃。頃之，癮發，則又自屋角下窺。更誘之下，予以煙，雖更撻之，終不走矣，乃率以教演，帖如也。（徐珂：《清稗類鈔》第十一冊《戲劇類》，中華書局，1986年，第5088～5089頁）

　　【犬能讀書】光緒時，台州人某蓄一犬，能讀書。初教以人語，漸能了
解，乃授以書。始亦甚艱苦，閱十餘年，誨之弗倦，自琅琅上口矣。於是攜
之四方，令獻技爲活。犬居於籠，至演技時則出，犬乃拜手者再，如拱鼠然。
已而啓篋，取《禮記》一冊，讀《檀弓》篇，能不爽一字。既又取《周易》
出，讀《繫辭傳》，亦甚熟。讀畢，仍入籠，某乃飼以麪包，食已即睡。有人
嘗親見之，謂此犬爲黑色，爲狀殊不異常犬，其讀書聲極嘹亮，惟發音時稍
強硬，不能如人語之便捷。然《檀弓》與《繫辭傳》皆贅牙佶屈，不易上口，
而此犬竟能成誦也。（徐珂：《清稗類鈔》第十一冊《戲劇類》，中華書局，1986 年，第
5089 頁）

　　【鼠戲】康熙時，王子巽在京師，曾見一人於長安市上賣鼠戲。背負一
囊，中蓄小鼠十餘頭，每於稠人中，出小木架，置於肩，儼如戲樓狀，乃拍
鼓板，唱古雜劇。歌聲甫動，則有鼠自囊中出，蒙假面，被小裝服，自背登
樓，人立而舞，男女悲歡，悉合劇中關目。（徐珂：《清稗類鈔》第十一冊《戲劇類》，
中華書局，1986 年，第 5089 頁）

　　【蠟嘴鳥演戲劇】嘉慶己卯秋，江寧市上有豢蠟嘴鳥以鬻技者。鳥有
六，其四自能開箱，唧面具，登小臺演劇。其一能識字，取載明《百家姓》
字之小紙牌，各書一字，散布席上，任意呼取某字，自能覓之，百不失一。
其一能鬥天九牌，可與三人合局作勝負。（徐珂：《清稗類鈔》第十一冊《戲劇類》，
中華書局，1986 年，第 5090 頁）

　　【金魚排隊】有畜金魚者，分紅白二種，貯於一缸，以紅、白二旗引
之。先搖紅旗，則紅者隨旗往來遊溯，疾轉疾隨，緩轉緩隨。旗收，則魚皆
潛伏。白亦如之。再以二旗並豎，則紅白錯綜旋轉，前後間雜，有如走陣者
然。久之，以二旗分爲二處，則紅者隨紅旗而仍爲紅隊，白者隨白旗而仍歸
白隊，是曰金魚排隊。（徐珂：《清稗類鈔》第十一冊《戲劇類》，中華書局，1986 年，
第 5090 頁）

　　【蛙戲】王子巽在都，曾見一人作劇於市，攜木盒，作格，凡十有二孔，
每孔伏蛙，以細杖敲其首，輒哇然而鳴。或與以金錢，則其人亂擊蛙頂，如
拊雲鑼，宮商詞曲，悉了了可辨。
　　又有畜蛙爲戲者，攜一木匣，中有一大蛙，及數小蛙。開匣，則大者先

出，小者隨之，大者居中外向，小者旁列。大者鳴一聲，小者亦鳴一聲，大者鳴兩三聲，小者亦鳴兩三聲。其後，大者迭鳴不已，小者亦然。及畢，則仍如出時次序，自入匣中，謂之蛙教書。

袁子才幼時居杭州之葵巷，嘗見有售技者，身佩一布袋、兩竹筒，袋貯蝦蟆九，至市肆櫃上，演其法畢，索錢三文，即去。一名蝦蟆教書，其法，設一小木椅，大者自袋躍出，坐其上，八小者亦躍出，環伺之，寂無聲。其人喝曰：「教書。」大者應聲曰：「閣閣。」群皆應曰：「閣閣。」自此連曰「閣閣」，幾聒人耳。其人曰：「止。」即絕聲。

同治時，有人於市上出一小木匣，啓其蓋，出橫木一條，廣半尺餘，高寸許，下有四足，橫列於櫃。向匣中呀呀而聲，倏有一蝦蟆躍出，以前兩足按橫木上，面南而躍，即有小蛙十餘，一一躍出，依次以兩足據橫木，北面踞坐。既定，其人取小拍板擊一下，於是蝦蟆發聲一鳴，諸小蛙輒以次齊鳴。既而蝦蟆閣閣亂鳴，則小蛙亦閣閣鳴不已，久之，其人復擊拍板一下，則蝦蟆止不復鳴，諸小蛙亦截然而止矣。其人復呀呀呼之，蝦蟆仍躍入匣中，諸小蛙亦相隨而入。（徐珂：《清稗類鈔》第十一冊《戲劇類》，中華書局，1986年，第5090～5091頁）

【蟻陣】袁子才嘗於少時在杭見蟻陣之戲，其法，張紅、白二旗，各長尺許，乞人傾其筒，則有紅、白蟻千許亂走櫃上。乞人扇以紅旗，曰：「歸隊。」紅蟻排作一行。扇以白旗，曰：「歸隊。」白蟻排作一行。又以兩旗互扇，喝曰：「穿陣走。」紅白蟻遂穿雜而行，左旋右轉，行不亂步。行數匝，以筒接之，仍蠕蠕然入筒矣。

有售技於吳市者，曰蟻戰，截竹為二管，畜蟻二種，一紅一白。將戲，則取紅、白小紙旗二面，東西插於几，取管，去其塞，分置兩旁，各向管口彈指數下，蟻隨出，其行自成行列，分趨，止於旗下，排列如陣。其人復出一小黃旗，作指揮狀，群蟻即紛紛齊進。兩陣既接，舉足相撲，兩兩互角，盤旋進退，悉中節度。久之，即有一群返走擾亂，若奔潰者，其一群爭進，行如飛，居然戰勝追奔也。其人復舉黃旗麾之，勝者即返，以次入管，其一群亦絡繹奔至，爭相入，不成列矣。（徐珂：《清稗類鈔》第十一冊《戲劇類》，中華書局，1986年，第5091～5092頁）

【傀儡戲】傀儡，木偶戲也，本作窟礧子，亦云魁礧子，作偶人以戲嬉

舞歌，本喪家樂也。漢末始用之於嘉會，而尤爲齊後主高緯所好。高麗亦有之。今有大小二種，木偶大者長三、四尺，小者長尺餘，被以文繡，口目能翕張，手足能舞蹈。蓋其身有機椊，演時木偶出臺，人隱於幕中而牽之使動也。唱曲、道白，皆人爲之，佐之以樂器。（徐珂：《清稗類鈔》第十一冊《戲劇類》，中華書局，1986 年，第 5092 頁）

【影戲】影戲，與西人發明之影戲異，俗稱之曰羊皮戲者是也。蓋以彩色繪畫羊皮爲人，中有機捩，人執而牽之，則能動，進止動作，與生人無異。演時夜設帳，張燈燭，隔帳望之。其唱曲、道白，則皆人爲之也，而亦有樂器佐之。（徐珂：《清稗類鈔》第十一冊《戲劇類》，中華書局，1986 年，第 5092 頁）

【電光影戲】活動影戲，爲電光之作用，故曰電光影戲，亦稱活動寫眞，爲近年美人愛迭孫所發明。其法於人物動作時，用照相鏡順序攝影，印於半透明之膠片中，片片相銜接，成爲長條，用特製器械，以一定之速度移易之，由幻燈中現出，令其影像前後聯續，視之栩栩如生，畫片愈多，舉動之層次愈明。愛迭孫又以留聲裝置其中，使聲音與動作相應，其精巧爲益進。光、宣間，我國人亦能仿爲之矣。

光緒末，特簡大員赴歐美考察政治，端忠愍公方自西洋調查歸，攜有活動電影器一具，聞將以進呈內廷者。先試演於私第，因光燄配合失當，轟然炸裂，斃多人，忠愍以送客得免，進呈之議遂息。（徐珂：《清稗類鈔》第十一冊《戲劇類》，中華書局，1986 年，第 5093 頁）

【像姑】都人稱雛伶爲像姑，實即相公二字，或以其同於仕宦之稱謂，故以像姑二字別之，望文知義，亦頗近理，而實非本字本音也。朝士之雅重像姑者，殆以涉跡花叢，大干例禁，無可遣興，乃召像姑入席，爲文酒之歡，然亦未必謂眞個銷魂，不食馬肝，即爲不知味。如王文簡公、錢牧齋、龔芝麓、吳梅村輩，詩酒流連，皆眷王紫稼，畢秋帆且持狀元夫人以去，動於情感，亦尙無傷大雅，固未可與斷袖傖奴同日而語也。

伶人所居曰下處，其萃集之地爲韓家潭，櫻桃斜街亦有之，懸牌於門曰某某堂，並懸一燈。客入其門，門房之僕起而侍立，有所問，垂手低聲，厥狀至謹。俄而導客入，庭中之花木池石，室中之鼎彝書畫，皆陳列井井。及出，則湘簾一桁，淪茗清談。門外僕從，環立靜肅，無耳語聲，無嗽聲。至

此者，俗念爲之一清。

光緒中葉，士大夫好此者尤盛，韓潭月上，比戶清歌，誠足爲點綴昇平之一助也。

伶互相語而指其所交之客，則曰老斗。

京師雛伶皆躡靴，必離師獨立始履，而僕亦稱之曰主人矣。堂主之子曰少主人。伶出見老斗，憑其肩，致寒暄。資格深者，伶直呼其字。曰爺者，疏遠之詞也。

伶既出師而積有餘資，得蓄雛以自立，而自身尚周旋於酬應場中者，固數數覯。然亦有侘傺無聊，幾難存活者。或有詩詠之曰：「萬古寒滲氣，都歸黑相公。打圍宵寂寂，下館戲館也。晝匆匆。飛眼無專斗，翻身即頓篷。相公之落拓至甚者，每至頓篷爲龍陽君。陡然條子至，開發又成空。」孽海中而有如此苦惱，人不知也。

客飲於旗亭，召伶侑酒，曰叫條子。伶之應召，曰趕條子。光緒中葉之例賞，爲京錢十千，就其中先付二千，曰車資，八千則後付。來時，面客而點頭，就案取酒壺，徧向座客斟之，眾必謙言曰：「勿客氣。」斟已，乃依老斗而坐，唱一曲以侑酒，亦有不唱者，猜拳飲酒，亦爲老斗代之。

老斗在劇場，爲臺上素識之伶所見，戲畢下臺，趨近老斗座，屈膝爲禮，致寒暄，曰飛座兒。嘉慶時，或作《都門竹枝詞》云曰：「園中官座列西東，坐褥平鋪一片紅。雙表對時交未正，到來恰已過三通。」「坐時雙腳一齊盤，紅紙開來窄戲單。左右並肩人似玉，滿園不向戲臺看。」「簾子纔掀未出臺，齊聲喝彩震如雷。樓頭飛上迷離眼，訂下今宵晚飯來。」

老斗飲於下處，曰喝酒。酒可恣飲，無熱肴，陳於案者皆碟，所盛爲水果、乾果、糖食、冷葷之類。酒罷，啜雙弓米以充飢。光緒中葉，酒資當十錢四十緡，賞資十八緡，凡五十八緡耳。其後銀價低，易以銀五兩。銀幣盛行，又易五金爲七圓或八圓，數倍增矣，然猶有請益者。

老斗與伶相識，若已數數叫條子矣，則必喝酒於其家，大率必數次。或爲詩以紀之，中四語云：「得意一聲拏紙片，傷心三字點燈籠。資格深時鈔漸短，年光逼處興偏濃。」拏紙片者，老斗至下處，即書箋，召其他下處之伶以侑酒也。點燈籠者，酒闌歸去時之情景也。

老斗之飯於下處也，曰擺飯，則肆筵設席，珍錯雜陳，賢主嘉賓，既醉且飽。一席之費，輒數十金，更益以庖人、僕從之犒賞，殊爲不貲，非富有

多金者，雖屢爲伶所嬲，不一應也。

老斗之豪者，遇伶生日，必擺飯。主賓入門，伶之僕奉紅氍毹而出，伶即跪而叩首。是日，於席費犒金外，必更以多金爲伶壽。箸座之客，且贈賀儀，至少亦人各二金，伶亦向之叩首也。（徐珂：《清稗類鈔》第十一冊《優伶類》，中華書局，1986年，第5094～5096頁）

【伶有花榜】官署文告之揭示，俾眾周知者，曰榜。若文武考試之中式者，其姓名亦次第列之，亦曰榜。就會試而言，則有狀元、榜眼、探花諸名目。而京朝士大夫既醉心於科舉，隨時隨地，悉有此念，流露於不自覺。於是評騭花事，亦以狀元、榜眼、探花等名詞甲乙之，謂之花榜。光緒壬寅春季，蜀南蕭龍友訂壬寅杏譜，於菊部之俊秀者取十名，評其姿態，述其家世。譜中首選爲安華堂主人王琴儂，像姑之最著名者。次朱幼芬，次姜妙香。王溫文爾雅，舉止大方，朱俊偉，姜明麗。且朱能書，姜善畫，並師吳根梅。根梅日必一至二伶家，抗顏據講座，彬彬儒雅，方駕橫渠矣。（徐珂：《清稗類鈔》第十一冊《優伶類》，中華書局，1986年，第5096頁）

【京伶狎妓】宣統時，京伶日事冶遊，如姚佩秋、佩蘭兄弟之於泉湘班喜鳳、松鳳班雙喜，日夕狎媟，醜聲四播。而南妓花翠玉至非梅某不歡，都人咸詫爲異事。宋芸子觀察育仁則謂兩美相合，惺惺相惜，此情理之可言者。惟潤卿之嫁俞振庭，玉儂之嫁田際雲，則甚不可解。振庭面首不佳，際雲年逾不惑，而潤、玉二子，在北里中極負盛名，何求不得，而乃甘與賤奴爲伍，眞奇聞也。（徐珂：《清稗類鈔》第十一冊《優伶類》，中華書局，1986年，第5097頁）

【角色】俗稱娼優之著名者曰角色，亦曰名角。蓋古有角妓，以藝相角勝爲優劣，故今謂娼優等色藝足以自樹一幟者曰角色。

角色又曰腳色，蓋梨園以副末開場爲領班，副末以下老生、正生、老外、大面、二面、三面七人謂之男腳色，老旦、正旦、小旦、貼旦四人謂之女腳色，打諢一人謂之雜，此江湖十二腳色，固元代院本之舊制也。

京師梨園角色將成之時，必遍遊京、津附近一帶，以歷試其能，然後重返都門，聲名突起，始得稱爲名角。若藝成之伶，在京演唱，無人過問，不得已而出京者，則呼之曰下天津。

角色命名之義，實寓勸懲。正末，能指事之當場男子也。副末，即昔之

蒼鶻，以其能擊賊，故謂爲鶻。狙，淫獸，狐屬，後譌曰旦。狐，扮官者，後譌曰孤。靚，取義於傅粉墨供笑謟也，後譌曰淨。猱，猛獸，食虎腦，亦狐屬，故以猱爲妓之通稱。又元人雜劇向有十二科，而以神頭鬼面、煙花粉黛爲最下乘。

或曰，戲中角色，都凡生、旦、淨、末、丑、貼、副、外、雜九種，後人求其解而不得。有謂皆反言者，如生有鬚，是老而將死，故反言生。旦爲婦人，昏夜所用，故反言旦。末本用以開場，故反言末。淨本大污不潔，故反言淨。外充院子，日常在內，故反言外。丑皆街猾，雞鳴不起，故反言丑。此說亦自有致，然非本義。其本義蓋皆以人色分定其名，間以標誌符號，特伶人粗儈，識字無多，始而減筆，繼而誤寫，久之一種流傳，遂爲專門之名詞，明知其誤而不可改矣。譬如外，員外也。生，生員也。末，末將也。副，副帥也。小旦，小姐也，先去女旁，後又改旦爲旦，但圖省筆而已。丑，醜之代音字也。淨，須淨面而後續，方能著彩，此符號標誌也。貼，須貼花鈿也，亦符號標誌，言與旦之素裝不同也。雜，雜色也。九種名稱，此爲確解。

京劇角色之名稱，曰生、旦、淨、丑。漢劇則別爲一末、二淨、三生、四旦、五丑、六外、七小、八貼、九夫、十雜十行。末即京劇之白須生，淨即京劇之大面。大面之名，見於《樂府雜錄》，云：「大面出於北齊蘭陵王長恭，才武而貌美，常著假面以對敵，擊周師勇冠三軍，齊人壯之，爲此舞以效其指麾擊刺之容，謂之《蘭陵王入陣曲》。」而漢劇分淨爲紅淨、黑淨、粉淨，紅淨如姜維、李克用；黑淨如高旺、包文正；粉淨如姚期、曹操等是也。生即黑須生，旦即青衣，外即做工老生及文武老生，貼即花衫，夫即老旦，雜即武二花，丑則京、漢文武皆同。

二黃各劇，以正生爲多，故正生爲二黃之中堅，其他皆副材也。亞於正生者惟武生，則以工架爲能事。

武旦分三派，一專講技擊，一專尚柔術，一專講排面。

花旦派別最多，大抵不出閨門旦、即青衣旦。頑笑旦、刀馬旦、與武旦微別。粉旦數種，而以口齒犀利、情態逼眞爲貴則一。

京班分青衣旦爲二派，一爲二黃花旦，一爲梆子花旦，各以一人專習，無兼唱者。二黃花旦則口齒須鋒利，梆子花旦之唱工尤須以哀艷取勝，令人有百回不厭之能力而後可。

花旦須得「喜」、「怒」、「哀」、「急」四字訣，二黃花旦有「喜」字、「怒」

字，而無「哀」字、「急」字，如《雙沙河》、《破洪州》等戲，四字不能得一字，《鴻鸞喜》、《馬上緣》等戲，僅占一「喜」字，尚不能痛快淋漓，《探親相罵》、《烏龍院》等戲，僅占一「怒」字，均不能令閱者奪目。梆子花旦如《新安驛》、《胡蝶夢》、《紅梅閣》、《烈女傳》、《日月圖》等戲，則兼四者而有之。餘如《梵王宮》、《眞珍珠》、《拾玉鐲》等戲，但缺一「怒」字，而唱工亦至可聽。要之，態度須深沉，裝飾貴素淨。大雅不凡，無兒女氣者，斯爲上品。

俗呼旦腳曰包頭者，蓋昔年伶人皆戴網子，故曰包頭。晚近則梳水頭，與婦女無異，乃猶襲包頭之名，誠哉觚不觚矣。

京旦之飾小腳者，昔時不過數齣，舉止每多瑟縮。自魏長生擅名而後，無不以小腳登場，足挑目動，在在關情，其媚人之狀，若晉侯之夢與楚子搏焉。

丑角以優孟、曼倩爲先聲，開幕最早，伶界以此爲最貴，無論扮唱與否，均可任情談笑，隨意起坐，不爲格律所拘，相傳唐明皇曾爲之。至本朝，高宗亦嘗扮此，故人人尊視，異乎其儔。此角以利口爲長，而眞有學力者，究以臺步、技術並優者爲上。崑曲無論矣，若在皮黃，則以能唱《群英會》中之蔣幹，《弔金龜》中之張益，有白有唱，諧正兼行者爲首選。

戲園中有跑龍套者，其品格甚低，而其爲用則甚大。每逢要角登場，此輩必全數出臺，或執旗吶喊，或跕班助威，實戲場中不可少之附屬品也。

伶界有所謂戲包袱者，言無所不能，若衣包然，生旦淨末之裝，悉可收貯，故以包袱名，殆隨取皆是也。伶界亦頗重之，班中亦不可少。蓋拾遺補闕，若醫門敗鼓之兼收；問字傳聲，作野寺閒鐘之待叩。先輩之儀型在目，雖不能效而能言；劇場之詞句塡胸，雖不可歌而可風。其人或本名伶，或原雜外，非廢於病，即限於天，窮老可憐，令其飮啜於此，亦梨園養老之不可無者也。

燕舞環歌，女伶遠祖，近三百年，當以陳圓圓爲第一。圓圓爲李自成唱崑曲，李不勝其柔細，而自唱秦腔，殿下皆呼萬歲。以是知其善於扮唱，非妓實伶，不僅能琵琶工小調已也。傳者謂其色甲天下之色，聲甲天下之聲，一侍明思宗，再侍李自成，三侍吳三桂。三桂因圓圓沖冠一怒，乃出關借兵，其人有關世變，實非常人可比。外此則顧眉樓扮《燕子箋》一劇，亦舉國若狂。李貞麗教其女香君學歌，蘇崑生輩復爲之按腔譜節，遂亦名蓋南都，聲

動朝列矣。

女伶之以生、淨、丑、外、末諸角著者，雖不乏人，然終不若旦之易於出色當行，殆限於天稟也。旦若輩唱曲，以童聲爲貴，教者防護甚密，若與人通，則歌喉不復圓潤，發口轉吭，便已知之。

京師舊無女伶，光、宣間始有之，固不若天津、奉天、武昌、上海之久著也。

臺灣之梨園子弟，垂髫即穴耳，傅粉施朱，儼如女子。（徐珂：《清稗類鈔》第十一冊《優伶類》，中華書局，1986 年，第 5097～5101 頁）

【伶之派別】伶人初無所謂派別也，自程長庚出，人皆奉爲圭臬，以之相競。張二奎名在長庚下，于三勝英挺華發，獨據方面，是爲前三派。汪桂芬爲長庚琴師，譚金福亦在長庚門下，平日模楷，各自不同。長庚既謝世，分道揚鑣。桂芬則純宗長庚之法，譚鑫培已旁得三勝之神，惟孫菊僊特立孤行，不事阿附，說者已謂其有似二奎。然茲三人，亦能確乎不拔，謂爲後三派亦無不可。夫所宗何派，即有何劇之長。長庚所長爲《文昭關》、《取成都》、《戰長沙》，而桂芬與之相同。三勝所長爲《李陵碑》、《捉放曹》、《烏盆記》，而鑫培亦精。二奎所長爲《迴龍閣》、《乾坤帶》、《打金枝》，而菊僊亦並能焉。譚派<small>即鑫培。</small>之人，如張毓庭、王雨田、貴俊卿，皆確守榘矱，不可劖滅。汪派<small>即桂芬。</small>惟王鳳卿一人，魄力自雄。孫派則雙處既老，後起無人。至於奎派<small>即二奎。</small>中人，昔有楊月樓、爐臺子等，後惟許蔭棠、白文奎。王九齡一派，昔有王倔丹，後惟時慧寶而已。若夫作工，則賈洪林具有典型，此外皆不足當正流焉。（徐珂：《清稗類鈔》第十一冊《優伶類》，中華書局，1986 年，第 5101 頁）

【徽班世家】嘉慶以還，京師蘇班日就衰微，徽班乃逐錚錚於時。班中上流，大抵徽人居十之七，鄂人間有，不及徽人之多也。其初入都，皆操土語，僑居數代，變而爲京音，與土著無異。伶界最重門閥，而徽、鄂人後裔之流寓在京者，大抵均世其業，稱爲世家。諸家姻婭相連，所居皆在正陽門外五道廟一帶。（徐珂：《清稗類鈔》第十一冊《優伶類》，中華書局，1986 年，第 5101～5102 頁）

【伶人畜徒】京師伶人，輒購七八齡貧童，納爲弟子，教以歌舞。身價之至鉅者，僅錢十緡。契成，於墨筆劃一黑線於上，謂爲一道河。十年以內，生死存亡，不許父母過問。

　　同、光間，京師曲部每畜幼伶十餘，人習戲二三折，務求其精。其眉目美好，皮色潔白，則別有術焉。蓋幼童皆買自他方，而蘇、杭、皖、鄂爲最，擇五官端正者，令其學語、學視、學步。晨興，以淡肉汁盥面，飲以蛋清湯，肴饌亦極醲粹，夜則敷藥遍體，惟留手足不塗，云洩火毒。三四月後，婉變如好女，回眸一顧，百媚橫生。惟貌之妍媸，聲之清濁，秉賦不同，各就其相近者習之。或曰，八九歲時，恆延師教曲於家，必先習須生而喊嗓子，每日黎明，至廣漠之處，或林邊水隈，隨意發聲，由丹田衝喉直呼，彷彿道家之鍊呼吸。久之，愈喊愈宏，則登場發聲，自能充滿四座。若喉小，始習青衫，其次習小生，貌劣者習花臉，纖妍而嗓不高者習花旦。蓋伶界最重須生，其次青衫，其次花旦，小生又其次也。

　　童伶學戲，謂之作科。三月登臺，謂之打礮。六年畢業，謂之出師。鬻技求食，謂之作藝。當就傅時，雞鳴而起喊嗓後，日中歸室，對本讀劇，謂之念詞。夜臥就溼，特令發疥，癢輒不寐，期於熟記，謂之背詞。初學調成，琴師就和，謂之卜絃。閉門教演，師弟相效，禁人竊視，凡一囀笑，一行動，皆按節照式爲之，稍有不似，鞭箠立卜，謂之排身段。凡此種種，皆科班所必經，其難其苦，有在讀書人之上者。故學者十人，成者未必有五。劇詞滿腹，無所用之，不得已，乃甘於作配角，充兵卒，謂之擋下把。否則爲人執役，謂之潤場；料量後臺，謂之看衣箱；前臺奔走，謂之拉前場。伶人至此，一生已矣。（徐珂：《清稗類鈔》第十一冊《優伶類》，中華書局，1986 年，第 5102～5103 頁）

　　【王紫稼風流儇巧】王稼，字紫稼，一作子玠，又作子嘉，明末之吳伶也。風流儇巧，明慧善歌。順治辛卯，年三十矣，從龔芝麓入京師。先至常熟，告別於錢牧齋，牧齋乃爲送行十四絕句，以當折柳，蓋於贈別之外，雜有寄託，諧談無端，讔謎間出也。詩云：「桃李芳年冰雪身，青鞋席帽走風塵。鐵衣氆帳三千里，刀軟弓攲爲玉人。」「官柳新栽輦路旁，黃衫走馬映鵝黃。垂金曳縷千千樹，也學梧桐待鳳凰。」自注：時聞燕京郊外夾路栽柳。「紅旗曳製倚青霄，鄴水繁花未寂寥。如意館中春萬樹，一時齊讓鄭櫻桃。」「篳篥休吹蘆管暗，金尊檀板夜沉沉。莫言北地無鸚鵒，乳燕雛鶯到上林。」「多情莫學野鴛鴦，玉勒金丸傍苑牆。十五胡姬燕趙女，何人不願嫁王昌。」「壓酒胡姬墜馬妝，玉缸重碧膩醅香。山梨易栗皆凡果，上苑頻婆勸客嘗。」「閣道雕梁雙燕樓，小紅花發御溝西。太常莫倚清齋禁，一曲看他醉似泥。」

自注：王郎云，此行將倚龔太常。「可是湖湘流落身，一聲紅豆也沾巾。休將天寶淒涼曲，唱與長安筵上人。」「邯鄲曲罷酒人衰，燕市悲歌變柳枝。無復荊高舊徒侶，侯家一嫗老吹篪。」自注：以下三首寄侯家故妓冬哥。「憑將紅淚裏相思，多恐冬哥沒見期。相見只煩傳一語，江南五度落花時。」「江南才子杜秋詩，垂老心情故國悲。金縷歌殘休悵恨，銅人淚下已多時。」「灰洞溟濛朔吹哀，離魂昔昔繞蘇臺。紅香翠暖山塘路，燕子楊花並馬回。」自注：范石湖云，涿南、燕北謂之灰洞。春風作態楝花飛，清醑盈觴照別衣。我欲覆巾施梵咒，要他才去便思歸。」「左右風懷老漸輕，捉花留絮漫多情。白頭歌叟今禪老，彌佛燈前咀汝行。」自注：錫山雲間徐叟。熊雪堂侍郎文舉聞之，和韻以諷曰：「金臺玉峽已滄桑，細雨梨花枉斷腸。惆悵虞山老宗伯，浪垂清淚送王郎。」牧齋見之，不懌者累日。

紫稼既入都，諸貴人皆惑之。吳梅村嘗作《王郎曲》云：「王郎十五吳趨坊，覆額青絲白皙長。孝穆指明徐文靖公沂。園亭常置酒，風流前輩醉人狂。同伴李生柘枝鼓，結束新翻善財舞。鎖骨觀音變現身，反腰貼地蓮花吐。蓮花婀娜不禁風，一斛珠傾宛轉中。此際可憐明月夜，此時脆管出簾櫳。王郎水調歌緩緩，新鶯嘹嚦花枝暖。慣拋斜袖卸長臂，眼看欲化愁應懶。摧藏掩抑未分明，拍數移來發曼聲。最是轉喉偷入破，殢人斷腸臉波橫。十年芳草長洲綠，主人池館惟喬木。王郎三十長安城，老大傷心故園曲。誰知顏色更美好，瞳神翦水清如玉。五陵俠少豪華子，甘心欲為王郎死。寧失尚書期，恐見王郎遲。寧犯金吾夜，難得王郎暇。坐中莫禁狂呼客，王郎一聲聲頓息。移床敧坐看王郎，都似與郎不相識。往昔京師推小宋，外戚田家舊供奉。只今重聽王郎歌，不須再把昭文痛。時世工彈白翎雀，婆羅門舞龜茲樂。梨園子弟受傳頭，請事王郎教絃索。恥向王門作伎兒，博徒酒伴貪歡謔。君不見康崑崙，黃幡綽，承恩白首華清閣。古來絕藝當通都，盛名肯放優閒多，王郎王郎可奈何！」此曲成而芝麓口占贈之曰：「薊苑霜高舞柘枝，當年楊柳尚如絲。酒闌卻唱梅村曲，腸斷王郎十五時。」

甲午春盡，紫稼南歸，芝麓和牧齋韻以送之云：「吳苑曾看蛺蝶身，行雲乍繞曲江塵。不知洗馬情多少，宮柳長條欲似人。」「醉拋錦瑟落花傍，春過蜂鬚未褪黃。十里芙蕖珠箔捲，試歌一曲鳳求凰。」「香韉紫絡度煙霄，金管瑤笙起碧寥。誰唱涼州新樂府，舊人彈淚覓紅桃。」「漁陽鼓動雨鈴暗，長樂螢流皓月沉。不信銅駝荊棘後，一枝瑤草秀中林。」「將身莫便許文鴦，羅袖

能窺宋玉牆。歸到茱萸溝水上，一叢僊蕊擁唐昌。」「盤髻搊箏各鬥妝，當筵彈動舞山香。酒錢夜數留人醉，不是胡姬不可嘗。」「生成珠樹有鸞棲，丞相鐘鳴邸第西。爲報五侯鯖又熟，平津花月賤如泥。」「長恨飄零入洛身，相看憔悴掩羅巾。後庭花落腸應斷，也是陳隋失路人。」「蕭騷蓬鬢逐春衰，入座偏逢白玉枝。珍重何戡天寶意，雲門誰與奏塤箎。」「天半明霞繫客思，杜鵑無賴促歸期。紅泉碧樹堪銷暑，妬殺銀塘倚笛時。」「金谷人宜障紫絲，杜陵猶欠海棠詩。玉喉幾許驪珠轉，博得虞山絕妙辭。」「煙月江南庾信哀，多情沈炯哭荒臺。流鶯正繞長楸道，不放春風玉勒回。」「韋公祠畔乳鶯飛，花下聞歌金縷衣。細雨左安門外路，一行芳草送人歸。」「初衣快比五銖輕，越水吳山並有情。一舸便尋香粉去，不須垂淚祖君行。」（編者案：「一舸」，《類鈔》本作「不舸」，據清康熙十五年吳興祚刻本《定山堂詩集》卷三十七改。）

　　紫稼返蘇而禍作矣。時披縣李琳枝給諫森先方巡按下江，訪拏三遮和尚，而紫稼亦與焉，枷於閶門，三日而死。其後，有人自北濠歸家，聞水濱有二人閒話云：「惡人党報不爽，三遮和尚死後，仍問斬罪，紫稼死後，又問徒罪，變成馬驢之類，日日受負重行遠之報。」互相歎息。其人駐足審視，二人豁然入水而去，方知爲落水鬼也。（徐珂：《清稗類鈔》第十一冊《優伶類》，中華書局，1986 年，第 5103～5105 頁）

　　【徐紫雲爲陳其年所眷】徐紫雲，廣陵人，冒巢民家青童，猥巧善歌，與陽羨陳其年狎。其年因贈其師陳九《滿江紅》一闋云：「鐵笛鈿箏，還記得白頭陳儿，曾消受妓堂絲竹，毬場花酒。籍福無雙丞相客，善才第一琵琶手。歎今朝寒食草青青，人何有。　　弱息在，佳兒又，玉山皎，瓊枝秀。喜門風不墮，家聲依舊。生子何須李亞子，少年當學王曇首。對君家兩世濕青衫，吾衰醜。」賦成，書於陳九之扇。其年又爲雪郎合巹賦《賀新郎》詞一闋云：「小酌酴醾釀，喜今朝釵光簟影，燈前滉漾。隔著屏風喧笑語，報道雀翹初上。又悄把檀奴偷相，撲朔雌雄渾不辨，但臨風私取春弓量。送爾去，揭鴛帳。　　六年孤館相依傍。最難忘，紅蕤枕畔，淚花輕颺。了爾一生花燭事，宛轉婦隨夫唱，努力做藥砧模樣。只我羅衾渾似鐵，擁桃笙，難得紗窗亮。休爲我，再惆悵。」（徐珂：《清稗類鈔》第十一冊《優伶類》，中華書局，1986 年，第 5106 頁）

　　【魏長生爲伶中子都】魏三，名長生，字婉卿，四川金堂人，京伶中

之子都也。幼習伶倫，困阨備至。乾隆己亥入都，時雙慶部不爲衆賞，歌樓莫之齒及，長生告其部人曰：「使吾入班兩月，而不爲諸君增價者，甘受罰無悔。」既而以《滾樓》一劇，名動京城，觀者日千餘人，六大班頓爲之減色。其他雜劇子胥，無非科諢誨淫之狀，使京腔舊本置之高閣，一時歌樓觀者如堵。

長生尤工《葡萄架》、《銷金帳》二齣，廣場說法，以色身示人，輕薄者至推爲野狐教主。壬寅秋，奉禁入班，其風始息。

長生齒既長，物色陳銀官即漢碧。爲徒，傳其媚態，以邀豪客。庚辛之際，徵歌舞者，無不以雙慶部爲第一也。且爲人豪俠好施，一振昔年委靡之氣，鄉人之旅困者多德之。未幾歸。及年六十餘，復入京師，理舊業，鬚鬚有鬚矣。日攜其十餘歲之孫赴歌樓，衆人屬目，謂老成人尚有典型，登場一齣，聲價十倍。夏月自劇場歸，暴卒。（徐珂：《清稗類鈔》第十一冊《優伶類》，中華書局，1986 年，第 5106～5107 頁）

【陳銀官爲李載園所眷】 魏長生尚有弟子一人曰陳金官，人但知銀官而已。金官白皙，銀官面微麻。銀官負盛名，常以白眼待人。時李載園太守年少下第，留京過夏，銀官獨傾倒之。每值梨園演劇，載園至，必爲致慇核，下場周旋。觀者萬目攢視，咸嘖嘖歎羨，望之如天上人。或赴他臺，聞載園至，亟脫身以往。後與金官同買屋於孫公園，別宅而居。園爲亢氏所有，中有古墓。既歸銀，復賂亢氏子孫，使遷葬。大興土木，窮極侈麗，不三月而禍作，門外築馬牆猶未竟也。（徐珂：《清稗類鈔》第十一冊《優伶類》，中華書局，1986 年，第 5107 頁）

【李桂官爲狀元嫂】 京師伶人李桂官識畢秋帆尚書沉於未遇，秋帆及第，史文靖公貽直戲呼李爲狀元嫂。（徐珂：《清稗類鈔》第十一冊《優伶類》，中華書局，1986 年，第 5107 頁）

【郭郎爲孫淵如所暱】 乾隆時，畢秋帆撫陝，孫淵如觀察客其幕。西安有歌者郭郎，與孫暱。一日，孫留之節署，至夜而出，則門已扃，乃引郭梯後苑牆，以縋諸外，爲干械所得，繫於長安縣。畢聞之，命速釋，謂無使孫知。（徐珂：《清稗類鈔》第十一冊《優伶類》，中華書局，1986 年，第 5108 頁）

【荷官爲百菊溪所眷】百菊溪相國齡總制江南時，閱兵江西，胡果泉中丞設席宴之。百嚴厲威肅，竟日無言，自中丞以下，莫不震慴。次日，再宴，演劇。有伶曰荷官者，舊在京師，色藝冠倫，爲百所昵。是日承值，百見之色動，顧問：「汝非荷官耶？何至是？年亦稍長矣，無怪老夫之鬢皤也。」荷官因跪進至膝，作捋其鬚狀曰：「太師不老。」蓋依院本貂蟬語。百大喜，爲之引滿三爵，曰：「爾可謂『荷老尙餘擎雨蓋』，老夫可謂『菊殘猶有傲霜枝』矣。」荷官叩謝。是日四座盡歡，核閱營政，亦少舉劾。然不知此承值者，適然而遇耶，抑預儲以待也？（徐珂：《清稗類鈔》第十一冊《優伶類》，中華書局，1986 年，第 5108 頁）

　　編者案：此則重見於況周頤《眉廬叢話》，字句稍異，當係自彼處迻錄者。

【林韻香工愁善病】林韻香以失身舞裙歌扇間，居恆鬱鬱不自得。雖在香天翠海中，往往如稊中散，土木形骸，不假修飾。而何郎湯餅，彌見自然。既工愁，復善病。日日來召者，紙如山積，困於酒食，至夜漏將盡，猶不得已，每攬鏡自詒曰：「叔寶璧人，則吾豈敢。然吾殺衛玠，是大可慮。」道光甲午，三年期滿，將脫籍去。其師，黠人也，密遣人自吳召其父來，閟之別室，父子不相見，啗以八百金，再留三年。既成券，韻香始知之，慨然曰：「錢樹子固在，顧不能少忍須臾耶？」迺廣張華筵，集諸貴遊子弟，籌出師計，得三千金，盡以畀其師，乃得脫籍去。於是署所居室曰梅鶴堂。

　　其父固庖人也，時自入廚下調度，以故韻香家殽饌清旨冠諸郎。於時文酒之會，茶瓜清話，必在梅鶴堂。韻香周旋其間，或稱水煮茶，或按拍倚竹，言笑宴宴，皆疑天上非人間矣。而愁根久種，病境已深，居三月而疾作，不半載竟死。死之日，扶病起，誓佛曰：「淚痕洗面，此生已了，願生生世世勿再作有情之物。」時方十二月也。年僅十八耳。（徐珂：《清稗類鈔》第十一冊《優伶類》，中華書局，1986 年，第 5108～5109 頁）

【慶齡爲男子中之夏姬】京伶有慶齡者，善琵琶，故稱琵琶慶，男子中之夏姬也。嘉慶朝即擅名。道光時，年過不惑，而猶韶顏穉態，爲男子裝，視之纔如弱冠。若垂鬟擁髻，撲朔迷離，眞乃如盧家少婦春日凝妝。豈楞嚴十種儡中，固有此一類耶？且於酒人中當推爲大戶，巨觥到手，如驥奔泉，未嘗見其有醉容。又吸阿芙蓉膏，日盡兩許，服之二十餘年，而豐腴潤澤，視疇昔少好時容華不少衰。（徐珂：《清稗類鈔》第十一冊《優伶類》，中華書局，1986

年，第 5109 頁）

【金德輝乞言於嚴問樵】伶人金德輝工度曲，曾供奉景山，以老病乞退。粗通翰墨，喜從文人遊。一日，請於丹徒嚴問樵太史保鏞曰：「予老矣，業又賤，他無所願，願從公乞一言，繼柳敬亭、蘇崑生後足矣。」嚴感其意，爲書一聯云：「我亦戲場人，世味直同雞棄肋；卿將狎客老，名心還想豹留皮。」（徐珂：《清稗類鈔》第十一冊《優伶類》，中華書局，1986 年，第 5110 頁）

【程長庚獨叫天】程長庚，字玉山，安徽潛山人，咸、同以來號爲伶聖。初，嘉、道間，長庚輿笋估都下，其舅氏爲伶，心好之，登臺演劇，未工也，座客笑之。長庚大恥，鍵戶坐特室，三年不聲。一日，某貴人大讌，王公大臣咸列座，用《昭關》劇試諸伶。長庚忽出爲伍胥，冠劍雄豪，音節慷慨，奇俠之氣，千載若神。座客數百人皆大驚起立，狂叫動天。主人大喜，遍飲客已，復手巨觥爲長庚壽，呼曰叫天，於是叫天之名徧都下。王公大臣有讌樂，長庚或不至，則舉座索然。然性獨矜嚴，雅不喜狂叫，嘗曰：「吾曲豪，無待喝彩，狂叫奚爲！聲繁，則音節無能入；四座寂，吾乃獨叫天耳。」客或喜而呼，則徑去。於是王公大臣見其出，舉座肅然。天子詫其名，召入內廷，領供奉，授品官。長庚亦面奏毋喝采，且曰：「上呼則奴止，勿罪也。」上大笑，許之。終其身數十年，出則無敢呼叫者，用此叫天之名重天下。

長庚既以善皮黃名於京師，三慶班乃延之主班事。班人呼主者爲老班，長庚名德才藝，並時無兩，無論何班，皆呼之爲大老班。京師伶界，設機關於岳忠武廟，謂之精忠廟會，有公守條件，違者議罰，例以老成人掌之。長庚爲眾所仰，掌之終身，人皆呼以大老班，亦以此故。士大夫雅好其劇，更貴其品，故亦以人之呼之者相呼矣。

長庚專唱生戲，聲調絕高。其時純用徽音，花腔尚少，登臺一奏，響徹雲霄。雖無花腔，而充耳愜心，必人人如其意而去，轉覺花腔拗折爲可厭。其唱以慢板二黃爲最勝。生平不喜唱《二進宮》，最得意者爲《樊城》、《長亭》、《昭關》、《魚藏劍》數戲。又善唱紅淨，若《戰長沙》、《華容道》之類，均極出名，尤以《昭關》一劇爲最工。後人併力爲之，終不能至，故此劇幾虛懸一格，成爲皮黃中之陽春白雪。長庚本工崑曲，故於唱法字法，講求絕精，人皆奉之爲圭臬。

長庚日課甚嚴，其在中年，到班時刻，不差寸晷。每張報將演某劇，至

期，風雨必演。日取車資，<small>京伶無包銀之說，每日唱後但取車錢而去。</small>不過京錢四十千而止。

長庚唱不擇人，調可任意高下，必就人之所能。而每一發聲，則與之配戲者，往往自忘其所演，專注耳以盡其妙，臺下人笑之，不覺也。傳者謂當演《草船借箭》時，樂工或停奏癡聽，忘其所以，固無論其他矣。

長庚與小生徐小香善。小香積資頗豐，屢欲輟業，苦留之。一日，小香不辭而別，逕返蘇州。長庚知之，即謁某親貴，託其函致蘇撫，押解小香回京。小香至，長庚謂之曰：「汝既受包銀，何得私遁？促汝來者，整頓班規耳，豈果非汝不可耶？不煩汝唱，請汝聽戲可也。」自是，長庚每日除老生戲外，必多排一小生戲。凡小香所能者，長庚無不能之。小香媿服，自是仍入三慶。

長庚晚歲上臺，須人扶挽，而喉音仍清亮如昔。一日，演《天水關》，唱「先帝爺白帝城」句時，適嗽，白字音彷彿拍字。次日，都人轟傳其又出新聲，凡唱此戲者，莫不效之。

有以長庚晚年登臺而諷之曰：「君衣食豐足，何尚樂此不疲？」則曰：「某自入主三慶以來，於茲數十年，支持至今，亦非易易。且同人依某為生活者，正不乏人，三慶散，則此輩謀食艱難矣。」及楊月樓入京，見之，歎曰：「此子足繼吾主三慶。」極力羅致之，卒以三慶屬月樓，謂之曰：「汝必始終其事，以竟吾老，庶不負吾賞識也。」故月樓亦終於三慶。月樓歿，諸伶復支持年餘，始解散。

長庚晚歲不常演唱，而三慶部人材寥落，故每日座客僅百餘人，班主至萬不得已時，走告之曰：「將斷炊矣，老班不出，如眾人何！」於是詔之曰：「明日帖某戲，後日帖某戲。」紅單一出，舉國若狂，園中至無立足地。然往往不唱，必為此者三四次，始一登臺。久之，群知其慣技，亦不上座，必三四次，方往觀。一日，又帖一戲。及到園，坐客仍百餘人，恚甚，自立臺上，顧坐客而言曰：「某雖薄有微名，每奏技，客必滿坐，然此輩不過慕程長庚三字名而來耳。若諸君之日必惠臨，方為吾之真知音者。今當竭盡微長，博諸君歡，以酬平日相知之雅。願演二戲，戲目並由諸公指定可也。」坐客因共商定二戲，長庚無難色。次日，凡有戲癖者知之，莫不懊喪萬狀。自後程又帖戲，群往聽，程仍不到。或到園，僅在簾內略一露面，及曲終，仍不見。蓋窺見人多，即曰：「此輩非真知戲者。」不顧而去。自此或唱或不唱，

人無從測之。有時明知其不登臺，然仍不敢不往也。

梨園俗例，扮關羽者，塗面則不衣綠袍，衣綠袍則不塗面。而長庚獨不然，以胭脂勻面，出場時，自具一種威武嚴肅之概，不似近人所演之桀驁也。

長庚晚歲頗擁巨貲，一日，忽析產爲二，以一與長子，命其攜眷出京，寄籍於正定，事耕讀；次子居京，仍習梨園業。人問其故，則曰：「余家世本清白，以貧故，執此賤業。近幸略有積蓄，子孫有噉飯處，不可不還吾本來面目，以繼書香也。惟余去都，無人不知，若後人盡使讀書，設能上進，人反易於覺察，是求榮反辱矣。今使吾次子仍入伶界，庶不露痕跡。且伶雖賤業，余實由此起家，一旦背之，亦覺忘本。」光緒辛卯，其孫已食廩餼，次子以無嗓音，爲月樓鼓手。孫長兒爲武生，執業於楊全之門，所演《八大鎚》、《探莊》諸戲絕佳，時年僅十六耳。（徐珂：《清稗類鈔》第十一冊《優伶類》，中華書局，1986年，第5110～5113頁）

【爐臺子爲程長庚配角】程長庚性傲，而獨禮重讀書人。有爐臺子者，盧姓，因喜漁男色，人以其姓盧而呼之。或云爲安徽舉人，流落京師。其人夙有戲癖，尤崇拜長庚，日必至劇場，聆其戲，久之遂識長庚。長庚詢得其狀，頗憐之，遂留至寓中，供其衣食。爐亦以功名坎坷，無志上進，願廁身伶界。長庚復爲之延譽，凡演戲，非爐爲配角不唱，爐因是得有噉飯地矣。

爐之唱工平正，長於做工，演《盜宗卷》、《瓊林宴》等劇，容色神肖，臺步靈捷，能人之所不能，故亦有聲於伶界。至光緒中葉而衰老，喉涸無音。唱時僅及調底，且痰閉氣短，多爲斷續，方能終調，猶時爲巧腔曼聲，聊以示意。都人重牌號，每唱，猶必以喝彩報之，實則廢竈無煙，生氣久盡矣。

爐善排戲，三慶部所演全本《三國志》，由馬跳檀溪起，多出爐之手筆，詞句關目，均有可觀，雖他伶演之，亦能體貼入微，栩栩欲活，故一時有活張飛、錢寶峰。活曹操、黃潤甫。活周瑜徐小香。之號。孔明一角，爐則自去。長庚歿，爐仍在三慶，誓不他往，自謂非遇長庚，久潦倒而死矣。（徐珂：《清稗類鈔》第十一冊《優伶類》，中華書局，1986年，第5114頁）

【楊月樓扮猴子】楊月樓，安徽懷寧籍，自稱順天，非也。少時鬻於張二奎家，習武生，兼習須生。甫登場，名即噪。後爲蔣某以千金贖之去。蔣有姊，適林氏，其夫方握浙藩篆，苦無嗣，言於蔣，欲以月樓充假子，蔣諾之，月樓遂之浙。咸豐粵寇之亂，浙圍急，林棄城，遁入雲栖，乃披薙爲

僧。寇既平，月樓奉義母至上海，隸劉維忠所設之新丹桂茶園，以所入供養膳。如是者約數年。已而卒，月樓馳書告蔣，蔣持其喪歸湖北。月樓旅居上海既久，漸習輕浮，其演劇，時效世俗所謂釣蚌珠故事，雖豐軀幹，而面瑩潔，每著胭脂，帶雨桃花，無斯豔麗，以故婦女皆趨之若鶩。

　　武生爲武劇之主腦，其人必神采奕奕，而又長於技擊，熟於臺步，嫻於金鼓節拍，乃始盡善，若更能唱，斯第一人矣。月樓獨能兼此數者之長。人稱之曰楊猴子。演《西遊記》悟空，必以武生繪面爲之，或竟有不繪面者，此角以超距靈捷、舞棒圓熟爲工。月樓本善武生，扮相絕佳，而技擊、臺步、身段、打把，又靡不精。每扮悟空，如《芭蕉扇》、《五花洞》、《蟠桃會》、《金錢豹》等劇，皆靈活如猴，有出入風雲之概，故以猴子見稱。且武生最重在脛，無論猿超鶴立，必腳踏實地，毫不傾倚，方爲能手。月樓工力甚至，舒轉自如，且力大於身，雖長劇如《長坂坡》，身在重圍，七進七出，備諸牌調、架式，而始終不汗不喘，一絲不走，恢恢乎遊刃有餘，而又喉寬善唱，腔調兼勝。其子曰小楊月樓，頗得家法，扮武生，亦精悍絕倫。惟面色微紺，輝麗不逮老鳳，喉音之堅實洪敵，亦若梢遜。惟兩脛熟練，動止合節，穩重不陂，固猶能繼武也。（徐珂：《清稗類鈔》第十一冊《優伶類》，中華書局，1986年，第5114～5115頁）

　　【汪桂芬以醇酒婦人死】汪桂芬，徽人，伶界世家也，以額廣，人以大頭呼之。幼習戲，無異常童。十五後，倒倉閉音，不復能唱。習胡琴，能工，初僅爲常伶之琴師，後以音調見賞於程長庚，乃爲長庚技手，久隨不去。凡唱，必恃琴善和，乃益發音，且轉折間可節力，小有偷減，腔中換氣，琴如其調，貫而注之，人不覺也。若琴與唱左，則唱者非惟罔所假力，且牽而謬焉。能久隨者，其人聲調，耳熟能詳，某劇作某調，某段應某腔，得手應心，事誠兩便。從長庚久，於其所能者，無不能於手，然固未嘗擬以喉也。

　　長庚死，桂芬殊無聊，爲人言長庚聲調。人謂君何不自爲，曰：「我喉久閉，不能也。」強試之，殊高，遂勸其登臺。自訝曰：「我未冠失音，今乃未失耶？」惟初用微狹，臺步本夙習，因試唱老旦，人疑長庚復生。初登臺，即聲譽翕然，乃自壯曰：「唱不過爾爾，吾苟知者，爲之久矣。」至是，乃肆力於唱。唱日進，喉亦日佳，雖不甚宏，而中聲自足，又甚精銳，名遂大起。

　　桂芬在京，孝欽后擬傳入演劇，太監代奏其已蓄髮爲道士，不敢來。孝欽謂可剃髮進內當差。太監遂授意於桂芬，乃剃髮登場，演《舉鼎》、《昭關》

等戲，孝欽大喜，並嘉其削髮之誠，賞給五品頭銜，以示優異。於是相傳汪大頭奉旨剃頭，欽賞五品頂戴。

桂芬晚年至上海，上海女閭繁盛，樂此不疲，日夜無休息，不恆執其業，而其喉固不衰。光緒庚子復入京，人以其老而不久於世，益相傾重。時妻子皆死，削髮作外家裝，忽往忽來，居無恆所。與南妓林桂生狎，每至，同遊者嬲之唱，無或諉，嘗自午至夕，屢唱不停，且得意引吭，尤多佳韻。後數年，卒以醇酒婦人病瘵死，徽調遂絕。（徐珂：《清稗類鈔》第十一冊《優伶類》，中華書局，1986年，第5115～5116頁）

【孫菊僊爲老鄉親】孫菊僊，天津人，津中呼爲老鄉親者是也。初爲商，以喉佳，雅好唱，在津爲票友，即有聲。及入都，盡聆當時諸名家之唱，試之以喉，罔不利，乃入四喜班，爲巨角，唱壓胄子劇。與汪桂芬、譚鑫培鼎足而三，各有至處。其喉寬窄高下，攸往咸宜，尖腔嘎調，不經意而自出。尤難在每唱煞尾，傾喉一放，如雷入地宮，殷殷不絕，世謂之日孫調。其調大抵寬宏處多，花腔不甚用，以簡老痛快勝，而唱時亦自有花尖各腔。惟效之者專就重濁短禿處求之，**轟轟突突**，實如連放花礟，不成聲調矣。

菊僊不善臺步，而體魁梧，背微僂，拱手闊步，自近大方。扮方巾鶴氅員外一流，最爲閒適，得山林氣。其初入班，於讀字法略欠講求，後亦日進，如演《澠池會》，扮藺相如，其說白乾板垛字，此四字爲戲家緊要名詞。沉著痛快，得未曾有。有時好作遊戲，如光緒癸巳夏，演《硃砂痣》，時忽雨雹，至吳相公賣子歸，倒攜雨具，即以途中遇雹爲問。雹字北音讀如包，乃以南音讀之日白，闔座叫絕，是亦不獨以唱勝矣。（徐珂：《清稗類鈔》第十一冊《優伶類》，中華書局，1986年，第5117頁）

【譚鑫培爲伶界大王】譚鑫培，鄂人。其父某唱武老生，長於技擊，喉音狹而亢。南方有鳥日叫天，其音哀以戾，鑫培之父音近之，人呼之爲叫天，因而及於鑫培，遂以小叫天稱之。初學老生，未幾，喉敗不能任，乃改武生，以技名於近畿。中年還都，喉復出，仍唱老生。由于于三勝派。派而變通之，融會之，苦心孤詣，加之以揣摩，越數年而聲譽鵲起。其唱以神韻勝。本工崑曲，故讀字無訛；又爲鄂人，故漢調爲近，標新領異，巍然大家。他人襲其一二餘音，即以善歌自命。其實神化於此，唱無定法，初不著力，至筋節處，慢轉輕揚，或陡用尖腔，或偶一洪放，清醇流利，餘音繞梁，蓋全

在吞吐急徐處著意。故乍聞似亦平平，及應變出奇，人直不知爲聲何以能至於此。其於舊本劇詞支離過甚者，輒求通人改削，字不協律，復以己意定之，故其戲文，與常伶迥異。至於運喉弄調，瀟灑不群，如唱《碰碑》，正調已佳，反調更勝，字音清利，韻調悠揚，愈唱愈高，遞轉遞緊，揚之則九天之上，抑之則九淵之下，喉之任用，直如意珠，而且憔悴之容，剛烈之氣，又時時見於眉宇。爲劇至此，可歎觀止，宜其有伶界大王之號也。

譚在京師三慶園時，其唱工復取法於馮瑞祥，惟習焉不精，與張毓庭相髣髴。後因程長庚責其爲小家派，遂發奮自雄，極力改正，就程、于、馮三人之所長，取精用宏，合而爲一，乃始不同於凡俗。

譚嘗奉召入內廷，使爲內務府小伶工之教習，時有恩賞，遂有稱之爲譚貝勒者。

譚與汪桂芬齊名，聲價絕高。汪性頗劣，往往受人重聘，而延不登臺，屢以此涉訟。譚亦高自位置，班中每日演戲外，如有堂會戲，須其登臺者，每齣須五十金，尚須主者夙與聯絡，方演兩齣。人於延請時，若不得當，則必往求其妻及其長子，且須別有賂遺，故即賞金亦不止五十兩也。

都人喜譚之唱，殆有奇癖。中和園號爲譚所開，時有署譚名於戲招而不上臺者，顧人終不以其失信之故，而下次爲之減少。且有謂若譚死，願以身殉者，小可謂奇矣。或諷譚絕人太甚，譚曰：「君殊不解事，使吾聞召即至，人將賤視我，與常優等。且東呼西喚，奔命不遑，孰若示人以不可近，使人俯而就我之爲愈也。質言之，此等歌曲，實亦何足聽，若日聒於人耳，人且唾棄之不暇，故與其隨人以招厭，無寧自高以取重也。」

都中江蘇會館團拜，名伶麕集，譚獨抗傳不到。時吳江殷李堯方掌山東道御史，拘譚至，繫諸廳事以辱之，待演劇既畢，方釋之去。後此逢會館戲，聞命即赴，不敢或違矣。

譚與人語，好引劇場中之故實爲談資，又好效人腔調以供嗢噱。光緒某年南下，渡海時，舟中時時效孫菊儇或楊月樓，酷摹其狀，一時觀者，咸軒渠不已。

王福壽，南府之三十年老供奉也，於伶界鮮所許可，謂當今之世，僅有個半人，個自謂，半則譚也。

譚面瘦削，而一經扮裝，則精采奕奕，兩目尤神。居常嗜阿芙蓉，臨場非二人攜具，更迭料量不可。每日睡起必在夕陽以後，飲食居處，奢侈無度。

有妻有妾，有子有媳有孫，歲進不爲不多，而恆患不足。其子均不肖，不能繼業。仲唱旦，每與之同演《慶頂珠》，作漁家裝，扮蕭恩女，以眞父子爲父女，人樂道之。餘或唱武旦，或唱武生，輕裘肥馬，類五陵豪。每出，輿從相隨，酒肆茶樓間，群焉尊以爺稱，儼然貴遊子弟矣。

昔時各班歷轉諸園，四日一易。譚雖慵憜，而四日中少必兩至，至時雖遲，亦必酉末戌初，無過晏者。其後愈延愈久，成爲慣例，往往日戲至亥初始登。座客忍飢，電燈待熾，人人暫墮黑暗餓鬼道，而終無一人不待而去者。宣統初元，國喪遏音已久。及開禁，譚有登場消息，人人犇走相告，甚或輾轉屬其戚黨，預以期告，爲據地計，直若景星、慶雲之一現者。一日，演《天雷報》，時已夜九時後，慷慨激昂，千人髮指，並肩累足，園中直無容人行動之餘地。至叟觸壁死後，譚已入場，座客久飢，俟其唱畢應散，後臺逆知人意，故於後半全不扮演。詎譚指說時許，人已入神，視臺上之張繼保，如人人公敵，非坐視其伏天誅，憤不能洩，故竟不去。諸伶草草終劇，乃相率出門。（徐珂：《清稗類鈔》第十一冊《優伶類》，中華書局，1986 年，第 5117～5120 頁）

編者案：于三勝，各書均作「余三勝」，此作「于」，係原書所刊，沿用未改。

【張二奎工於做】張二奎，徽人。善徽調，唱不奇而工於做，老生中有所謂奎派者，其流裔也。不貴花腔，喉音近乾，故學奎派者以乾腔爲貴。乾腔者，簡老無枝、枯直不潤之謂也。（徐珂：《清稗類鈔》第十一冊《優伶類》，中華書局，1986 年，第 5120 頁）

【于三勝爲老生中之不桃祖】于三勝，鄂人，老生中之不桃祖也。其唱以花腔著名，融會徽、漢之音，加以崑、渝之調，抑揚轉折，推陳出新。其唱以西皮爲最佳，〈探母〉、〈藏劍〉、〈捉放〉、〈罵曹〉，皆並時無兩。而二黃反調，亦由其刱製者爲多，如今所盛傳之《李陵碑》、《牧羊圈》、《烏盆計》諸劇，皆是也。且知書，口才甚雋，能隨地選詞，滔滔不絕。惟擇配至嚴，若與旦配，非喜祿登臺，必不肯唱，寧捨車資而去，從無強而可者。一日，唱〈坐宮〉、〈盜令〉，喜應扮公主。已出場，適喜以事遲至，前後場汗下如雨，三返與商，易人作配，卒不可，然願久唱以待。不得已，亦姑聽之。及開板，唱楊延輝坐宮院一段，舊本有「我好比籠中鳥，有翅難展；我好比失水魚，困在沙灘；我好比中秋月，烏雲遮掩；我好比東流水，一去不還」四句，于

隨口編唱，連唱「我好比」至七十四句之多。後臺使人要喜至，草草裝束，抱兒而待，于方合眸緩唱，其興猶未艾也。知喜至，乃以常詞終。時歷數十分鐘，使者往返七八里，固猶未誤。座客含笑靜聽，知其有待，以愛其唱，亦姑忍之。後有問之者曰：「設再延不至，將奈何？」則曰：「我試以八十句爲度，若仍未至，可以說白歷敘天波家世，雖竟日可也。」

三勝善詼諧，能望文生訓，即景生情。舊時臺規至嚴，諸名宿之臺步、身段、場面、說白，從不偶誤。一日，扮一君主，鑾衛出場，例有內官四人執戟前導，入場，分爿而左右立。適其人荒莽，前一隊已分立，後隊竟誤投一方，成左三右一之式。三勝出，顧而怒，視以目，不覺，不得已，乃於唱引後，忽增唱搖板云：「這壁一個那壁三，<small>京音讀曰撒，平聲，在花麻韻。</small>還須孤王把他拉。」唱畢，牽其一以右之。臺上下均闃然失笑，不可仰視，其人亦慚沮自笑，逡巡去。場規本不應妄增，非謔劇不應打諢，惟重其名，又樂其敏，故觀者不以爲侮，反群起而譽之。（徐珂：《清稗類鈔》第十一冊《優伶類》，中華書局，1986 年，第 5120～5121 頁）

編者案：于三勝，各書均作「余三勝」，此作「于」，係原書所刊，沿用。

【陳彩林傾倒一時】同、光間，上海有名伶陳彩林者，隸金桂園。其初居京師勝春奎班，班爲內監某所蓄。時彩林尚髫齡，以不赴某侍御召，侍御銜之，因劾宦官不得私蓄梨園，上韙其言。班散而彩林遂至海上，登場四顧，傾倒一時。（徐珂：《清稗類鈔》第十一冊《優伶類》，中華書局，1986 年，第 5121～5122 頁）

【許蔭棠有許八齣之號】許蔭棠爲票友出身之須生，歌喉以寬宏厚實見長，宜於富麗堂皇之劇，尤以王帽著。每句拖音嫋嫋，歷久不絕，所以示其能力有餘也。惟所演之戲不多，有許八齣之號。在光緒中葉，負盛名，與譚鑫培、孫菊僊、汪笑儂埒，稱許老板。每劇畢出園，恆有多人圍繞，蓋以得瞻顏色爲幸也。（徐珂：《清稗類鈔》第十一冊《優伶類》，中華書局，1986 年，第 5122 頁）

【賈洪林痛詆端剛趙董】賈洪林，小字狗兒，受業於張勝奎，故一切規模有酷似孫春恆處。又爲譚鑫培之私淑弟子，嘗與劉永春、羅百歲合演全本《烏盆記》，即摹譚派也。爲人豪邁不羈，光緒庚子，拳匪肇事，孝欽后與

德宗西狩。一日，在天和館演《罵曹》，以時事改爲白文，痛詆端、剛、趙、董輩，慷慨悲憤，不可一世，觀者爲之聲淚俱墮。（徐珂：《清稗類鈔》第十一冊《優伶類》，中華書局，1986 年，第 5122 頁）

【黃三演《罵曹》被杖】黃三演奸雄之劇最肖，嘗供奉內廷，與譚鑫培同演《罵曹》。黃演至修書黃祖一節，孝欽后遽傳旨笞杖。杖畢，厚賞之，曰：「此伶扮奸雄太肖，不得不杖。而演劇如此聰明，又不得不賞。」（徐珂：《清稗類鈔》第十一冊《優伶類》，中華書局，1986 年，第 5122～5123 頁）

【謝寶雲爲名角之配】謝寶雲，幼名昭兒，演須生，《金水橋》、《二進宮》均著名。其發音蒼秀而高寒，倒板凡而圓，劉鴻升、譚鑫培皆遠不及，如文家善用逆筆，雲垂海立，石破天驚，行腔之陡峻，並世無第二人也。然挾此異術，僅爲名角之配以餬口，亦可傷矣。（徐珂：《清稗類鈔》第十一冊《優伶類》，中華書局，1986 年，第 5123 頁）

【時慧寶有父風】時慧寶，吳人。父琴香，同治時，以善崑曲知名於時，並善徽調，與鄭秀蘭同師，皆有聲望。琴香尤善於酬酢，曾在某園演《趲三關》，皖人御史徐某置酒於臺欄上，以戲劇爲下酒物，而琴香遽浮一大白，同觀者爲之絕倒。慧寶長，有父風。父歿，家中落，綺春堂舊居之在朱茅胡同者，鬻於人矣。或誚之，慧寶憤然曰：「父析薪，子不克負荷，非丈夫也。」遂殫心竭慮，專習須生，所演如《法門寺》、《上天臺》等齣，聞者無不謂其音節蒼涼，一空凡響也。

慧寶平居安貧自得，酷嗜翰墨，於名人碑帖，雖重值，必稱貸以購。尤喜大小篆，每日折紙爲範，作數百字，然後治他事。（徐珂：《清稗類鈔》第十一冊《優伶類》，中華書局，1986 年，第 5123 頁）

【汪笑儂演新劇】舊劇伶人，編演新劇最早者，厥惟汪笑儂。笑儂，名僢，字冷笑，亦字仰天，富有思想，兼善詞章，唱做之佳，猶餘事也。所編《黨人碑》一劇，乃採《六如亭》說部東坡逸事，略加附會，暗刺政府，而科白關目，亦能鼓舞觀者興趣。如在酒樓獨歎時，酒保誤蔡京爲榮心，司馬光爲絲瓜湯，謂蘇東坡有三弟，曰西坡、南坡、北坡，東扯西拉，詼諧有趣。至題詩一段，高唱「連天烽火太倉皇，幾個男兒死戰場。北望故鄉看不見，低聲私唱小秦王。長安歸去已無家，瑟瑟西風吹黯沙。豎子安知亡國痛，喃

喃猶唱後庭花」，腔調抑揚，不襲皮黃陳套。花字由低而高，延長至二十餘音，宛轉自如，尤爲難得。在專制政府之下，笑儂竟能排演革命戲，膽固壯，心亦苦矣。

宣統末，劉永春與汪笑儂均在濟南演劇，劉隸鵲華居，汪隸富貴茶園，以營業競爭，漸成仇敵。汪尙有涵養，劉則逢人便罵，輒曰：「汪笑儂何能唱戲！」一日，值某會館堂會戲，主者以二人皆負盛名，強令合演《捉放》，劉去曹操，出場唱「八月中秋桂花香」句，改「香」字爲「開」字。唱罷，目視汪，汪應聲曰：「棄官拋印隨他來。」座客咸以汪之才思敏捷，歎賞久之。劉自是誓不與汪合演，而罵如故。

笑儂所演之劇，皆自撰，即演舊有之戲，穿場唱白，亦與常伶不同。其演《斬馬謖》一劇，城樓一段正板、西皮及二六，一字一句，自出心裁，而不離《出師表》之大旨。入後，聞馬謖失守街亭，白云：「當年先帝在白帝城託孤之時，曾對山人言講，馬謖爲人言過其實，不可重用。山人以平南之役，馬謖有攻心爲上之論，頗曉兵機，故每畀以重任，不想今日失了街亭。如此看來，知人之明，不如先帝多矣」云云。此等急白，斷非俗伶所能夢想及之者也。（徐珂：《清稗類鈔》第十一冊《優伶類》，中華書局，1986年，第5124～5125頁）

【陸小香爲小生巨擘】小生之難，難於小旦，以腔與旦等，而須雜用寬喉，又戲兼武功者多，做工科諢，亦所在多有，故曠世得人無幾。此中巨擘，識與不識，咸推陸小香。小香南人，爲崑曲小生，亦善徽調，喉音與旦絕不相蒙，天然寬潤，是雄非雌，特與老生之過洪有別，一聞而即知爲小生，與以旦唱充數者迥然不類。其工力至深，崑曲臺步，日必按折遞演以爲常。且室懸巨鏡，日必作周瑜裝，臨鏡自照，凡一嚬一笑，必揣摩《三國演義》中之意義，達之於容，喜怒藏奸，必備一種少年英雄好勝卞急之態。且常伶冠插雉尾，往往掃眉盈口，左右不適於用，甚或動而墜地。小香於雉尾用力頗勤，每一低頭，則其上作左右轉，盤旋上矗，如雙塔凌空，且不露挺頸努力之狀。縱有極力摹之者，亦僅能互逐並旋，欲左俱左，欲右俱右，絕無天東去而日西來，各爲軌道，如扶搖羊角之相對而舞者也。（徐珂：《清稗類鈔》第十一冊《優伶類》，中華書局，1986年，第5125頁）

【德珺如由旦改生】德珺如爲穆彰阿之孫，酷好唱旦，家人不能禁，監守之，輒逸去。初本客串，稱爲德處。以不謹故，銷除旗檔。後無所得食，

乃遂入班爲優矣。其唱喉音絕佳，高響圓潤，無一不備，腔亦純熟。未幾改小生，頗能以意出奇。惟唱時故爲吐茹，喉際含蓄太過，多斷續哽咽之音，肆意急徐，無復規律，用喉如哨，論者比之唱灤州影戲也。（徐珂：《清稗類鈔》第十一冊《優伶類》，中華書局，1986 年，第 5125～5126 頁）

【俞菊笙爲武生中鐵漢】俞菊笙者，武生中之鐵漢，性躁急，故以俞毛包見稱。毛包者，都人稱性暴之謂也。精悍無倫，力亦絕大。其演劇，出門上馬，盛氣如虹，勇猛精神，溢於眉宇。至唱時，凡樂工、前場、配腳等，小有不合，則以氣相凌，無絲毫之假借容忍。其登場演劇，同列咸有戒心，而裂冠擲帶、拍案頓足樂工不能依節和奏，唱者對之頓足即爲痛詈。其勢愈重者，則詈亦愈深，與面辱人尊親無異。之事，仍靡日靡有。且胸挺眉豎，時時若有餘怒，故無論唱者、觀者，皆以毛包呼之，轉有不知俞菊笙三字爲其姓名者。其唱以《挑華車》一劇爲最得手。此劇場面身段，至爲繁重，愈後愈緊，叱咤生風。他人不待終劇，精力已疲，惟菊笙舉重若輕，無懈可擊，至揮舞緊急時，則如電閃風馳，直使人目迷神駭，旋歌唱牌子。旋舞，眞能品也。（徐珂：《清稗類鈔》第十一冊《優伶類》，中華書局，1986 年，第 5126 頁）

【張八十張長保劇半入場】武生不尚翻轉，專講氣度及刀劍能事。有八十、長保者，皆姓張，長於技擊，無論短衣盔靠，往往劇半入場，專以往來對敵、揮舞捷密取勝。兵將多人，遞出奏技，而兩人僅倚劍左肩，於從容大雅中，作一足之飛旋而止，戲中謂之打飛腳，以聲響而距高者爲上。衣髮不亂，氣宇雍容，不似時流之猱犬其身，與下把同其起伏，失大將體也。長保且善扮悟空，長於超躍，並工崑曲，凡武場各種牌調，靡不能之。武場牌調最多。八十體肥，不尚柔術，惟臺風偉麗，又揮劍戟如風，每出不過一二場，觀者已心滿志足矣。（徐珂：《清稗類鈔》第十一冊《優伶類》，中華書局，1986 年，第 5126～5127 頁）

【尙和玉有眞能力】尙和玉，寶坻人，確有眞能力之武生也。一步一躍，一擊一刺，皆具有尺寸，妙合音節。或獨立如夔，或平翻似燕，從容穩練，絕無努力喫重之痕，不偏不陂，適可而止。每唱《拿高登》、《金錢豹》等劇，伶人均往竊視，察其舞弄作何花式，臺步作何尺度，急徐間若何與金鼓相應。蓋以其學力深至，悉具老成典型，固非後生專恃質敏力裕猝欲學步者所能也。有時繪面演《四平山》，扮李玄霸，其雙錘在手，重若千鈞，轉

動有時，低揚有節。每擡足，則靴見其底，戲中謂之亮靴底，非足擡平不見。每止舞，則樂終其聲。戲中謂之傢伙眼。且盔靠在身，略無紊亂，平翻陡轉，全符節拍。未事時不形匆遽，已過後直若無事。然種種藝能，多出於崑曲中牌場舊式，而從心化之，用得其當，固不獨以一劇一藝顯也。（徐珂：《清稗類鈔》第十一冊《優伶類》，中華書局，1986 年，第 5127 頁）

　　【張占福獷悍矯捷】張占福，即張黑，爲開口跳，獷悍矯捷，其演《漢銀壺》、《九義十八俠》、《大蓮花》、《銅網陣》，殊有江湖豪俠氣概。（徐珂：《清稗類鈔》第十一冊《優伶類》，中華書局，1986 年，第 5127 頁）

　　【生旦演劇被斬】光緒中葉，方照軒軍門曜，威震粵中，有謂其過嚴者。其鎮潮州時，嘗觀劇。粵劇向多男女雜演者，適某優夫婦飾生旦，同演一淫戲，備極媟狎。方叱下，即於戲臺前斬之。（徐珂：《清稗類鈔》第十一冊《優伶類》，中華書局，1986 年，第 5128 頁）

　　【朱四芬柔情綽態】道光時，京師有蘇旦朱四芬者，年十四，與徽旦中至美者劉愛紅并稱第一花。以劉長一歲，人又呼朱爲亞紅。有倪姓者入都應京兆試，狎之。一日，開筵宴客，令朱佐觴，柔情綽態，四座哶眙。命歌〈藏舟〉劇【小坡羊】一曲，（編者案：據《綴白裘》所收《漁家傲·藏舟》齣，此處【小坡羊】當作【山坡羊】。）此曲本哀感者，其起句爲「淚盈盈做了江干花片」，朱慮聽者不歡，櫻喉乍啓，一笑嫣然。客有裏周郎癖者，乃口占一絕調之曰：「看花燈下愛花明，花爲人看花有情。粉面春風年十四，樽前笑唱淚盈盈。」朱曰：「殆謂歌此曲不應笑耶？」因又唱〈跌包〉劇【紅衫兒】一曲，嫩喉淒涼，神色慘至，合座傾聽，不覺泣下，倪至挽其頸令勿再唱，而客亦傾倒備至矣。（徐珂：《清稗類鈔》第十一冊《優伶類》，中華書局，1986 年，第 5128 頁）

　　【旺兒爲花旦】同治初，京伶旺兒爲茶寮中捧盤童子，面白皙，性儇巧，遂爲好事者慫恿入鞠部，爲花旦，振動一時，趨之者如蟻附羶。其唱，以黃腔爲最工，惟步武不中繩尺，蓋未從師之故也。（徐珂：《清稗類鈔》第十一冊《優伶類》，中華書局，1986 年，第 5128 頁）

　　【張三福性坦易】蘇州張三福，字梅生，同治初之京伶也，所居曰月

新堂。性坦易，貌姣好，而眉黛間常若有恨色。演〈刺虎〉最工，亦以其愁眉雙蹙相稱也。頗解作字，淨几明窗，雜陳古帖，兼之魚盆花鉼，殊覺別饒清趣。（徐珂：《清稗類鈔》第十一冊《優伶類》，中華書局，1986 年，第 5129 頁）

【夏天喜長身玉立】 夏天喜，字秋芙，揚州人，同治初之京伶也。長身玉立，回眸一笑，觀者惝怳不能自持。王藥儂與天喜美豔相匹，藥儂固是好女，天喜則近於蕩姬矣。蘇長公謂食河豚值得一死，蘿摩庵老人謂天喜儻是女子，爲我作妾，亦值得一死也。所居曰裕德堂。或贈以楹帖曰：「秋水爲神玉爲骨，芙蓉如面柳如眉。」（徐珂：《清稗類鈔》第十一冊《優伶類》，中華書局，1986 年，第 5129 頁）

【杜蝶雲爲生末淨】 杜蝶雲，蘇州人，同治時之京伶也。所居曰玉樹堂。初扮旦，後則生、末、淨恣意爲之。偶飾吐火判官，觀者譁訝，蓋聰穎人也。（徐珂：《清稗類鈔》第十一冊《優伶類》，中華書局，1986 年，第 5129 頁）

【沈芷秋舉止灑落】 沈芷秋，蘇州人，同治時之京伶也，所居曰麗華堂。舉止灑落，矯矯不群。工崑曲，靜細沉著，不作浮響，每一轉喉，座客肅聽，無復喧呶。一聲初動物皆靜，四座無言星欲稀，蓋芷秋之度曲，有琴理焉。其在春華堂時，齒方稚，時有中書舍人吳某悅之，欲購爲侍史，力不能致，竟吞生鴉片以死。（徐珂：《清稗類鈔》第十一冊《優伶類》，中華書局，1986 年，第 5130 頁）

【周稚雲質麗神清】 周翠琴，字稚雲，蘇州人，同治時之京伶也。質麗神清，有藐姑僊人之目。未久告殂，知與不知，莫不嗟惋，有以聯輓之者曰：「生在百花前，萬紫千紅齊俯首；春歸三月暮，人間天上總銷魂。」蓋稚雲以花朝前一日生，而其卒也正當春盡耳。（徐珂：《清稗類鈔》第十一冊《優伶類》，中華書局，1986 年，第 5130 頁）

【朱蓮芬爲潘文勤所眷】 潘文勤公少年鼎貴，悅歌童朱蓮芬而眷之，故其所作之詞多詠蓮華，託興綿邈。蓮芬子幼芬，風貌亦楚楚可人，唱青衫子，雖平平，而舉止嫻雅，猶是承平故態也。（徐珂：《清稗類鈔》第十一冊《優伶類》，中華書局，1986 年，第 5130 頁）

【侯俊山顧盼自喜】侯俊山，即老十三旦，張家口人，同、光間在京聲震一時，穆宗殊嬖之。同治某科鄉試，御擬試題「君子坦蕩蕩」，即隱十三旦。「坦」字爲「十」爲「一」爲「旦」，「蕩蕩」則含有兩「旦」字之音，合之爲十三旦也。其《八大錘》舞雙鐧，五花八門，到底不懈，顧盼自喜，遊刃有餘。蓋以秦腔花旦而兼武生，爲楊小樓所不及也。（徐珂：《清稗類鈔》第十一冊《優伶類》，中華書局，1986年，第5130～5131頁）

【田桂鳳負盛名】京伶之貼中巨子曰田桂鳳者，負盛名，每唱，則舉國若狂，奔走恐後。貌清麗，微削，兩睛略露兇光，爲美中不足。其扮戲，以閨門有情致者爲妙，如《拾玉鐲》、《鴻鸞喜》是也。

田善裝束，每登場，必有數人伺應之，梳髮者，貼花者，著衣者，夏則揮扇者，冬則持爐者。且篤嗜阿芙蓉，臨演，非二人更迭裝置不可。其妙在身材嫋娜，穠纖修短，雅近婦人，而冠服釵鈿又至精絕華，蓋皆自出心裁，制從新式，故益動人目。扮時一釵一髮，加意安排，鬢若刀裁，眉經新畫，衣裙合度，珠翠盈頭，於　容字，備極工細。故好之者眾，雖姍姍遲至，眾頗耐之。

田性驕，向例末劇皆演胄了，後則有老生作殿者，貼則僅在中劇。自田出，而貼乃爲後勁焉。其睡起最遲，雖夏日，亦及暮。光緒癸巳、壬辰之際，與譚鑫培同主春臺部，故多與之配戲。譚到已晏，而有時猶須待田。及劇止場終，往往柳梢月上矣。田以多得貴人眷，頗致富。（徐珂：《清稗類鈔》第十一冊《優伶類》，中華書局，1986年，第5131頁）

【楊桂雲善扮貼】楊桂雲，字朵僊，體胖，善扮貼。面橫闊，多酒肉氣，喉帶北鄙殺伐之音，半啞而近豺，故長於作潑悍劇。最佳者，如《雙釘計》，如《送盒子》，如《馬四遠開茶館》，其猛如雌虎，極奸刁兇淫之致。而又詞鋒鑿鑿，層出不窮，他人爲之，無狂屬至此者。次則如《殺皮》、《十二紅》、《南通州》等劇，凡謀夫害子爲淫婦而具兇悍性者，舉能效之。善哭善笑，面備春秋兩氣，見所歡，惟恐不盡其歡，見所惡，惟恐不恣其惡，頑婦情態，描摹入細。且每至主兇時，心亦似餒，而必強嗾所歡爲無丈夫氣，挽袖登床，抽刀便斷，至此聲色俱厲，喉皆變徵，若懦懦而強以自支也者。及至訟庭對讞，詞勝則上逼官府，詞敗則雜以詼諧，刁狡淫兇，可歎觀止。（徐珂：《清稗類鈔》第十一冊《優伶類》，中華書局，1986年，第5132頁）

【胖巧玲工貼劇】胖巧玲，一作鈴，又作林。京師人，以貼劇著。體貌厚重，扮相化妝之後謂之扮相，南人謂之臺風。不佳，而舌具爛花，如嚦嚦鶯聲囀於花外，長言短語，妙合自然。如《胭脂虎》中之史鍾玉，《浣花溪》中之任容卿，說白皆駢語雅辭，與尋常科白不類。常伶不諳文義，按圖索驥，如拙童背書，斷續梗塞，文理全失。且又多引古書古語，滿篇之乎也者，讀頓頗難，稍不留心，全無收束。如容卿道白中之「舜何人也，予何人也，有為者亦若是」數句，更為難讀，非略通文義，以精神貫之，殊無可取。巧玲貌雖不颺，而心有靈犀，於諸劇雅詞，不啻若自口出，以此見賞於上流人物，不以環肥而少之。

某邸與巧玲善，其卒也，某往送其喪，而懼人之指摘也，乃便衣步其後，兩僕捧衣冠從焉。某侍郎聞而笑之曰：「此頗似《紅樓夢》中賈寶玉在芙蓉池上祭晴雯時也。」某邸聞之，不以為忤，猶服為雋論。（徐珂：《清稗類鈔》第十一冊《優伶類》，中華書局，1986 年，第 5132～5133 頁）

編者案：此則又見於張祖翼《清代野記》及況周頤《眉廬叢話》，當係迻錄自此二家者。

【于紫雲為旦界名宿】于紫雲，須生三勝之子也，為旦界名宿。其唱聲柔脆而堅，絕非後輩虛浮一派，去臺遠坐，字音絕清，《彩樓配》、《御碑亭》、《趕三關》、《祭江》、《別宮》、《坐宮》、《盜令》等劇，皆委婉動人。晚年稍近遊戲，好演《虹霓關》一劇，效婢子裝，見夫人與伯黨論婚，腹誹眉語，方雙手擎盤茗而出，見之而怒，乃唧杯而指弄其盤，迅急如風，官體並用，喉仍作唱。其唱西皮二六一段，至「自古常言講得好，最狠狠不過婦女心腸」等句，字字酸心，針針見血，觀者點首太息，深入人心。四十以後，不恆登臺，以常奔走達官貴人之門，能鑑別古器，遂以販鬻古董為業，頗致富。如端忠愍公、楊文敬公，皆常與講論金石、購覓書畫者也。其子小小于三勝，能繩祖武，年十三四，即登臺演《李陵碑》等劇，饒有家風，老輩見之，謂尚不失三勝舊範也。（徐珂：《清稗類鈔》第十一冊《優伶類》，中華書局，1986 年，第 5133 頁）

【一汪水為戲中嬰寧】一汪水，京師金店藝徒也。性蕩，好作婦人妝，梨園中人有導之入班者，龍門一登，身價十倍。以目波韶秀，體復清潤，故有一汪水之稱，其姓名不可得而詳也。扮戲專重淫蕩一流，如《賣胭脂》、《戰

宛城》以色身示人，備諸褻狀，做工唱工，舉所不講。戲規本以笑場爲大忌，水蕩極，故多笑，笑而近美，故人不以爲失場，轉樂觀之。凡與配戲者，必以金店爲諷。都門金店，皆箓捐納、銓選等事，偶演《得意緣》等劇，生爲旦按摩，原本以赴京應舉爲講，以水故，輒以到京捐納爲言。臺下適有此賈，怒將用武，而水不爲辱，亦不還答，每聞妙謔，輒以巾掩口，笑不可仰，倍饒韻致。論者稱之爲戲中之嬰寧也。（徐珂：《清稗類鈔》第十一冊《優伶類》，中華書局，1986 年，第 5133～5134 頁）

【時小福唱青衣】時小福，吳人，唱青衣，名出于紫雲、常子和上。素與宜興任筱園制軍道鎔善。光緒辛丑，任以山東巡撫陛見入都，與時遇，時已髭髭滿頰，久不登場，任再三強之，乃爲之剃鬚而唱《落花園》一折，酬以三千金，不受。（徐珂：《清稗類鈔》第十一冊《優伶類》，中華書局，1986 年，第 5134 頁）

【王瑤卿有名貴氣】王瑤卿少時姿首，不過中人，而有一種名貴氣，盛飾衣冠，儼然貴族。與譚鑫培同供奉內廷，有青衣叫天之號。孝欽后甚眷之，每頒賞，必與譚埒，故頗饒私蓄。（徐珂：《清稗類鈔》第十一冊《優伶類》，中華書局，1986 年，第 5134 頁）

【姜妙香擅名一時】姜妙香以青衣、小生擅名一時，頗孤介，工繪事。其妻，國色也，至劇場觀劇，爲俞五所見，百計奪之，妙香竟不能與爭，遂鬱鬱得咯血疾。乃輟演，杜門不出，一意畫蘭，嘗自題其端，有「幽花只作閉門香」之句。（徐珂：《清稗類鈔》第十一冊《優伶類》，中華書局，1986 年，第 5134～5135 頁）

【旦之諸名角】閨門旦須有貞靜氣，當推田桂鳳、王蕙芳，姚佩秋亦差近似。頑笑旦須有潑悍氣，當推楊桂雲及五九。刀馬旦須有富麗氣，如《反延安》、《馬上緣》、《破洪州》之類爲貼劇，非武旦劇也。短衣披氅者方爲武旦。當推楊小朵及蕙芳。粉旦須有淫蕩氣，當推一汪水及桂鳳。此外則專重說白，如《胭脂虎》、《玉玲瓏》、《浣花溪》、《下河南》等劇，固全以長舌取勝之。（徐珂：《清稗類鈔》第十一冊《優伶類》，中華書局，1986 年，第 5135 頁）

【五九爲張樵野所眷】五九爲光緒時京師之美伶，張樵野侍郎蔭桓嬖

之甚，嘗招之至家，使改婦人妝，侍左右，日酬以五十金，令家人僕役呼之爲少奶奶。久之，亦遂視之爲少主婦也。（徐珂：《清稗類鈔》第十一冊《優伶類》，中華書局，1986 年，第 5135 頁）

【楊小朵爲武子彜所眷】 武子彜，滇人。任江西知縣，嘗以解餉入都，暱楊小朵。桂雲之子。流連久，囊金罄盡，則爲小朵司簿記，小朵呵叱如僕役，子彜安之，怡然若甚樂者。後其同鄉以子彜迷溺玷鄉譽，迫小朵逐之，不得已，回贛，每語人云：「吾平生最愉快者，獨爲小朵司會計時耳。」（徐珂：《清稗類鈔》第十一冊《優伶類》，中華書局，1986 年，第 5135～5136 頁）

【想九霄屢受辱詈】 想九霄即田際雲，色藝兼優，風流籍甚，而屢爲士大夫所辱詈，工部郎中龔才傑口角鋒利，偶於會館堂會中，見九霄至筵前請安，輒呼之爲兔兒。九霄聞之，反身即去。是日九霄應唱之堂會戲，竟排而未唱。遣人往催，則語來人曰：「想九霄爲供奉王爺之人，非爾等窮措大之玩具。」會館中人竟無如之何。未幾，龔竟爲御史所劾，去官。文芸閣學士亦以其驕而惡之，嘗詈之爲忘八旦，聞者謂此語可爲想九霄三字之的對。其後竟以弄權納賄，怙惡縱淫，奉旨拿辦，忘八旦三字不意成爲考語矣。（徐珂：《清稗類鈔》第十一冊《優伶類》，中華書局，1986 年，第 5136 頁）

【寶珊秀美天成】 光緒中葉，京伶顏色最麗者，有寶珊，秀美天成，扮《賣餑餑》、《拾玉鐲》等劇，唱做不必甚工，而能使人目注神癡，其麗可想。每出入園市，隨而環視者如蜂屯，如蟻聚。後得故舊提攜，改節讀書，爲人記室以終。（徐珂：《清稗類鈔》第十一冊《優伶類》，中華書局，1986 年，第 5136 頁）

【朱素雲美秀而文】 朱素雲美秀而文，工書善歌。光緒甲申以前，猶未露頭角也。然李蓴客侍御慈銘識之於前，樊雲門方伯增祥眷之於後，而尤爲陳小亭所暱。小亭，戶部書吏子，家饒於財，暱素雲最早，飲食宴處，悉在其家者十年。素雲性揮霍，皆小亭所供，既竭其藏金，復售屋得三四十萬金以繼之。（徐珂：《清稗類鈔》第十一冊《優伶類》，中華書局，1986 年，第 5136～5137 頁）

【謝寶琨放意怠工】 謝寶琨唱老旦，喉調尚佳，入內廷供奉，孝欽后

聞而賞之，遂膺每劇二金之賜。內廷賞賚有等，以次遞加。謝以初唱即獲慈賚，榮而自驕，放意怠工，唱日以退，甚至有走板失調之弊。再入內廷，遂被逐。

（徐珂：《清稗類鈔》第十一冊《優伶類》，中華書局，1986年，第5137頁）

【四十花門最多】四十者，京師四喜班有名之武旦也，傳槍轉棒，花門最多，如唱《蟠桃會》、《嘉興府》等劇，或多人互擲齊拋，或一人單轉雙弄，奇而不亂，緊而不乖，金鼓和鳴，使人目炫。拋擲一類，戲中謂之傳傢伙；轉弄一類，戲中謂之撚鞭，非水到渠成者不辦，手目偶疏，便虞閃失，場面一失，全節俱隳矣，而四十獨無之。（徐珂：《清稗類鈔》第十一冊《優伶類》，中華書局，1986年，第5137頁）

【余莊兒色藝均備】京師武旦，自四十以後，效顰者多，卒不能至，惟余莊兒技與相埒。莊面整意侈，善歌，且工技擊，矯矯不群，士大夫好與往還，頗負時譽。自編新戲多種，以《十粒金丹》為最。莊扮十三妹，挺然有女丈夫風，奇技俠情，見者心醉。其於傳弄各式，亦精熟圓緊，為武旦中色藝均備之材。光緒朝，供奉內廷，德宗頗賞之。一日，在人內演《十粒金丹》畢，未解妝，德宗召至內殿，攜手顧隆裕后曰：「此子可稱文武全才。」隆裕以其近御坐，大怒，將訴之孝欽后。上懼，乃以莊所佩倭刀為真者，將律以御前持械罪，揮之出，曰：「送刑部。」莊遂賄部吏，報病故，不敢復出，京中謂之報黑人。埋頭燕市，近二十年。至宣統時，乃稍稍與人晉接焉。

（徐珂：《清稗類鈔》第十一冊《優伶類》，中華書局，1986年，第5137～5138頁）

【兩陣風翻轉凌踔】兩陣風，不知何許人，由秦腔改入徽班之武旦也。其柔術精絕，翻轉凌踔，倒行旋舞，種種新式，均非常人所能。與武丑張黑演《賣藝》，各奏所能，皆矯然不落恆蹊。（徐珂：《清稗類鈔》第十一冊《優伶類》，中華書局，1986年，第5138頁）

【何桂山有鐵喉之目】何桂山，即何九，淨之名角，有鐵喉之目。曾與程長庚配戲，長庚亦服之。其喉之高響寬洪，罕與倫比，隨用隨至，從無一時音閉或唱久稍疲者。惟其人為登徒一流，男女色靡不篤好。每日演劇畢，即挾資為冶遊，或與同班旦、貼之流，相期於南下窪之蘆中以卜晝。俗稱伶與伶相偶者謂之同單。單者，北人呼衾之謂也。桂山之同單，多至不可紀數，有財則散之，無則取諸其偶，人以其誠直，多樂就之。性又好酒，靡日不醉，

酒色戕伐至甚，而喉固不失其佳。至老，其好不衰，而其唱亦不衰，異材也。

桂山之演劇，不落恆蹊，而天性躁急，每日興至則入園，入園即扮演而出，或時已晏而壓冑子不爲榮，時或早而頭三齣亦不爲辱，持錢而去，每不知所之。

其唱純取中聲，無一字一句不在至響極高之域，雖園廣數畝，樓高數仞，座客仰而靜聽，雖至遠者，亦如覿面促膝，聲聲如在左右，每一放響，誠有貫耳如雷者。惟唱之遲早，難以預定，聞名而來者，午飯稍延，及到園而已去矣。何本崑曲能手，後以樂工配角不備，佳劇亦不能多，惟《鍾馗嫁妹》、《五鬼鬧判》等，爲都人所篤嗜。前場隨手及各觔斗虎戲界謂赤身朱褲，專打觔斗之下把，每戲或四或八者，謂之觔斗虎。經其教演，尚流傳未絕，且此兩劇皆他人所斷不能爲者，桂山死，遂成絕調矣。（徐珂：《清稗類鈔》第十一冊《優伶類》，中華書局，1986 年，第 5138～5139 頁）

【李牧子爲淨界大家】李牧子，京伶淨界中之革命大家也，自李出而黑頭之唱一變。其唱以鼻音正音兼用，花腔最多，峭拔鏗鏘，頗足娛耳，如《天水關》中姜維一段，《御果園》中敬德一段，皆燕市人人所效慕者。然學之不善，輒陷爲輕薄子，花腔過多，必至無腔，滑調過多，轉不成調，故自李之後，即謂淨界無人亦無不可。（徐珂：《清稗類鈔》第十一冊《優伶類》，中華書局，1986 年，第 5139 頁）

【錢寶峰唱做並佳】錢寶峰以鼻音勝，尤能一嘯震人，劇中謂之哇呀。直如海浪簸舟，人身爲之起落者再，聲巨至此，疑古人嘯旨不外是矣。其唱以兼戲謔者爲最佳，正唱如《沙陀國》、《取洛陽》，兼謔者如《白虎帳》即《斬子》。中之焦贊，《大名府》中之李逵，《岳家莊》中之牛皋，極魏徵嫵媚之長，有阿叔不癡之概。光緒中葉，年已六十以外，頭童齒豁，猶能發巨響以驚人。淨以繪面爲難，其花色極精極細。從前師弟授受，有專譜備載其式，謂之臉譜。寶峰固以繪面見長者，唱做並佳，各藝咸備，亦淨界之名家大家也。（徐珂：《清稗類鈔》第十一冊《優伶類》，中華書局，1986 年，第 5139～5140 頁）

【金秀山爲淨角第一】金秀山，京人，咸、同間在某部爲官役。官役者，專伺官吏而司奔走者也。操作之餘，恆引吭高歌，聲若洪鐘。聞者咸驚異之，謂之曰：「若之藝宜可以雄長曲部，睥睨一世，豈懷才而以潦倒終耶？」

秀山心動，於是毅然辭役，而師何桂山。藝成，隸嵩祝成班。當是時，有小穆者，名淨角也，銅錘、架子，無不擅長，與孫菊僊同隸嵩祝成。秀山親炙其緒餘，益致力於銅錘，其藝乃駸駸乎駕諸名淨而上也。

勝春、同春、四喜先後立，秀山實終始其事。光緒庚子拳亂後，同春蹶而復起，秀山在其中，與譚鑫培偕，論者推爲淨角第一。其爲劇也，雄壯沉著，端凝渾厚，喑嗚叱咤，四座爲之震驚。晚年則蒼勁更甚，凡就聽者，莫不爲之神往。（徐珂：《清稗類鈔》第十一冊《優伶類》，中華書局，1986 年，第 5140 頁）

【小穆用鼻音】小穆，即名淨穆鳳山。黑淨唱腔之用鼻音，小穆實作之俑。蓋以氣弱，遂藉鼻孔出氣以取巧也。將登場，輒先以煙酒、大麥之屬遍餉後臺小角及前臺之看座者，令俟其出臺皆爲之喝采。梨園中人之不滿於小穆者，僉謂小穆之享名即由於此。（徐珂：《清稗類鈔》第十一冊《優伶類》，中華書局，1986 年，第 5140～5141 頁）

【劉鴻聲唱善用氣】劉鴻聲，京師闤闠中人也。以喉佳，能摹擬諸家唱法，人爭譽之。遂入班，唱黑頭，多籾新調，聲名鼎鼎，見重一世。惟酷好酒色，兼容併包，夜無虛夕。積久，體不支，兩脛竟廢，失業貧甚。某庫李某憐之，輿至其家，爲之飲食醫藥。期年漸起，久之遂能步，後竟杖而行。未幾大健，復能登臺，惟略跛耳。李年老而慈，於劉有再生恩，劉遂父事之。初山，猶止宿其家，後乃自爲室，而仍間日往省，李亦時時顧之，事無大小，多秉命而行。性絕驕，園人不能御，惟李可以強之。每近色，則李之所以防而戒之者嚴，故不至橫逸，其技之進，皆李左右之也。

劉病起，氣較弱，以淨用力多，改唱生，而生唱中仍時時雜以淨，蓋習之久耳。其唱響脆高洪，以善用氣，故能延極長之聲，雖時以太過取譏於人，而音之充滿，究特異於眾也。（徐珂：《清稗類鈔》第十一冊《優伶類》，中華書局，1986 年，第 5141 頁）

【劉趕三敏於口】京師名丑之以有白有唱、諧正兼行者，前有楊三胖丑，後有劉趕三。趕三敏於口，片語能歡座人，如扮〈闖山〉中之周鼎，〈查關〉中之娑羅院，皆盡掃陳言，獨標新諦。扮貼者舌戰少弱，爲所窘者不知凡幾矣。

劉於崑曲、徽調皆能之，居常一驢一笠，往來長安市。唱《探親相罵》

時，即以驢上臺，驢亦熟諳臺步，不異蕭梁舞馬也。惟詈人太過，往往口給取憎。然性至木強，屢辱不改，肆口傷眾，受桎於巡城御史署中溺桶旁者屢矣。後以獲罪親貴，頗知悔，漸謹飭。每行，見車有前導者，則鞭驢避道。或喝問之，輒下騎，去頂上所盤髮辮，垂手屈一膝作禮，敬對曰：「小的劉趕三。」其人乃大笑而去。（徐珂：《清稗類鈔》第十一冊《優伶類》，中華書局，1986年，第 5141～5142 頁）

【羅百歲爲丑界翹楚】羅百歲，京師人，專唱丑角，而唱工特勝，能效汪桂芬、譚鑫培各音，故於丑界爲翹楚。說白清利圓穩，有眞能力，做工、臺步靡不精到。扮蔣幹、扮賈貴，均爲人所難能，而獨唱〈拾金〉之聲調之佳，合唱〈活捉〉之臺步之敏，更不可復得，固非以專工俚語，便可作丑也。

羅與秦腔老生十三紅最莫逆。蓋羅初甚窘迫，十三紅與有解衣推食之誼。迨羅聲譽既起，同輩爭與交好，羅輒不爲禮。問之，則曰：「十三紅與我不同道，愛我而好我若此，是眞知己也。若輩回想前數年待我如何者，可以休矣。」（徐珂：《清稗類鈔》第十一冊《優伶類》，中華書局，1986 年，第 5142 頁）

【趙僊舫滿口新名詞】趙僊舫，名丑也。以隆準故，人以大鼻子呼之。都中好作此類諧稱，如從前名丑大骨頭之類，奇稱甚多。齒牙伶利，語妙如環。光緒庚子以來，海內尙新學，趙頗通文理，專以新名詞見長。每登臺，改良、進化諸名詞，滿口皆是，妙在運用切合，不知者或誤以爲東瀛負笈歸也。宣統辛亥以前，病死京師，後遂無繼起者。然滬伶之似此者則較多，固不僅夏月珊、夏月潤、潘月樵諸人已也。（徐珂：《清稗類鈔》第十一冊《優伶類》，中華書局，1986 年，第 5142～5143 頁）

【草上飛張黑之縱躍】草上飛、張黑，京師武丑之曠世罕有者也，皆捷如猿猱，迅如飛燕，任意翻倒，隨情縱躍。唱《三上弔》時，貫索兩樓之顛，由臺飛跨而上，或往或來，或倒懸，或斜絆，或踞坐其上，或徐步其端，最後以髮掛而口啣之，掣令其身上下，此二人所並能者也。

草上飛不知其姓名，以鯉魚打挺爲最奇，平臥於地，初則身高五六尺，次八九尺，再則一丈以外，每下，復落於原處，不知何由運力也。張黑幼習拳術，毆人亡命，遂入梨園。其得意者爲《賣藝》、《三上弔》等劇，能以手拍圈椅兩足，躍而登，旋翻而上，即以手持椅，與之同翻，以椅之足爲其手，

足起則椅落，椅起則足落，憑空增其半身，翻騰自若。後以樓上有人議其微瑕，飛而及樓，將與尋釁。未至樓，而人擲以茗具，顛，遂傷脛腰，不復能奏奇技，一從事於說白，輒演《盜御馬》中楊襄武之類，以自矜異。（徐珂：《清稗類鈔》第十一冊《優伶類》，中華書局，1986 年，第 5143 頁）

【昭容雪如覲高宗】高宗南巡至清江，曾召女伶昭容，旋以鈿車錦幰送揚州，賜玉如意、粉盦、金瓶、綠玉簪、赤瑛、玉杯、珠串諸珍物。又有雪如者，高宗嘗以手撫其肩，雪如乃於肩上繡小龍，以彰其寵。（徐珂：《清稗類鈔》第十一冊《優伶類》，中華書局，1986 年，第 5143～5144 頁）

【黃翠兒色藝冠時】黃翠兒，字綠筠，嘉慶初之常熟女伶，王天福妾也。初，大婦三胖子遇之虐，旋以色藝冠時，舉家仰食於翠，始善視之。山陰童杏浦見而傾倒，留頓浹旬，欲以多金贖之，翠亦願奉杏浦盥匜，格於勢，未果。無何，而遂有小玉奴之事。小玉奴者，天福之媳，早歲曾適童姓，繼歸於王，亦以脂粉為生，其父母知之有年，一旦訟之有司，意欲別售富室子。事本與翠不相涉，有以讒言進者，將居翠為奇貨，遂被逮。時翠方娠，杏浦為之上下營救，始以疾放歸。驚心甫定，懷珠遘隙，風雨梨花，幾經摧折矣。

先是，有河南某丞慕翠名，思購為妾。某素淰色，且自頂及趾，無雅骨，翠百計辭之，僅而獲免。會以訟餘養疴江寧，某又極於所往，覘翠孤弱，將劫之以行。翠闔戶悲號，截髮以誓，事乃寢。比其反也，歲聿云暮，天福夫婦方以訟事破家，不能自存，翠雖心乎杏浦，而身處窘鄉，義難恝然以去，且天福夫婦亦不欲遽捨此錢樹子也，遂不果。時杏浦館安宜，歲時問遺，常不絕也。（徐珂：《清稗類鈔》第十一冊《優伶類》，中華書局，1986 年，第 5144 頁）

【大寶齡氣象崢嶸】大寶齡，廣陵人。面目開闊，氣象崢嶸，一洗青樓冶蕩之習。舊在揚州演劇，扮大花面，聲若洪鐘，《紅樓夢》中之葵官也。同治初，至江寧，或嫌其過於豪放，解之者曰：「柳耆卿曉風殘月，與蘇長公大江東去，並美詞場，何必嫋嫋娉娉之為是，而錚錚佼佼之為非乎？」（徐珂：《清稗類鈔》第十一冊《優伶類》，中華書局，1986 年，第 5144～5145 頁）

【張桂芳演女劇】光緒初，滬有女伶張桂芳者，專演女劇。其女芷香能繼之，則扮小生、官生角色。（徐珂：《清稗類鈔》第十一冊《優伶類》，中華書

局，1986年，第5145頁）

【周處演《御果園》】滬有女伶曰周處者，以唱淨著。一日，有豪客臨劇場，使演《御果園》，語之曰：「果能袒裼登臺，當以巨金爲犒。」蓋《御果園》中之飾尉遲恭者，每赤身出場，客故云云。周利其金，竟從之。其實周登臺時，有長尺許之假鬚，披拂胸前，兩乳被掩無跡，此外雖袒以示人，原無別於男子也。（徐珂：《清稗類鈔》第十一冊《優伶類》，中華書局，1986年，第5145頁）

【金月梅以做工勝】女伶金月梅初以晉人而久居南方，故柔媚如蘇杭佳麗。其於戲，用心甚至，每扮一角，必有所揣摩，或貞或淫，或悲或喜，或賢妻慈母，或靜女妖姬，傳意傳神，惟妙惟肖，大抵尤以悲惋有情致者爲最得手。且以識字，能閱小說，往往自排新戲，如演《占花魁》中之花魁，《怒沉百寶箱》中之杜十娘，抑鬱牢騷，儼同實事。初著稱於海上，一時名士頗有欲納之者。且月梅有戲癖，悲歡一發於戲，故揣摩能工。後嫁傖伶李長山，致富數十萬金，蟄居津門，母喪後亦不復出。女伶以做工勝者，惟此一人。惟做戲過近人情，口白亦流走太過，似新戲非舊戲，於戲界究爲別派也。（徐珂：《清稗類鈔》第十一冊《優伶類》，中華書局，1986年，第5145～5146頁）

【謝珊珊演《彩樓配》】光緒癸卯冬，御史張元奇以某貴人狎妓，有失大臣體，具摺嚴參。蓋某美丰儀，喜狹邪遊，南妓謝珊珊至京，某宴客於城東餘園，招之侑觴。酒酣，就餘園劇場演劇，與珊珊合演《彩樓配》，爲張所聞，據實上奏也。其父某方綰樞要，怒甚，遂令南營將士悉將妓館封閉數日以示懲。（徐珂：《清稗類鈔》第十一冊《優伶類》，中華書局，1986年，第5146頁）

【王克琴有得意之作】女伶王克琴在津，亦以技名，惟喉音過尖，唱頗刺耳。性頗暴，往往於臺上詈人。特尙能京語，較津音略佳。演《雙釘計》等劇，兇燄大張，習與性合，亦爲得意之作。他如《翠屏山》、《梵王宮》、《浣花溪》，或尙做工，或尙態度，或尙口齒，均能近似，然欲以名家則尙遠也。（徐珂：《清稗類鈔》第十一冊《優伶類》，中華書局，1986年，第5146頁）

【楊翠喜長身玉立】天津女伶，以楊翠喜爲最著，實亦浪得虛名也。以親貴某見而垂青，經臺垣一疏，遂傳不朽。某旋即內不自安，上疏請解職，

疏略云：「臣系出天潢，夙叨門蔭，誦詩不達，乃專對而使四方；恩寵有加，遂破格而躋九列。倏當時事艱難之會，本無資勞才望可言。卒因更事之無多，遂至人言之交集。雖水落石出，聖明無不燭之私；而地厚天高，跼蹐有難安之隱。所慮因循戀棧，貽衰親後顧之憂；豈惟庸懦無能，負兩聖知人之哲。不可為子，不可為人。再四思維，惟有懇請開去一切差使，願從此閉門思過，得長享光天化日之優容。倘他時晚蓋前愆，或尚有墜露輕塵之報稱。」

　　翠喜貌本平平，惟長身玉立，有弱柳迎風之致，觀者重之。其唱口不佳，說白亦僅平穩。原籍本文安，稍長，從母鬻技津門，居常不與人往還，尚守伶界清律。齪商王五夤緣得近之，旋與之約，以三千金貯之金屋，乃與有交。事定，適貝子至津，觀之而善，以佳人難得為歉，為翠喜所聞，恐入侯門，遂急踐五之約，得半價。其母挾以返里，料量田宅而歸。五遣人伴之，雖來往過都，實未駐足，更無入府復出之事，至津即歸於五。每梨園演劇，時與諸姬往觀，人多識者，疏中所云「水落石出」，即指此也。（徐珂：《清稗類鈔》第十一冊《優伶類》，中華書局，1986年，第5146～5147頁）

　　【恩曉峰舉止大雅】恩曉峰，幼讀書，酷好聽戲，心領神會，於名伶所長，咸能默悟。及長，遂獻藝梨園。唱工摹譚鑫培派，間有孫菊儒、汪桂芬之餘音。鎔冶既久，自樹一幟，舉止大雅，恰合須生，臺步之佳，猶其餘事也。（徐珂：《清稗類鈔》第十一冊《優伶類》，中華書局，1986年，第5147頁）

　　【尤鑫培為吳綬卿所眷】吳綬卿中丞祿貞督辦延吉墾務時，佩邊防大臣印駐節瀋陽，跅弛自憙，朝飲麈血，夕走脂坡，歌臺舞榭中，無日不有其蹤跡，尤賞女伶尤鑫培。尤以夭媚蚩聲一時，既受吳眷，名益著。未幾，以五千金聘之而去。宣統辛亥秋，石家莊之變，吳既被害，尤在津門，仍操故業矣。（徐珂：《清稗類鈔》第十一冊《優伶類》，中華書局，1986年，第5147～5148頁）

　　【金玉蘭夙慧】自鮮靈芝由津入都，而京都始有女伶，於是楊翠喜、劉喜奎相繼而往，未幾而金玉蘭亦至。玉蘭本貧家女，或曰京師人，或曰揚州人，不可知。父早死，其母攜之寓天津，與下天僊戲園鄰。時翠喜方馳譽津門，其出入也，怒馬澤車，裝飾眩麗，潤色并及其母。而玉蘭之母豔之，乃以玉蘭師某伶，教之劇曲，學秦腔。玉蘭夙慧，未一歲，即通其技，合拍

中節，遂登場演劇。久之，名噪甚。有某將軍者，深賞之，乃出二千金為之梳櫳。

宣統辛亥，改革事起，吳綬卿死於灤州，六鎮兵譁，天津亂兵亦乘機搶掠，伶人星散。玉蘭與母逃之鄉，途為亂兵所掠，見其母老，欲戕之，玉蘭力求免母，願殺己以代。兵憐而從之，仍挾母女行。俄有二卒尾至，相與擁玉蘭入道旁叢塚間，欲遞淫焉。方纏縛間，玉蘭視旁一卒若有不然色，乃急呼曰：「某叔，豈忍視我辱耶？」卒於劇場中固識玉蘭者，乃大呼，起斥眾，不當行強凌一弱女子，且謂此吾盟姪也，何可污。於是眾謝不知，以玉蘭付卒，卒脫玉蘭衣飾與眾，攜之俱歸。玉蘭深感卒義，拜為義父，且告卒以某將軍視己厚，倘語之，必可得濟。時某將軍駐兵近畿，卒持玉蘭手書詣之。將軍大動，出金，令二人偕卒往，慰玉蘭，並召之，自此玉蘭遂寓將軍所，卒亦得玉蘭力，補伍。將軍欲納玉蘭，而母望奢，將軍不能如所欲，因不果。

（徐珂：《清稗類鈔》第十一冊《優伶類》，中華書局，1986 年，第 5148 頁）

【京師之妓（節錄）**】**道光以前，京師最重像姑，絕少妓寮，金魚池等處，特興隸溷集之地耳。咸豐時，妓風大熾，胭脂、石頭等衚衕，家懸紗燈，門揭紅帖，每過午，香車絡繹，遊客如雲，呼酒送客之聲，徹夜震耳。士大夫相習成風，恬不知怪，身敗名裂，且有因之褫官者。

京師之伶不敢謁妓，卒然遇之，必屈一膝以致敬，稱之曰姑姑，妓則貽以手巾、荷包等事。光緒庚子以後，伶漸縱恣，與妓會見，則不然，其後且有相狎者矣。然妓女若與優伶共宿，則人皆賤之，若與閹人共宿，則聞者不復顧。（徐珂：《清稗類鈔》第十一冊《娼妓類》，中華書局，1986 年，第 5155 頁）

【鄭州之妓】鄭州亦有馬班子，善謳胯胯調，（編者案：「胯」當作「侉」。）若招使侑酒，須錢三千文。其至也，有男傭鳴鑼為導，且行且擊，蓋預報其至也。逡巡間，妓隨之而進，屈一膝，徧向座客行禮，乃就坐，問座客姓名，行酒畢，手持上有劇目長可尺許之扇，乞主人點曲，主人還以讓之客。點一曲，更賞錢二千文。其下等者，日奔走於鐵路之沿軌，伺過客，隨之入逆旅，嬲客點曲，或且留宿焉。客不屬意，輒出房盤旋於院中以避之。（徐珂：《清稗類鈔》第十一冊《娼妓類》，中華書局，1986 年，第 5157 頁）

【上海之妓（節錄）**】**論滬妓之差等，輒曰書寓、長三、么二，是固然矣。然在同治初，則書寓自書寓，長三自長三。蓋書寓創設之初，禁例綦嚴，

但能侑酒主觴政，爲都知錄事，絕不以色身示人。至光緒中葉，書寓、長三始併爲一談，實則皆長三也，無專以說書爲業者。即謂長三爲冒充書寓，亦無不可。

長三者，最上等之妓也，以應召侍座，例取銀幣三圓，故名。……

客之於長三也，非由書樓點曲而相識，亦必有人爲之介紹。至其家作茶話，曰打茶圍。……

所謂喫酒者，置酒於其家也，每席銀幣十圓，下腳搞賞男女傭者。五圓。新歲元宵以前及冬至夜酒，下腳加倍。酒錢、局錢隨後結算，下腳飲畢即付。在打唱如佳節及壽日等，妓家多有打唱。之日，每席點曲二齣，另賞二圓。如遇清明、立夏、端午、七夕、中秋、重九、冬至、燒路頭、即迎接五路財神之謂。每節二次，曰開帳路頭、收帳路頭。宣卷延道士誦經。等及生日，客例以和酒爲報。每酒一席，謂之一檯，兩席曰雙檯，四席曰雙雙檯。……（徐珂：《清稗類鈔》第十一冊《娼妓類》，中華書局，1986 年，第 5164～5166 頁）

【江寧之妓（節錄）**】**各妓雖嫻法曲，非知音密席，不肯輕囀歌喉。若【寄生草】、【剪靛花】淫靡之音，乃倚門獻笑者歌之，名姬不屑也。

……

嘉慶初，遊客之設宴於妓船也，未開譙時，先唱崑曲一二齣，合以絲竹鼓板，五音和協，豪邁者令人吐氣揚眉，淒婉者亦足銷魂蕩魄。其始也好整以暇，其繼也中曲徘徊，其終也江上峰青，江心月白，固已盡其技矣。知音者或於酒闌時傾慕再三，必請反而後和。客有善歌者，或亦善繼其聲，不失其爲雅會。其後則略唱崑曲，繼以《馬頭調》、《倒扳槳》諸小曲，且以此爲格外殷勤，聽者亦每樂而忘反。雖繁絃急管，靡靡動人，而風斯下矣。（徐珂：《清稗類鈔》第十一冊《娼妓類》，中華書局，1986 年，第 5173～5174 頁）

【潮嘉之妓】潮州嘉應曲部中，半皆蜑戶女郎，大率爲麥、濮、蘇、吳、何、顧、曾七姓，以舟爲家，互相配偶，人皆賤之。其男子專事篷篙，僅於清溪、潮陽五百里內往來，載運貨物。生女，則視其貌之妍媸，或自留撫畜，或賣之鄰舟，父母兄弟仍時相過問。稍長，輒句眉敷粉，攏管調絲，蓋習俗相沿，有不能不爲娼之勢。而妓女寄所歡書，率置燈草於中，蓋潮人呼同心結爲菩薩花也。

宣統末，潮州有南詞歌妓，皆至自江西及汀州，懸牌於門，曰某某堂。

客至，所應酬以銀幣者，開天官一圓，唱曲、侑酒各二圓。汕頭亦然。（徐珂：《清稗類鈔》第十一冊《娼妓類》，中華書局，1986 年，第 5180～5181 頁）

【李笠翁目王再來爲韻友】喬復生、王再來者，李笠翁所蓄家妓也。歿後，笠翁爲之傳曰：「再來聲容，雖遜復生一籌，然不宜女而宜男，易妝換服，即令人改觀，與美少年無異。予愛其風致，即不登場，亦使角巾相對，執麈尾而伴清談。不知者目爲歌姬，實予之韻友也。」（徐珂：《清稗類鈔》第十一冊《娼妓類》，中華書局，1986 年，第 5186 頁）

【蘅香舉止瀟灑】蘅香，揚州人，光緒初之秦淮妓也。舉止瀟灑，落落有大家風。愛作淡妝，無抹脂障袖之習。工度崑曲，意氣豪宕，高響遏雲。時江寧宴會，以藥俍齋爲最盛，幕客寓公之迨暑消寒者，均集於此。每集，蘅香必與。惟既與諸名流遊，遂高自位置，俯視一切，碩腹賈無從望見顏色。因此所如不合，鬱鬱不得志，遇有高會，輒以酒澆塊壘，一舉數十觥。醉後耳熱，按拍悲歌，聽者至爲之掩淚。（徐珂：《清稗類鈔》第十一冊《娼妓類》，中華書局，1986 年，第 5221 頁）

【小林寶珠之榮哀】小林寶珠，滬妓也。貌不甚揚，以歌勝，客趨之若鶩。侍酒之局，日以百計，每至即歌，歌已即去，時有拈「曲終人不見」之句以贈之者。用是博纏頭無算，臂釧纍纍然，肘爲之不曲，衣一日十數易。光緒壬寅夏，染時疫，暴亡。臨危，猶高歌《目蓮救母》一折。既歿，鴇爲之市櫬，而客有以楠木所製者贈之。未幾，又一客以一具至。及發引，則有「誥封宜人」「晉封恭人」等銜牌導之以行。（徐珂：《清稗類鈔》第十一冊《娼妓類》，中華書局，1986 年，第 5236 頁）

孫寰鏡

　　孫寰鏡（1878～1943），字靜菴，號寰鏡廬主人，一號民史氏，室名棲霞閣，江蘇無錫人。光緒三十年（1904）加入興中會，任《警鐘日報》及《二十世紀大舞臺》記者，以文字鼓吹反清革命。著有《棲霞閣野乘》二卷、《明遺民錄》，以雜劇《安樂窩》、《鬼磷寒》，小說《新水滸》等，皆傳於世。見《無錫名人辭典》等。

　　【內務府某郎中妻之歷史】德馨任江西巡撫，酷好聲劇，署中除忌辰日，無日不簫管氍毹也。其女公子有國色，嗜好尤過乃父，且極喜觀演男女淫媒事，《翠屏山》、《也是齋》之屬，（編者案：《也是齋》即《皮匠殺妻》，又名《殺皮》。）無日不陳眼簾也。時官新建縣者爲汪以誠，汪故有能名，以武健嚴酷得大史歡，歷任優缺。至是，則益遣丁役，持重幣，走四方，聘名伶來贛，躬爲戲提調，日在撫署中。任內一切大小事，悉倩同僚代之。是時贛中有一聯曰：「以酒爲緣，以色爲緣，十二時買笑追歡，永朝永夕酣大夢；誠心看戲，誠意聽戲，四九旦登場奪錦，雙麟雙鳳共消魂。」額曰：「汪洋欲海。」四九旦、雙麟、雙鳳，皆伶名也。後德敗，汪亦褫職。德女當德宗選后時，亦被選入宮，孝欽極賞之，將正位中宮矣。德宗以其舉動輕浮，深不喜之，竟落第。後爲內務府某郎中妻。（孫寰鏡：《棲霞閣野乘》卷上，北京古籍出版社，1999年，第13～14頁）

　　編者案：此則重見於況周頤《眉廬叢話》，字句有出入，孰爲原本？俟考。

　　【山東巡撫國泰之笑史】乾隆末，國泰爲山東巡撫，年才逾弱冠，風

姿姣好，酷嗜演劇。在東日，與藩司于某，在署中演《長生殿》，國扮玉環，于扮明皇。每演至《定情》、《窺浴》諸齣，于以爲上官也，不敢過爲媟褻，關目科諢，草草而已。演既畢，國正色責于曰：「君何迂闊乃爾？此處非山東巡撫官廳，奈何執堂屬儀節，以誤正事？做此官行此禮之謂何？君何明於彼而暗於此耶？」于唯唯。自此遂極妍盡態，唐突西施矣。國乃大快曰：「論理原當如是。」後國被錢南園所參，高宗即令錢隨和珅往勘。使節抵濟南，署中劇尚未闋，國聞報，倉皇易妝往見，面上脂粉痕猶隱隱也。（孫寰鏡：《棲霞閣野乘》卷上，北京古籍出版社，1999 年，第 16 頁）

編者案：此則重見於況周頤《眉盧叢話》及徐珂輯《清稗類鈔》「戲劇類」，字句出入較大，孰爲原本？俟考。

【潘雲閣之軼事】 當北捻之萑清江浦也，總南河者爲潘雲閣，時正演劇未終，倉皇出走。議者率詬病之，以其僅耽聲伎，初無戒備也。至其瑣事，有足令人失笑者。蓋潘於五十以前，受制於妻，無後房之寵。失偶後，始大縱所欲，稱如夫人者四，又各蓄豔婢四人，其餘僕婢傭婦少艾者尤夥，悉昵之。不足，每於出巡時，睹民人婦之美好者，歸輒遣僕嫗託詞如夫人召入署，信宿而出，贈以朱提廿兩，如是者月更不可以指數。其總南河時，年幾七十，而精神矍爍，逾壯年人。性豪縱如昔時，頗有嚴世藩美人雙陸之概。其如夫人率南部名倡，極精音律，所育豔婢十六人，歌舞極嫻習，署中演劇裝服砌抹咸備。時或命酒，展紅氍毹，令諸婢扮演，其愛妾即在後場理絲竹，己則著短綠襖及膝，冠便帽，紅線成握，長尺有咫，斜披肩背。時便帽結紅線，必附以綏纓，今久不行矣。白鬚如帚拂胸，支頤疊股而觀，遇劇中關目可噱者，則起至場中，與諸婢狂嬲以爲樂。轅下官屬咸令之旁觀。適演《挑簾》、《裁衣》諸院本，備極妖治，遂群起狎嬲諸婢，醜態畢露。旁有掩口嗤者，爲所聞，由是遂禁男子不得予觀矣。更聞其於理事室中，另闢一房，婦女裝飾針黹所需之品悉備。每於午後，即萑其中。凡署中婦女欲市各物，不令出購，需各自來交易，必一親與論值，故靳之，以索群雌笑罵。甚且捋其白鬚，以掌摑其頰，而後以爲快。夫昔人體魄宏富，日御數女者，亦所恒有，初無足異，獨其演劇設肆，其可與乞食諸姬之韓熙載後先媲美。且能不令門下客有「最是五更留不得，向人枕畔著衣裳」之詠，則又韓熙載所不若矣。倘能稍稍移此精力，以治理一方，則清淮一帶數千百萬之生命財產，又何至淪陷哉？悲夫！（孫寰鏡：《棲霞閣野乘》卷上，北京古籍出版社，1999 年，第 17～18 頁）

【遼陽楊某以能歌免殺】順治間，遼陽楊某總督松江，偶與無錫進士劉果遠會飲觀劇。酒酣，楊忽拍案呼曰：「止，止！音節誤矣。」劉異之，問楊亦解音律乎？楊曰：「余命實賴是獲存也。初，清兵破遼東，恐貧民為亂，先拘而屠之。又二年，恐富民聚眾謀不軌，復盡殺之。惟四等人不殺：一皮工，能製快鞋不殺；二木工，能作器用不殺；三針工，能縫裘帽不殺；四優人，能歌漢曲不殺。其被殺者，尤以秀才為最慘，以其不能工作，而好議論也。時余為諸生，被獲，問曰：『汝得非秀才乎？』余曰：『非也，優人耳。』曰：『優人必善歌，汝試歌之。』余遂唱【四平腔】一曲，竟釋去，此余命所以獲存也。」述竟，即於筵間親自點板，歌一闋而散。明季遼陽之兵燹，觀此可見一斑矣。（孫寰鏡：《棲霞閣野乘》卷上，北京古籍出版社，1999年，第25頁）

【記某伶事】某伶者，色藝工絕，遊於陝。陝尚秦聲，無解南音者，困甚，無所得衣食。時某部為秦聲冠，不得已投焉。部中人共揶揄之，亦不甚令登場。會撫署宴方伯，某部當值，屬僚咸集。方伯者，平陽中丞也，數折後，厭秦聲，問有能崑曲者否？部中無以應。某伶獨趨進自承曰：「能。」曹長愕然欲止之，則堂上已呼召某伶矣。登堂請命，甫一發聲，平陽色喜，滿座傾耳聽。歌一闋，平陽曰：「止，笛板工尺相左，他樂器亦無一合者，是烏足盡所長？」趨呼藩署家樂和之，使演《掃花》一齣。伶既蓄技久，思欲一逞，又多歷坎坷，憤鬱無所泄，至是乃盡吐之，瀏離頓挫，曲盡其妙。平陽不自覺其神奪而身離於席也。平陽號知音，舉座見傾倒如是，莫不嘖嘖稱羨。曲終，自撫軍以下，纏頭以千計，明日某伶之名噪於長安，部中人承順惟謹。已，持平陽書入都，都下貴人爭愛賞之，宴集非某郎不歡，由是名益著。閱數歲，平陽擢陝撫，冒賑事發，被逮下刑部獄，家產籍沒，眷屬羈滯京邸，衣食不給，終日相對慘怛。忽一蒼頭問訊而至，言主人命致意，已為夫人覓得一安宅。趨呼輿馬送至，則屋宇精美，米薪器用，下至箕帚之類，一一完好，顧不知主人為誰。時平陽已論大辟，繫獄久，生平故舊，無一左右之者。一日晨起，突有人直至繫所，哭拜不能起。視之則某伶，已去其業，居京師作富人，夫人宅即所置也。於是即獄中置酒，復為平陽歌《掃花》齣，甫半闋，平陽大哭，即止不歌，而相對淚下如縷縻。自是朝夕至，視寒暖，調飲食，有甚於孝子之事親者。棄市日，具棺槨厚斂之，送其櫬與妻子歸里，又恤其度日費，度足用乃止。後不知所終。天下惟知己之感，沒世難忘。若

平陽者，僅足知某伶耳。「八百孤寒齊下淚，一時回首望崖州。」嗚呼！彼何人哉？（孫寰鏡：《棲霞閣野乘》卷下，北京古籍出版社，1999 年，第 79～81 頁）

【記雛伶楊花事】楊花，長安伶也。年十四時，江右孝廉徐某，以大挑試用長安，一見目成，以三百金售焉。逾年教匪起，徐捧檄催趲糧運，楊花能左右之。畜青騾一，日行三百餘里，常乘以從。丁巳寇亂方熾，徐催運至郃陽驛，猝遇高均德股匪。楊乃教徐僞作賊探馬狀，持箭乘青騾逸去。楊乃下馬往館舍，賊目有識之者，謂「楊掌班聞已跟官，何忽在此？」答曰：「吾代主催餉，俟此數日矣。」賊目顧其黨曰：「聆其言，似餉尚未來，且遇舊知，今晚當留此。」即置酒聚飲，令楊歌曲。楊略不抗拒，盡獻所長，且流目送媚以醉賊目。度已沉酣，猝掣賊佩刀刺之，應手而中。賊黨驚，群起刃之。賊亦敗興，逡巡委去。居人重其義，築土葬之，拊碣曰：「義伶楊花救主處。」孟九我廷烺曾爲作記，並寫《楊花救主圖》。雲間許仲元作長歌記之曰：「詩人孟浩然，示我《楊花傳》。爲寫《楊花救主圖》，貞心俠骨千秋見。每從花底說秦宮，墓底青油變態工。自向梨園傳豔節，不教斷袖沒英雄。楊花舊隸華林部，小隊梁州按歌舞。垂楊婀娜不禁風，落花飄泊還無主。破鏡徐郎意氣豪，量珠攜得鄭櫻桃。當筵獨譜秦風壯，倚帳同看塞日高。一朝忽唱從軍樂，細馬馱來增綽約。射虎晨隨繡纛馳，飛鳴暮逐金丸落。那知記室走孤城，正值風高夜劫營。子弟八千人散盡，眼前惟見賊縱橫。可憐生小嬌無力，手挽徐郎出荒驛。牽到青騾讓主騎，幸郎得免儂何惜？戰場生縛獻訶摩，千隊傖儸一笑嘩。滿面怨愁雙雨淚，爭教掩得貌如花。軒眉瞋目呼狂賊，身墜片泥心白璧。只願魂依屬鬼雄，久拚血化萇宏碧。欸魚無情渭水寒，弔花鴛塚淚闌干。憐他捍刃眞情種，殉主還輸脫主難。君不見如荼如火軍千屯，望塵拜寇何殷勤！國殤獨有汪錡在，一片楊花氣薄雲。」（孫寰鏡：《棲霞閣野乘》卷下，北京古籍出版社，1999 年，第 91～92 頁）

【梅巧玲軼事】梅巧玲字麗芬，貌極豐豔。演青衫、花旦，皆極盡能事。工漢隸，略能詩畫。咸豐末，有某太史者，故世家子，以揮霍傾其資，極眷巧玲。嘗負巧玲債二千金，未能償，以病卒僧寺中。其同鄉某君者，爲折柬召諸鄉人，集殯所，謀集資送其喪。諸鄉人各道貧苦，無肯先下筆者。日晡，所集不及百金，某君舌幾敝矣。忽門者報巧玲至，諸人相顧愕眙曰：「是殆爲索逋來歟？彼若見吾輩醵資狀，或即向吾輩索取，可若何？」言未竟，巧玲

已素服入，哭盡哀。移時，始輟涕向諸人曰：「太史生前，嘗負我二千金，今既亡矣，母老子幼，吾尚忍言舊債耶？」即出券懷中，向柩前一揖，就燭焚之。徐又出一紙授某君曰：「聞太史喪歸尚無資，謹賻金二百，為執紼之助。恨所操業賤，未能從豐，以報知己耳。」語畢，拭淚而去。諸人者，乃相顧無人色。巧玲卒於光緒辛巳、壬午間，生平以姓梅，故酷嗜梅，葬於京東某村。墓上樹梅三百株，其遺命也。巧玲少子肖芬，亦工畫蘭，今都下諸伶，色藝以梅蘭芳為冠，即肖芬子也。（孫寰鏡：《棲霞閣野乘》卷下，北京古籍出版社，1999 年，第 92～93 頁）

編者案：此則重見於況周頤《眉廬叢話》，字句出入較大，或係自彼處迻錄者。

【孔東塘得漢玉羌笛及唐制胡琴】孔尚任東塘，精於音律，嘗得漢玉羌笛、唐制胡琴各一枚，形制古雅。自為跋刊之云：「康熙壬申官京師，獲玉笛，吹孔之下，止具三孔，世無識者。考之馬融《笛賦》，稱笛出於羌，舊四孔，京房加 孔於後，以備五音。所云四孔者，乃連吹孔數之，其底原有洞孔，故加一孔而五音備焉。後之長笛，又加二孔，以應七律。許慎《說文》注：笛七孔，筒羌笛三孔是也。其曲有《落梅花》、《折楊柳》，古愛其曲，多為玉笛吹之。此笛色如柳花，蓋古之紺黃玉也。雙鉤碾制，肖形竹節，頂節二寸，中節八寸，尾節五寸，較以漢尺，分毫不爽。應劭《風俗通》載，漢武帝時，丘仲作笛，長尺四寸。今長尺五寸，且無後孔，當在深之初年矣。噫，古器存而古音莫解。笛之三孔，亦猶文字之一畫也，與胡琴本北方馬上樂，亦謂之二絃琵琶，蓋琵琶所托始也。《南部新書》載，唐韓晉公滉入蜀，伐奇樹，堅致如紫石。匠曰：『為胡琴槽，他木不能並。』遂為二胡琴，曰大忽雷，小忽雷。後獻德皇。《樂府雜錄》云：『文宗兩朝，忽雷猶在內庫。內侍鄭中丞特善之，訓注之亂，始落民間。』康熙辛未，予得自燕市，蓋其小者。質理之精，可放良玉，雕鏤之巧，疑出鬼工，今八百餘年矣。頻經喪亂，此器徒存，而已無習之之人。俗藝且然，傷哉！」（孫寰鏡：《棲霞閣野乘》卷下，北京古籍出版社，1999 年，第 105～106 頁）

【惇邸杖劉趕三】劉趕三者，京伶中丑角第一人也。光緒初，禁中演戲，扮《思志誠》一齣，趕三為鴇母，客至，則引亢高叫曰：「老五、老六、老七，出來見客呀。」蓋都下妓女，以排行相呼。而是時惇、恭、醇三邸，

皆入坐聽戲，惇行五，恭行六，醇行七，故以是戲之也。恭邸故脫落，喜詼諧，聞之大噱。醇賢親王故恭謹，雖不悅，然以在太后側，未敢言。惇邸夙嚴正，則大怒，叱曰：「何物狂奴，敢無禮如此！」立叱侍者，擒之下，重杖四十。（孫寰鏡：《棲霞閣野乘》卷下，北京古籍出版社，1999 年，第 128 頁）

【《明僮小錄》序】京師伶界之盛，爲四方所無。蓋日與士大夫親近，其吐屬舉止，自能有名雋氣，非徒侈色藝之工而已。咸豐中，有浙人餘不釣徒者，著《明僮小錄》一書，載當時諸伶遺事甚悉，詞筆亦極雅雋，今已無有能舉其名者矣。記其自敘一首云：

軟紅十丈，珠溫玉暖之鄉；拾翠三春，蝶醉蜂迷之候。道枇杷之門巷，室盡如蘭；住楊柳之樓臺，人原似璧。入時梳裹，西家返而效顰；絕世豐神，南威望而卻步。爾乃歌場雅集，廣座姍來，染翠黛於樓中，散芳紅於簾外。貌嬋娟之故事，猶在人間；譜霓舞之新音，自應天上。目招屢屢，青眼伊誰？耳語匇匇，黃昏有約。於是招邀勝侶，薈萃良朋，簾影泥人，壚頭遲汝。雙行押字，命鳩鳥以迎來；一笑搴簾，倏驚鴻之至止。省識廬山眞面，裙屐風流；爭看虢國修眉，鉛華淨洗。松醪挹注，無妨大斗之斟；鞠斝興辭，更屈高軒之過。同車有美，氤氳奉倩香留；隔巷停驂，依約秦宮花底。指兒家兮是處，絳蠟迎門；偕妹子以登堂，銀蟾在戶。曲房窈窕，人窺小有之天；繡榻橫陳，花種長生之地。密密翔鸞之字，補壁書工；疏疏待燕之簾，臨窗鏡啓。筆床硯匣，觀塗乙於新詩；繡履香囊，衍秘辛之雜事。數遍檀欒位置，東鰈西鶼；羯來萍聚因緣，南鴻北雁。三蕉戰拇，從看釣弋張拳；百萬回眸，莫負杯行到手。蘭缸背卻，一握情賒；蓮漏摧殘，三通鼓遍。緩須臾之命駕，且住爲佳；聽嘈雜以呼燈，不留也去。是知桃花洞秘，曾無易問之津；山木枝遙，每有聞歌之感。未使琅琊情死，顚倒難忘；奈何漎泗思空，迷離莫辨。僕都門印爪，驛路濡毫，目限窺蠡，腹慚飲鼹。舞衫歌扇，長安之舊雨無多；柳寵花姣，出谷之新雛自貴。聊就見聞所及，粗爲梗概之陳，藉慰牢愁，非矜藻飾。所願花宮月窟，爭傳千佛之名；會看酒國詩壇，更踐三年之約。（孫寰鏡：《棲霞閣野乘》卷下，北京古籍出版社，1999 年，第 131～132 頁）

劉體智

劉體智（1879～1963），字晦之，晚號善齋老人，安徽廬江人，清季四川總督劉秉璋之子。曾任戶部郎中、大清銀行安徽總辦，晚年任上海文史館館員。劉氏專精音韻訓詁，工考據，善詩文，著有《小校經閣金石文字》十八卷、《善齋吉金錄》十錄廿八卷、《善齋彝器圖錄》、《善齋璽印錄》、《善齋藏契粹編》、《善齋墨本錄》、《說文類聚》、《說文諧聲》、《說文切韻》、《尚書傳箋》、《禮記注疏》、《元史會注》、《清代紀事年表》、《續歷代紀事年表》十卷、《通鑒箚記》十六卷、《異辭錄》四卷等。

【張嘉祥之妻】戲劇最足移人，而作偽亦易。《三國演義》章回小說，宋稗之下乘，而賈豎牧子無不津津樂道，則二簧、西皮之力也。漢距今遠，猶云無考。有目前之事亂人耳目者，莫如張嘉祥娶親一節。忠愍夫人，桂林人。忠愍少為盜，一日為村堡人所擒，夫人亟馳至，劫之以歸，人無敢動者。復從至金陵。江南大營未潰時，忠愍遣歸，屬鄉人參將李某送之。里中故無家，以五千金付，置第宅，給衣食。臨行拔一齒，授之為別，曰：「予必戰死，恐骨不能歸，它日可以是葬。」其語洵烈丈夫也。夫人既自江南還，築室羚羊峽，與侍姜五人居。會當受一品夫人封誥，詔將至，謂參將曰：「諸姜與予同事，今予受封極品，彼不得沾，恐怏怏多不歡。若讀詔，可口增某氏某氏也。」新興、高明等縣有嘉應客民，屢與土人鬥，避難者多入羚羊峽，道饉相望，夫人常貸金散之。忠愍殉國，屍覓不獲，夫人以所拔齒葬。觀此，則忠愍、夫人少年結髮，曾與共患難，忠愍故後，能盡死葬之禮。如戲劇所云，豈非杜撰？（劉體智：《異辭錄》卷一，中華書局，1988年，第8～9頁）

【輓某伶聯】同治末，有某伶者，相傳曾爲上所幸。伶生於二月初旬，而死於三月中。或輓之云：「生在百花先，萬紫千紅齊俯首；春歸三月暮，人間天上總消魂。」（劉體智：《異辭錄》卷二，中華書局，1988 年，第 62 頁）

【刺王慶祺聯】同治賓天，有一聯云：「弘德殿，廣德樓，德行何居？慣唱曲兒鈔曲本；獻春方，進春冊，春光能幾？可憐天子出天花」，指王慶祺也。慶祺召入弘德殿，傳言在廣德樓飯莊唱曲，遇穆宗微行，識之，因之與從行內監交結，遂得供奉。常以恭楷寫西皮、二簧劇本，朝夕進御。至春方、春冊，事本無考，吾國人喜以曖昧之事誣人名節。其後張樵野侍郎、康長素主政得罪，當時亦有是說，未足爲憑也。穆宗不豫，人無不歸咎慶祺，此對盛傳一時。言路聞之，至入彈章，亦足見人言之可畏矣。（劉體智：《異辭錄》卷二，中華書局，1988 年，第 63 頁）

德　菱

　　德菱（1886～1944），筆名德齡公主，清末裕庚之女，漢軍正白旗人。少年時隨父先後在日本和法國生活六年，精通多國語言。十七歲時隨父回京，因通曉外文和西方禮儀，與其妹容齡同被慈禧招入宮中，1905 年因父病重離宮，1944 年在加拿大因車禍去世。著有《清宮禁二年記》（亦譯作《清宮二年記》）、《御苑蘭馨記》、《瀛臺泣血記》、《御香縹緲錄》、《清末政局回憶錄》、《德齡公主回憶錄》等。

　　【清末內廷戲劇】去朝堂不遠，至一廣院。院之兩側，有大花籃二，以天然木植編製成者。高約十五尺，滿覆以紫藤之花。籃極精美，太后殊愛之。花含苞時，太后必集群眾賞之，意甚得也。由廣院入循廊，廊沿山坡，遂達劇場。劇場之殊特，誠有出人意慮者。場共繞廣院之四面，面面不相連屬。凡樓五層，面臨空場。而戲臺則有二，連級以上。其樓之在第三層者，爲佈景及藏儲各物之用。其臺之在第一層者，一如常式。第二臺則如廟寺，專演鬼神劇者，以太后喜此故也。劇場兩旁，翼以循屋，稍低，而循廊護其外，爲各大臣被召聽戲之所。劇場對面，有室三，專建之以供太后者，高約十尺，與戲臺等平。室外設活動玻璃窗，夏時則易以綠紗之簾。其兩室爲太后起坐之所。右側一室，太后休息於此。室前設長榻，坐臥一如其意。是日太后則導余等入此室中。繼聞人言，太后觀劇，率在此室。視聽有間，則晝寢焉。太后善眠且熟，雖聲浪極大，不能擾之。讀者苟有曾入中國劇場者，必知於此喧嘩之地，欲睡神之惠臨，其艱難爲何如也。余等既入太后之休息室，戲即開幕。戲爲《蟠桃會》，亦鬼神劇也。此劇殊饒興趣。自始至終，余樂之不疲。所演諸節甚靈敏，且與眞者無異。余深訝太監等之詎能演此。太后告余：

「戲中諸景，俱太監等所手繪，而爲彼所教導者。且此劇場，與中國所築者殊。場有懸幕可上下，以節劇之起迄。」太后固未嘗觀西劇也，余不知渠果以何術竟與西劇暗合。太后愛讀宗教書及小說，時編輯成戲而自演之，且頗自負其能。太后坐而言，余等侍立。有頃，詢余曰：「爾知戲中情節否？余以「知」對，太后似頗愉悅者。旋復欣然謂余曰：「與爾長談，忘命餐矣。爾饑否？當爾旅歐時，爾能得中國食物否？曾思家否？苟余離國如是其久，思家必切。惟爾久居異土，非爾之咎。蓋余命裕庚之往巴黎也，然今亦不之悔。爾且自思，爾今足以輔余者實繁，且可使外人知滿人婦女中，亦有能操西語者，與彼等固無殊也。」方太后言時，余見太監置長桌三，上各覆以精美之白臺布。並見太監甚多，各攜食盒，靜立院中。盒爲木製，漆作黃色，其大可容小碗四，大碗二。太監置桌既畢，院中太監，列作雙行，以達院之彼端一小門外，互遞食盒，至於房門。內有衣履清潔之太監四人，受之以置於案上而去。……食畢，太后乃起立，謂余等曰：「且隨我往休息室，俾皇后及宮眷等進膳。渠等食時，固恒在余後也。」余等既入休息室，余乃立於門首，以觀皇后等進餐。渠等環案而立，毫無聲息，且無一坐者。此時劇尚未已，惟所演者，不如第一齣之饒有興趣也。太后入室後乃坐於長榻上，太監獻茶。太后又命進之余輩。讀者試思：余蒙如此榮幸，其欣慰如何？華人之視其君上也，至尊無與倫，其言無異法律，凡有面之者不得仰視，非是不敬。今吾等所遇，實非常之愛寵矣。且聞人之言，太后性情暴厲甚。但以余所身受者斷之，誠慈善，言語亦和藹可親，世界中極仁厚之婦人也。或告者之過歟？（德菱：《清宮禁二年記》卷上，中國國家圖書館藏民國九年昌福公司鉛印本）

編者案：原作無標題，此標題係編者所擬。

【光緒帝萬壽】光緒帝萬壽，爲是月二十八日。宮中於是始預備慶賀禮焉。……其後帝則受太監之慶賀，其禮相似，惟無樂耳。太監之後，則婢僕等。而禮遂告終矣。於是皇帝復入太后宮，跪其前而謝之。蓋以此次典禮，實彼之賜也。既畢，太后乃往劇場觀劇，諸宮眷皆從之。既至劇場，余等諸人，各蒙太后賜以糖菓，蓋此日之俗尚也。有頃，太后退，作午後之寢息，而典禮遂終。（德菱：《清宮禁二年記》卷下，中國國家圖書館藏民國九年昌福公司鉛印本）

編者案：原作無標題，此標題係編者所擬。

【俄國馬戲入宮演出】九月間，有一俄國馬戲來北京，致宮中諸人，無不互相道之。太后聞之既久，乃詢其狀果何似。余等既詳告之，彼覺殊有興趣，且謂頗願一視之。時余母念苟以馬戲來宮中者，誠佳事也。遂問太后以能如此否。太后聞是甚喜，並備置一切，以便戲此。各事既定矣，馬戲中諸人及其所攜之獸，均寓於吾等所居之左右。故余等乃出私資以飲食之。因欲以馬戲示之太后，故所費亦不之計。其帳幕約兩日始張成，而於是時，已有人以其所行之事，報之太后矣。方馬戲開演之前一日，吾見太后退朝時，其狀甚怒。余等乃詢其故。彼告余母及余謂：「有御史等，頗不以馬戲之來宮中為是。因此等舉動，從未有入宮闈者，乞太后罷之。」太后言時，大怒而言曰：「且視余之權力果何似也？余僅欲視一馬戲耳，乃不能使人之不余逆。」吾思莫若給以資而遣之去，夫太后以為是者，余等固無敢違之也。乃太后思之有頃，躍而言曰：「彼等之帳幕固已張矣，他人將不計其有馬戲與否，而其議論則同，吾必舉之。」以是乃得如式舉行。太后與諸宮眷等無不欣慰者。戲中有一段為幼女於球上跳舞，太后最悅之，且令重演之，至於數次。另有一段之有興趣者，則擺棍戲也。滿宮中人，除吾母及吾姊妹外，從未有見馬戲者。太后於時，甚懼夫此人由擺棍墜下而自戕也。又有一段之娛太后者，則乘無鞍之馬以競技也。太后見是甚奇之。其為太后所反對者，則以提議攜獅虎之類以來宮中也。太后意以此等野獸來宮中，殊不妥善，寧不閱之。馬戲之主人，乃攜一稚象來，作種種靈巧之技術。此頗足使太后愉快。主人見之，即以是持贈，太后受之。事後，余等試與之戲，見象竟毫不移動，乃棄之而置宮內諸象之中。馬戲所演者共得三段。於其結幕之先，其主事者語余謂：「極願以獅虎之戲相示，實無危險。且大有可視者在。」余等計議者久之，太后乃允其攜入，但必置之遠處，並不得縱之出柙也。方獅虎等牽入場中時，太監乃盡聚而環繞太后之左右。不數分鐘，太后即命攜之去，而言曰：「吾實不之懼，第慮其萬一逃脫，而傷他人耳。」此後全幕遂終。太后命賞之銀壹萬兩。彼馬戲者乃得鉅資以去矣。（德菱：《清宮禁二年記》卷下，中國國家圖書館藏民國九年昌福公司鉛印本）

編者案：原作無標題，此標題係編者所擬。

【慈禧萬壽觀劇】每日之晨，余等均往侍太后，並以前一日所遇之興趣事報告之。繼則先行以赴劇場，而立於院中，以俟太后之至。太后到時，各

跪下。俟其既過，以達於戲臺對面之室中。其跪也，排列成行，皇帝居首，后次之，皇妃又次之，其後則郡主宮眷，而來賓爲之殿。其初兩日，各事無不如儀。乃至第三日之晨，帝忽回顧言曰：「太后至矣！」帝固余等之表率也，於是無不跪下，帝猶一人獨立，視余等而笑。太后實未至，固不待言，諸人亦因之俱笑。帝之於戲弄也，最形歡愉。其他則絕無如是者。……萬壽慶禮，延續至於十三日始止。各人均一無所事，且均快樂，而逐日演劇焉。十三日之暮，乃告來賓：典禮已終，各自預備，翌晨而去。是晚，彼等乃各向太后興辭，而於次日離去。（德菱：《清宮禁二年記》卷下，中國國家圖書館藏民國九年昌福公司鉛印本）

編者案：原作無標題，此標題係編者所擬。

夫椒蘇何聖生

夫椒蘇何聖生，生平不詳，從其自號「夫椒」二字推斷，當生活於太湖一帶。

【同治間太監演戲】同治三年，御史賈鐸具奏，內務府有太監演戲，將庫存緞匹裁作戲衣，每演一日，賞費幾至千金，請飭禁止。當奉兩宮懿旨：「各省軍務未平，茲事可斷其必無，惟傳聞必非無自，難保無太監等假名招搖，著內務府大臣等嚴查究辦。」夫以玉食萬方之君，演戲日費千金，而宮廷誥誡如此嚴切，自是中興氣象。自光緒中葉以後，興修頤和園，窮奢極麗，慈輿臨幸，歲歲酣歌。雖以尊養為詞，而國步方艱，盤遊無度，實於憂勤惕厲之旨失之遠矣。（夫椒蘇何聖生：《詹醉雜記》卷一，民國雲在山房鉛印本）

編者案：原作無標題，此標題係編者所擬。

【穆宗冶遊】穆宗好冶遊，相傳嘗微行至宣德樓酒肆，遇翰林王慶祺，聞其歌而悅之，由是擢為侍講，令在宏德殿行走。王既得幸，益導之作狹邪遊，密進春方春冊，備極淫褻，穆宗以是致疾。有人撰聯諷其事云：「宏德殿，宣德樓，德業無疆，且喜詞曹工詞曲；進春方，獻春冊，春光有限，可憐天子出天花。」辭雖鄙俚，亦存事實。（夫椒蘇何聖生：《詹醉雜記》卷一，民國雲在山房鉛印本）

編者案：原作無標題，此標題係編者所擬。此事又見於劉體智《異辭錄》卷二《刺王慶祺聯》條，字句有出入。

【光緒梆子腔】王令言聞《安公子》曲而知煬帝之不返，寧王獻聞《涼州曲》而知有安史之亂。聲音之道與世運消息相通，感應往往不誣也。光緒初，都中盛行陝西梆子腔，其聲急促而糜演俗惡，無一雅出。且色有名萬人迷、十三旦、水上漂者，蕩褻萬狀，至不可耐。無端爲張子青相國所嗜，馴至衣冠會中亦登場奏技，論者以爲庚子西狩殆兆於此。李愛伯侍御寄陶文沖詩云：「都門廣奏百部伎，九衢車馬馳闐塡。念奴新聲久已絕，崐崘樂器無人傳。何來邊調雜西鄙，音噍氣促行蹁躚。四座歡娛萬人醉，和以亂橐兼繁絃。我聞此曲輒憂歎，得非哀靡愁師涓。」是詩作於甲戌，固早詫爲變徵矣。

（夫椒蘇何聖生：《簷醉雜記》卷三，民國雲在山房鉛印本）

編者案：原作無標題，此標題係編者所擬。

佚　名

〔檮杌近志〕

【紀應夔丞翁梅倩（節錄）**】**翁梅倩矮而肥，腰圓背厚，面短而闊，膚色焦黃，頸縮肩聳，貌甚不揚，而以能歌梅於時。前《繁華報》曾戲以北里諸姬，擬《水滸傳》中一人，所擬者雖未必皆洽，而擬翁梅倩為豹子頭林沖，則見者無不絕倒。蓋非妙在林沖，而妙在豹子頭也。審是，則翁梅倩之尊範可想矣。……年漸長，貌益寢，乃由娼入優，往來於沽津長江一帶，演髦兒戲以自給。（《檮杌近志》卷五，中國國家圖書館藏民國九年成都昌福公司鉛印本）

【蘇寶寶小傳（節錄）**】**情天樓蘇寶寶，父浦東人，生三女，寶寶居次。幼時黃毛蓬首，呆稚蠢笨。其姊名媛媛，恣睢放浪，操淫業於上海鼎豐里。尋遷於壽康弄，好昵細人優伶，盡得市井暴厲跳蕩不羈之習。……日馳逐於劇場，見伶人之膂力過人，技藝出眾者，輒回眸送睞，思得一當。先昵春桂某伶，次及新劇場某伶，尤悅花旦周蕙芳。周偶點尤甚，謂寶寶閱人太多，誠愛我者，以盟誓為要，以金錢為質。是時，寶寶已見棄於嫖界闊人所謂胡九爺者。胡多金錢，初悅寶寶，擲纏頭無數，及與之絕，寶寶遂無所挹注，且怨周之要脅也。日為流言醜語以詬周，固銜之，陰使人告於寶寶，謂願和好，請過其私室，圖良覯。寶寶信之，驅車往。則周預約伶人無數，恣意辱之。寶寶號而出，車至泥城橋，復有輟業伶人某，自車中攫寶寶下，痛毆無算，血被其面。（《檮杌近志》卷五，中國國家圖書館藏民國九年成都昌福公司鉛印本）

【王景琦之奇遇】《聆風簃雜綴》云：清穆宗御極時，春秋鼎盛，好微服冶遊。然微行時從者僅一二內臣，苦無便給之士，爲其狎邪侶，未能曲盡遊興。京師著名之飯莊曰「宣德樓」。一日，王景琦太史偕某部郎小酌樓中。王擅二簧，某部郎長崑曲，乃以紅牙檀板，各獻所長。一曲既終，隔座一客，欣然至前，詢太史等姓名官階。曰：「所奏曲良佳，盍爲我再奏一曲。」視其人氣度高華，口吻名貴，太史心知其異，乃如命爲之再歌。歌未竟，驀有二少年被華服立簾外探望，見客則拱立肅然。俄而車馬喧闐，人傳恭王至。行馬數十，奉一朱輪車，停樓下。恭王從容下車，入與客耳語。久之客始微頷，怏怏從之去。客登車，恭王爲之跨轅，遊龍流水，頃刻已渺。太史與某部郎皆心驚不已，知遇上也。不數日，上諭下，二人皆不次晉秩。某部郎以枉道爲恥，辭不拜。太史則數遷至侍郎，宏德殿行走。所以蠱惑上者，無所不至。上竟以此得痼疾不起，所謂出痘者，醫官飾詞也。及薨，人有撰挽聯諷其事者云：「宏德殿、宣德樓、德業無疆，且喜詞人工詞曲；進春方，獻春策，春光有限，可憐天子出天花。」王後爲陳六舟彈劾革職，永不敍用。陳疏如神禹之鼎，而措辭又含蓄得體。惜不記憶云。（《橋杌近志》卷六，中國國家圖書館藏民國九年成都昌福公司鉛印本）

編者案：此事又見於劉體智《異辭錄》卷二《刺王慶祺聯》條、夫椒蘇何聖生《簷醉雜記》卷一《穆宗冶遊》條，字句出入較大，此則中「王景琦」，彼二書均作「王慶祺」。據江慶柏《清朝進士題名錄》「咸豐十年庚申恩科」三甲第六十六名有王慶祺，乃順天府寶坻縣人。當係此人。故應以「王慶祺」爲是。

【記萬人迷】數年前京諺有曰：「六部三司官，大榮小那端老四；九城五名妓，雙鳳二姐萬人迷。」榮爲榮銓；那，那桐；端，端方也。雙鳳，大金鳳、小金鳳；二姐未詳。萬人迷本名不知云何，初爲某副都統婢，與僕私通，事覺，某都統並逐之。萬人迷語僕：「汝儂當自審所處，坐食當僵死矣。」又云：「聞南城勾欄有百順班者，其掌班甚良善，某將往依之。」語畢，即驅車自投，鬻身於百順，得價四百金。以百金與僕曰：「以此爲訣。」以三百金飾妝閣、購衾枕，陳設華麗。數日，萬人迷名大噪。武威張天石云：「吾來京，猶及見萬人迷，貌亦平平耳。獨其英采煥發，精神肆應，見者眼熱，昵者心醉，不知所以然也。」海某，內務府郎中，以昵萬人迷故，傾其家。會歲終，索逋者麕集，海遁之百順班。萬人迷詢知其故，謂海曰：「吾前言以身事君，

君見容否？如諾我，今日即返君宅，債事當為君了之。」海大喜，萬即代海出千金交鴇。返宅，出金料量債事畢，以其餘購田宅，數年富倍曩昔。萬人迷初精於擇術，繼明於知人，故十年後，聞萬人迷之名者，尤嘖嘖稱羨不置，非偶然也。（《橋杌近志》卷六，中國國家圖書館藏民國九年成都昌福公司鉛印本）

【蕭親王戲癖】晚清王公貴人，嗜戲成癖。相傳蕭王善者，嘗與名伶楊小朵合演《翠屏山》。蕭扮石秀，楊飾潘巧雲。當巧雲峻詞斥逐石秀之時，石秀抗辯不屈。巧雲厲聲呵曰：「你今天就是王爺，也得給我滾出去。」四座觀劇者，皆相顧失色，楊伶談笑自若，而扮石秀之善者，乃更樂不可支也。叫天嘗語人曰：「我死後得我傳者，惟某王爺一人而已。」或云即蕭王也。善者在宗室中雅號明達，而所行所為乃如此。當庚戌夏間，名省代表以請願國會集京師，晉謁蕭，談次，邸忽取帽擲於案，大聲唱「先帝爺白帝城」云云。諸代表悚然，大驚異。蕭徐笑曰：「諸君無爾，咱們都是好朋友。你們也不說是代表，我也不說是王爺，橫豎咱們樂一晌兒就得了。」即此觀之，則知世所傳合演《翠屏山》一事，決非子虛烏有也。（《橋杌近志》卷六，中國國家圖書館藏民國九年成都昌福公司鉛印本）

【沈潘《群芳榜》】華亭石臼鋪沈氏，饒於財。有沈潘者，幼孤，母甚姑息。既遊庠，益聽其厚資出入，乃愈放蕩。時山陰王季重，秉鐸華亭，潘與交甚歡。王與學使李戀芳同鄉，自恃前輩，負才望，凡有言，無慮不從。值潘就試遺才，王曰：「吾已為子地矣，但於題下明書『華亭沈潘』四字，當無不取」。沈如其言。李見甚怒，檄府提究。乃挽要人，關說多方，僅免笞辱，仍除其名。越數年，改名休文，復入泮。時更狂肆，縱為狹邪遊。薄松郡無名姝，出遊蘇臺，日往來平康，品諸色妓。作花案：某為狀元，某榜眼，某探花。名群芳榜。爭前列者，率厚賄之。擇日迎狀元，一郡若狂。按君李森先，廉得其實，飭差密捕，立斃杖下。沈貌寢，瞇一目，而鬚長過腹。受杖時，頭著於階，宛轉支撐，幾致盡落。嗟乎！輕薄子以遊蕩賈禍，至於破家，甚且殞命，固咎由自取。然當時以花榜而置死刑，豈得謂罰當其罪歟？

（《橋杌近志》卷七，中國國家圖書館藏民國九年成都昌福公司鉛印本）

編者案：此事俞樾《茶香室四鈔》卷廿三《南花小史》條有載，與此字句差異甚大。

【記李長壽李巧玲】李兆受又名長壽，爲捻匪渠魁，其生平跋扈反覆，叛降撫剿之事實，具載清史，不復錄。茲錄其與李巧玲遺事：長壽雄於財，挾資走上海，蓋耳李巧玲之豔名而來者也。時丹桂戲園，創於甬人劉維忠，廓式恢宏。李長壽至，據其中廳，責令戲園侍者，毋令他人入座，曰：「爲我召北里姝來。」侍者見頹然一老翁，裝束類鄉曲，不知其爲何如人也，姑諾之。然彼時北里姝，聲價高甚，所謂長三者，非有介紹不得近。侍者乃商之於么二，擇其最下者，召十許人至，侍坐於旁。李視之若無睹焉。劇將終，命僕人輦金至，人賞百金，燦然列案上。於是一夜之間，李長壽之名大震。明夜又來，仍命召妓，則爲長三者、爲么二者、姸者、媸者，紛至遝來，亦不及辨爲若干人也。長壽左顧右盼，意殊不慊。諸妓之當其一盼者，即引以爲榮，竊竊然謂其同儕曰：「李大人顧我。」同儕視李大人，則呼僕方奉黃金水煙筒以進也。是故晚近奢習，有以黃金爲煙筒者，實自李長壽始。劇將終，李長壽起，拂衣去，侍者請賞。則曰：「上海妓者，例以三元爲一局，吾昨所發者，已溢今日之數矣。」侍者無如之何。是夕也，北里諸姬空巷而至，後來者坐無隙地，中獨有一人岸然不顧者，則李巧玲也。長壽以巧玲不爲所屈，笑曰：「婢子乃不爲動耶？」乃夤緣以識李巧玲，狂恣豪奢。巧玲之婢請盥，長壽臂金條脫，承其巾，微水濺條脫。婢曰：「條脫著水矣。」長壽遽解下曰：「既著水，無所用之，即以賞汝。」婢驚愕卻顧，目視巧玲。巧玲曰：「此何物事，值得如許驚怪！」婢乃謝而受之。會新歲，長壽至，例賞而外，復以數百金擲庭際，俾婢輩爭拾爲戲。如是種種，皆所以媚巧玲也，而巧玲漠不爲動。夫長壽雖一世之梟雄，抑亦酒色之徒也，其所以如是者，以欲求得巧玲肌膚之親之故。巧玲乃僞爲不知也者，終不作留髡之舉。至是，長壽術無所施。一日，懷五千金之券至，故置於案上，僞爲遺忘也者而去之。明日，匆匆來曰：「昨誤遺一紙於是，盍檢以還我。」意蓋以利動之也。抑知巧玲佈置之詭，應對之捷，神色之整以暇，有出夫長壽意料之外，抑亦出於今之讀者之意料之外者。嗚呼！其術可懼，其慧又令人可愛也！當其聞長壽之言也，從容顧其婢曰：「奴輩不識字，可取出，俟李大人自檢之。」婢即以紫檀小匣進，發其匣，金珠之類，幾充軔焉。餘則契券之屬。檢之，則三、四千者，五、六千者，縱橫錯雜，不知其爲數之幾何也。長壽錯愕，不知所爲，幾不復斂其手。良久，乃徐徐言曰：「吾亦不辨何者爲吾物矣，姑置此可也。」婢乃捧匣以退，至是而李長壽乃嗒然矣。揭竿起事之狂焰，至是無可施；攻城

掠地之詭謀，至是無可展；衝鋒陷陣之勇氣，至是無可用；反戈相向之狡詐，至是無可逞。惟太息言曰：「婢子可恨哉！」取一世之梟雄，玩之於股掌之上，李巧玲不可謂非人傑也。長壽既喪其氣，使人間接以叩之曰：「李大人愛卿，卿何拒之甚也？」巧玲曰：「大人姓李，奴亦姓李，禮同姓且不為婚，而況其他。奴即不自愛，李大人亦豈不自愛耶？」長壽聞之，氣益為之奪。自是始絕念於李巧玲，而巧玲之囊既充盈矣。以一弱女子而能使恣睢暴戾之徒，無所施其技，此李巧玲之所以能獨享盛名於北里也。當巧玲盛時，北里名姬莫與之匹。乃時運不濟，命途多舛。未久即結識某甲，盡出其資股，開留春茶園，一敗塗地。復構訟事，禁獄中。既釋出，則憔悴無人狀，竟不知所終。李巧玲賞識伶人，與胡寶玉有同嗜，曾以爭一黃月山之故，彼此據戲場而不歸，竟達於旦，卒於兩無所獲而後已。迨巧玲墮落，寶玉乃無敵於儕輩。（《橋杌近志》卷八，中國國家圖書館藏民國九年成都昌福公司鉛印本）

【楊翠喜】楊翠喜者，直隸北通州人也。家素貧，十二歲時，其父母攜往天津。時拳匪勢張，乃逃避至蘆臺。匪亂既熾，無可謀生，其父售翠喜於土棍陳某。聯軍攻破天津，陳某遂挈翠喜至津，居城中白家胡同，與楊茂尊為鄰，轉售翠喜於楊，是為翠喜墮落孽海之始。是時，津沽間之聲伎，頗稱一時之盛。時有陳國璧者，購幼女二：一名翠鳳，一名翠紅，在上天僊演戲，均得善價。楊茂尊羨甚，乃謀於陳，令翠喜隨翠鳳等學戲，專演花旦。所演諸戲，亦均淫哇之音，若《拾玉鐲》、《珍珠衫》、《賣胭脂》、《青雲下書》之類。年十四，在侯家後協盛茶園，初登舞臺，所入甚微。未幾受大觀園之聘，聲價為之一振。津門豪客，多為翠喜揄揚，為一時女伶冠，時翠喜年方十八。後翠喜又就天僊之聘，聲名益高，月獲包銀，可八百元，於是芳名籍甚。迨趙啓霖參奏出，而楊翠喜之名，遂哄動全國矣。余同學楊君，謂趙奏本不實。當時趙摭拾影響之詞，張惶入奏，其意不過圖一己直聲振天下耳。蓋載振本儇薄少年，性喜漁色，與弟扶二，訪豔藏嬌，無所不至，風流趣史，廣為流傳，宜世人多信為實事也。（《橋杌近志》卷八，中國國家圖書館藏民國九年成都昌福公司鉛印本）

〔談美人〕

【博古】女人識字，便有一種儒風。故閱傳奇、觀圖畫，是閨中學識。

如大士像是女中佛，何姑像是女中儒，木蘭、紅拂是女中俠。以至舉案提甕，截髮丸熊，諸美女遺照，皆女中模範，閨閣宜懸。且使女郎持戒珠，執麈尾，作禮其下，或相與參禪唱偈，說儒談俠，眞可改觀暢意，滌除塵俗。如《宮閨傳》、《列女傳》、諸家外傳、《西廂》、《還鄉記》、《雕蟲館彈詞》六種，以備談述歌詠。間有不能識字，暇中聊爲陳設。共話古今奇勝，紅粉自有知音。

（《談美人》卷五「博古」，蟲天子輯：《香豔叢書》，南京圖書館藏上海國學扶輪社清宣統二年至民國三年鉛印本）

〔清代名人軼事〕

【百文敏軼事】百文敏菊溪總制兩江時，閱兵江西。贛撫某中丞初與之宴，百嚴厲威肅，竟日無言，自中丞以下，莫不震慴。次日再宴，演劇。有優伶名荷官者，舊在京師，色藝冠倫，爲百所昵。是日承値，百見之色動，顧問：「汝非荷官耶？何以至是？年稍長矣，無怪老夫之鬢皤也。」荷官因跪進至膝，作捋其鬚狀曰：「太師不老。」蓋依院本貂蟬語。百大喜，爲之引滿三爵，曰：「爾可謂『荷老尙餘擎雨蓋』，老夫可謂『菊殘猶有傲霜枝』矣」。荷官叩謝。是日，四座盡歡，核閱營政，亦少舉劾，不知此承値者適然而然耶？抑中丞預儲以待耶？預儲以待，則與江南主之待陶穀、文潞公之待何剡、王鐵之待韓璜等事絕類。丁卯，百以兩粵開府乞病內用，入都時，或謁之於道次。百憮然曰：「吾以刑部尙書用，漢員爲金蘭畦光悌，其人張湯、郅都也，吾不與衡，如民命何？」客曰：「昔徑山示童子案云：『汝進一步則死，退一步則亡，作麼生？』童子曰：『吾旁行一步何妨？』」百頷之者再。陛見時，乃力陳病尙未痊，乞閒散自效，遂改總憲。庚午以兩江節鉞抵定李家樓漫口，合龍後，至龍王廟行禮竣，僚屬以至卒徒，均叩謝且賀。百忽一例遵跪，眾大駭曰：「卑職與小的曷敢？」百喟然曰：「當在壩上時，何所分大人、卑職、老爺、小的也，驚濤一刷，貴賤同流，諸君不顧身命爲朝廷事，皆吾好朋友。」指帽上紅頂曰：「永矢此心，諸公畢可戴耳，王侯將相，寧有種乎？」眾均崩角，至有泣不能起者。百晚節頗有墨名，然幹練能任事，亦滿大員中之能臣也。（《清代名人軼事》，南京圖書館藏民國十二年上海會文堂書局鉛印本）

編者案：此則首一事重見於況周頤《眉廬叢話》、徐珂輯《清稗類鈔》「優伶類」《荷官爲百菊溪所眷》條，字句略異，或係自彼處迻錄者。

　　【記立山聯元】養心殿者，前清御朝之所也。嚴多窗破，北風吹面，景帝不能自支，因語立山，以紙糊之。時立山方有寵於那拉后，憫景帝苦寒，遂不請諸那拉后，糊之以紙。明日，那拉后大怒，召景帝切責曰：「祖宗起漠北，冒苦寒立國，汝乃聽朝而畏風耶？」午後召立山，批其頰，禍且不測。李蓮英素厚立山，即大呼曰：「立山滾出。」立山悟，因仰跌地上，果翻轉數四，直出簾外，那拉后為之莞然。庚子拳匪禍作，浙西三君以抗拳駢戮，而滿洲聯元、立山繼之。聯元本崇綺門下士，向亦空談性理。其婿壽伯福與言歐美治術，始漸開通。拳事起，聯官內閣學士，抗疏劾拳。捧章至東華門，遇崇綺於途，具道所以。崇厲聲曰：「君滿人，亦效漢兒賣國耶？」聯不顧，拂衣而入。少頃，崇入對，嚴劾聯，奉旨著步軍統領衙門拿捕正法。方聯之就刑也，忽有數騎自順治門沖出，逕赴菜市，其一騎馬足縛一人，拖曳數里，面目皆損敗不可辨，蓋即立山也。立山內務府旗籍，漢姓楊，為內府堂郎中二十餘年。饒於財，性豪侈，凡菊部名伶、北里歌伎有聲譽者，皆為之脫籍。有妓綠柔者，名噪都下，立山與鎮國公載瀾同昵之。瀾雖公爵，然處閒散，絀於財，以故綠柔恒善立山而絀載瀾，瀾大恨之。至是拳變作，適立山有請毋攻使館之奏，瀾即矯朝命縛赴巾曹。哲婦傾城，亦可畏哉！然立山之死，門客星散，獨所善伶人十三旦往收其屍，經紀其喪事。彼雖伶也，愧士大夫多矣。但不知種禍之綠柔君，能如綠珠之墜樓否？（《清代名人軼事》，南京圖書館藏民國十二年上海會文堂書局鉛印本）

〔清代之竹頭木屑〕

　　【南巡雜記】乾隆時國勢殷盛，公私富足，江南一帶，尤稱繁華。高宗南巡，前後六次，臣民望幸之私，最後尤甚。地方官紳迎駕預備，一切極爭奇鬥異之能。其第五次南巡時，御舟將至鎮江，相距約十餘里，遙望岸上，著大桃一枚，碩大無朋，顏色紅翠可愛。御舟將近，忽煙火大發，光焰四射，蛇掣霞騰，幾眩人目。俄頃之間，桃砉然開裂，則桃內劇場中峙，上有數百人，方演《壽山福海》新戲。又彼時各處紳商，爭炫奇巧，兩淮鹽商尤甚。於時凡有一技一藝之長，莫不重值延致。又揣知上喜談禪理，凡緇流迎謁，多荷垂詢，倘蒙恩旨，即永為僧人，當酬以萬餘金，否則任聽還俗，亦可得數千金。故其時士子稍讀書者，即可不憂貧云。又南巡時須演新劇，而時已匆促，乃延名流數十輩，撰《雷峰塔傳奇》。恐伶人不習，乃即用舊曲腔拍，

若歌者偶忘曲文，即依舊曲模糊歌唱，不至與笛板錯迕。又御舟開行之時，雙舟前導，戲臺架兩舟上，向御舟演唱。福文襄自臺灣凱旋，舟行江南，亦用此法。（《清代之竹頭木屑》，中國國家圖書館藏民國成都昌福公司鉛印本）

【張子青相國】南皮張子青相國，年已耋耄，而神氣無殊少年。恭王問之曰：「君何修而得此？」青相曰：「吾無他術，獨能不用心耳。」恭王曰：「君真大能！位至軍機，而能不用心，洵是難得。」青相最愛演戲。有僧虛舟者，日在其府中為戲提調，甚被寵昵。趙三嘗謔之曰：「有一僧死，見閻羅王，斥其戒律不嚴，僧極陳守戒清苦，可請驗。王命剖視其腹，則滿貯青菜豆腐也。繼一尼至，王斥如前，尼亦力辯，且引僧為例。王又命剖視，則滿貯稀粥麵已。」蓋北音稀粥，音近虛舟也。後被言官彈劾，逐虛舟出都。青相亦能自唱戲，花廳中無他陳設，帽架上置紗帽兩頂，欲演戲時，即自戴之。青相好梆子戲。京城梆子之盛，由青相始。（《清代之竹頭木屑》，中國國家圖書館藏民國成都昌福公司鉛印本）

主要參考文獻

（按書名音序排列）

一、基本文獻類

B

《八千卷樓書目》，清·丁仁撰，民國本。

《碑傳集》，清·錢儀吉纂，中華書局，1993 年。

《碑傳集補》，閔爾昌撰，民國十二年刊本。

《北東園筆錄初編》，清·梁恭辰撰，清同治五年汴城許義文齋刻本。

《北東園筆錄續編》，清·梁恭辰撰，清同治五年汴城許義文齋刻本。

《北東園筆錄三編》，清·梁恭辰撰，清同治五年汴城許義文齋刻本。

《北東園筆錄四編》，清·梁恭辰撰，清同治五年汴城許義文齋刻本。

《筆記小說大觀》，一～四十五編，歷代學人撰，臺灣新興書局有限公司，
　　1977～1988 年。

《不下帶編》，清·金埴撰，中華書局，1982 年。

C

《餐櫻廡隨筆》，清·況周頤撰，《況周頤集》，廣西師範大學出版社，2012 年。

《茶香室叢鈔》，清·俞樾撰，清光緒二十五年刻春在堂全書本。

《茶香室續鈔》，清·俞樾撰，清光緒二十五年刻春在堂全書本。

《茶香室三鈔》，清·俞樾撰，清光緒二十五年刻春在堂全書本。

《茶香室四鈔》，清·俞樾撰，清光緒二十五年刻春在堂全書本。

《巢林筆談》，清·龔煒撰，清乾隆三十年蓼懷閣刻本。

《巢林筆談續編》，清·龔煒撰，清乾隆三十四年刻本。

《池北偶談》，清·王士禛撰，中華書局，1982 年。

《疇人傳》，清·阮元撰，清文選樓叢書本。

《疇人傳三編》，清·諸可寶撰，清皇清經解續編本。

《疇人傳四編》，清·黃鍾駿撰，清光緒留有餘齋叢書本。

《春在堂隨筆》，清·俞樾撰，清光緒二十五年刻春在堂全書本。

D

《（道光）大荔縣志》，清·熊兆麟修，清道光三十年刻本。

《（道光）廣東通志》，清·阮元修、清·陳昌齊纂，清道光二年刻本。

《（道光）濟南府志》，清·王贈芳修，清道光二十年刻本。

《道咸同光四朝詩史》，清·孫雄輯，清宣統二年刻本。

E

《耳郵》，清·俞樾撰，清光緒二十五年刻春在堂全書本。

F

《梵門綺語錄》，清·佚名撰，《清代筆記小說》，河北教育出版社，1996 年。

《分甘餘話》，清·王士禛撰，清文淵閣四庫全書本。

G

《陔餘叢考》，清·趙翼撰，清乾隆五十五年湛貽堂刻本。

《古夫于亭雜錄》，清·王士禛撰，清文淵閣四庫全書本。

《（光緒）重修安徽通志》，清·吳坤修，清光緒四年刻本。

《（光緒）歸安縣志》，清·李昱修，清光緒八年刊本。

《（光緒）湖南通志》，清·曾國荃修，清光緒十一年刻本。

《（光緒）南匯縣志》，清·金福曾修，民國十六年重印本。

《（光緒）順天府志》，清·張之洞修，清光緒十二年刻十五年重印本。

《（光緒）永嘉縣志》，清·王棻修，清光緒八年刻本。

《廣清碑傳集》，錢仲聯主編，蘇州大學出版社，1999 年。

《廣陽雜記》，清·劉獻廷撰，清同治四年鈔本。

《國朝詞綜》，清·王昶輯，清嘉慶七年王氏三泖漁莊刻增修本。

《國朝詞綜補》，清·丁紹儀輯，清光緒刻前五十八卷本。

《國朝詞綜續編》，清·黃燮清輯，清同治十二年刻本。

《國朝漢學師承記　國朝經師經義目錄　國朝宋學淵源記》，清·江藩撰，
　　中華書局，1983 年。

《國朝畫徵補錄》，清・劉瑗撰，清道光刻本。

《國朝畫徵錄》，清・張庚撰，清乾隆刻本。

《國朝畿輔詩傳》，清・陶樑輯，清道光十九年紅豆樹館刻本。

《國朝詩人徵略》，清・張維屏撰，清道光十年刻本。

《國朝詩人徵略二編》，清・張維屏輯，清道光二十二年刻本。

《國朝書人輯略》，清・震鈞輯，清光緒三十四年刻本。

《國朝先正事略》，清・李元度撰，臺灣明文書局，1985 年。

《國朝先正事略補編》，清・李元度輯，清光緒十一年敦懷書屋刻本。

《過夏雜錄》，清・周廣業撰，清種松書塾鈔本。

H

《海日樓札叢》，清・沈曾植撰，中華書局，1962 年。

《湖海詩傳》，清・王昶輯，清嘉慶刻本。

《湖海文傳》，清・王昶輯，清道光十七年經訓堂刻本。

《湖北詩徵傳略》，清・丁宿昌輯，清光緒七年孝感丁氏涇北草堂刻本。

《淮海英靈集》，清・阮元輯，中華書局，1985 年。

《淮海英靈續集》，清・王豫、清・阮亨輯，清道光刻本。

《悔逸齋筆乘》，清・李岳端撰，民國成都昌福公司鉛印本。

J

《寄園寄所寄》，清・趙吉士撰，清康熙三十五年刻本。

《（嘉慶）山陰縣志》，清・徐元梅修，民國二十五年紹興縣修志委員會校
　　刊鉛印本。

《椒生隨筆》，清・王之春撰，清光緒七年刻本。

《蕉軒隨錄》，清・方濬師撰，清同治十一年刻本。

《蕉軒續錄》，清・方濬師撰，清光緒刻本。

《諫書稀菴筆記》，清・陳恒慶撰，《近代中國史料叢刊》第 41 輯，臺灣文
　　海出版社，1969 年。

《劫餘詩選》，清・齊學裘撰，清同治八年天空海闊之居刻增修本。

《今世說》，清・王晫撰，清康熙二十二年霞舉堂刻本。

《巾箱說》，清・金埴撰，中華書局，1982 年。

《荊園小語》，清・申涵光撰，清咸豐十年銘錄吟館刻本。

《菌閣瑣談》，清・沈曾植撰，民國廿三年鉛印本。

L

《郎潛紀聞》，清·陳康祺撰，中華書局，1997 年。

《郎潛紀聞二筆》，清·陳康祺撰，中華書局，1997 年。

《郎潛紀聞三筆》，清·陳康祺撰，中華書局，1997 年。

《郎潛紀聞四筆》，清·陳康祺撰，中華書局，1997 年。

《浪跡叢談》，清·梁章鉅撰，清道光二十七年刻本。

《浪跡續談》，清·梁章鉅撰，清道光二十八年刻本。

《冷廬雜識》，清·陸以湉撰，清咸豐六年刻本。

《兩浙輶軒錄》，清·阮元輯，清嘉慶刻本。

《兩浙輶軒續錄》，清·潘衍桐撰，清光緒刻本。

《履園叢話》，清·錢泳撰，中華書局，1979 年。

M

《埋憂集》，清·朱翊清撰，清同治刻本。

《眉廬叢話》，清·況周頤撰，《況周頤集》，廣西師範大學出版社，2012 年。

《夢厂雜著》，清·俞蛟撰，清刻深柳讀書堂印本。

《（民國）長樂縣志》，孟昭涵修，民國六年鉛印本。

《（民國）杭州府志》，李榕撰，民國十一年本。

《（民國）錦縣志略》，王文藻修，民國九年鉛印本。

《（民國）南匯縣續志》，嚴偉修，民國十八年刻本。

《明詩紀事》，清·陳田輯撰，上海古籍出版社，1993 年。

N

《南越筆記》，清·李調元撰，清光緒七年刻本。

P

《蒲褐山房詩話》，清·王昶撰，清稿本。

Q

《棲霞閣野乘》，清·孫寰鏡撰，北京古籍出版社，1999 年。

《（乾隆）鄞縣志》，清·錢維喬修，清乾隆五十三年刻本。

《篋衍集》，清·陳維崧撰，清乾隆二十六年華綺刻本。

《清稗類鈔》，清·徐珂編撰，中華書局，1984、1986 年。

《清朝通典》，清·乾隆官修，浙江古籍出版社，2000 年。

《清朝通志》，清·乾隆官修，浙江古籍出版社，2000 年。

《清朝文獻通考》，清・乾隆官修，浙江古籍出版社，2000 年。

《清朝續文獻通考》，清・劉錦藻撰，浙江古籍出版社，2000 年。

《清代名人軼事》，清・佚名撰，民國十二年上海會文堂書局鉛印本。

《清代詩文集彙編》，《清代詩文集彙編》編纂委員會編，上海古籍出版社，
　　2010 年。

《清代野記》，清・張祖翼撰，文明書局民國四年鉛印本。

《清代之竹頭木屑》，清・佚名撰，民國成都昌福公司鉛印本。

《清宮禁二年記》，清・德菱撰，民國九年昌福公司鉛印本。

《清秘述聞續》，清・王家相撰，清光緒十四年刻本。

《清詩話》，清・王夫之等撰，上海古籍出版社，1978 年。

《清詩話續編》，郭紹虞編選，富壽蓀校點，上海古籍出版社，1983 年。

《清史稿》，趙爾巽等撰，中華書局，1998 年。

《全浙詩話》，清・陶元藻輯，清嘉慶元年怡雲閣刻本。

S

《漱華隨筆》，清・嚴有禧撰，《新編叢書集成》第 89 冊，臺灣新文豐出版
　　公司，1985 年。

《書目答問》，清・張之洞撰，清光緒刻本。

《樞垣記略》，清・梁章鉅撰、清・朱智續撰，清道光十八年七峰別墅刻增
　　修本。

《樞垣題名》，清・吳孝銘輯，清道光十八年七峰別墅刻增修本。

《四庫全書總目》，清・永瑢等撰，中華書局，1965 年。

T

《陶廬雜錄》，清・法式善撰，清嘉慶二十二年陳預刻本。

《檮杌近志》，清・佚名撰，民國九年成都昌福公司鉛印本。

《談美人》，清・佚名撰，《香豔叢書》，蟲天子輯，上海國學扶輪社清宣統
　　二年至民國三年鉛印本。

《天咫偶聞》，清・震鈞撰，清光緒甘棠精舍刻本。

《聽雨叢談》，清・福格撰，中華書局，1984 年。

《（同治）湖州府志》，清・宗源瀚修，清同治十三年刊本。

《（同治）蘇州府志》，清・馮桂芬撰，清光緒九年刊本。

W

《晚晴簃詩匯》，徐世昌輯，民國退耕堂刻本。

《文獻徵存錄》，清・錢林撰，清咸豐八年有嘉樹軒刻本。

《戊戌履霜錄》，胡思敬撰，民國二年南昌退廬刻本。

X

《小浮梅閒話》，清・俞樾撰，清光緒二十五年刻春在堂全書本。

《嘯亭雜錄》，清・昭槤撰，中華書局，1980 年。

《嘯亭續錄》，清・昭槤撰，中華書局，1980 年。

《香祖筆記》，清・王士禛撰，清文淵閣四庫全書本。

《續文獻通考》，清・乾隆官修，浙江古籍出版社，2000 年。

《學案小識》，清・唐鑒撰，清道光二十六年四砭齋刻本。

Y

《燕京歲時記》，清・富察敦崇撰，清光緒三十二年刻本。

《煙嶼樓筆記》，清・徐時棟撰，清光緒三十四年鄞縣徐氏蓬學齋刻本。

《煙嶼樓詩集》，清・徐時棟撰，清同治七年葉鴻年刻本。

《簷曝雜記》，清・趙翼撰，中華書局，1982 年。

《簷醉雜記》，清・夫椒蘇何聖生撰，民國雲在山房鉛印本。

《研堂見聞雜記》，清・王家禎撰，商務印書館，1912 年。

《揚州畫舫錄》，清・李斗撰，中華書局，1960 年。

《異辭錄》，清・劉體智撰，中華書局，1988 年。

《右台僊館筆記》，清・俞樾撰，清光緒二十五年刻春在堂全書本。

《庸閒齋筆記》，清・陳其元撰，中華書局，1989 年。

《榆巢雜識》，趙慎畛撰，中華書局，2001 年。

《虞初續志》，清・鄭澍若，清咸豐小嬛嬛山館刻本。

《緣督廬日記抄》，清・葉昌熾撰，民國上海蟬隱廬石印本。

《沅湘耆舊集》，清・鄧顯鶴輯，清道光二十三年鄧氏南邨艸堂刻本。

Z

《鄭堂讀書記》，清・周中孚撰，民國吳興叢書本。

《竹葉亭雜記》，清・姚元之撰，清光緒十九年姚虞卿刻本。

《煮藥漫抄》，清・葉煒撰，清光緒十七年刻本。

二、研究、著述類

L

《歷代曲話彙編・清代編》，俞爲民、孫蓉蓉編，黃山書社，2008 年。

《歷代曲話彙編・近代編》，俞爲民、孫蓉蓉編，黃山書社，2009 年。

M

《明清江蘇文人年表》，張慧劍撰，人民文學出版社，2008 年。

Q

《清代名人傳略》，（美）A・W・恆慕義主編，中國人民大學清史研究所《清代名人傳略》翻譯組譯，青海人民出版社，1990 年。

《清代人物生卒年表》，江慶柏編撰，人民文學出版社，2005 年。

《清代散見戲曲史料彙編（方志卷・初編)》，趙興勤、趙韡編，臺灣花木蘭文化出版社，2016 年。

《清代散見戲曲史料彙編（詩詞卷・初編)》，趙興勤、趙韡編，臺灣花木蘭文化出版社，2014 年。

《清代散見戲曲史料彙編（詩詞卷・二編)》，趙興勤、趙韡編，臺灣花木蘭文化出版社，2015 年。

《清代學術概論》，梁啓超撰，中國人民大學出版社，2004 年。

《清代職官年表》，錢實甫編，中華書局，1980 年。

《清人別集總目》，李靈年、楊忠主編，安徽教育出版社，2000 年。

《清人室名別稱字號索引：增補本》，楊廷福、楊同甫編，上海古籍出版社，2001 年。

《清詩紀事》，錢仲聯主編，江蘇古籍出版社，1987、1989 年。

Z

《中國文學家大辭典・清代卷》，錢仲聯主編，中華書局，1996 年。

後　記

　　上個世紀六七十年代，本人受魯迅先生《中國小說史略》的影響，開始有意識地閱讀一些筆記、雜箚之類的作品，如《北夢瑣言》、《淞隱漫錄》、《鶴林玉露》、《歸潛志》、《湧幢小品》、《唐國史補》、《因話錄》、《東坡志林》、《雲間據目鈔》、《萬曆野獲編》、《南村輟耕錄》之類。因筆記這一文體特有的靈活性、隨意性，也帶來了載述內容的廣泛性、豐富性，使我眼界大開。它往往從容易為人們所忽略的層面或角度，記載下鮮活的歷史乃至多彩的現實人生，打開了觀測古代社會芸芸眾生相的另一扇窗口；它以生動、翔實的史料，記錄了在一般人看來不登大雅之堂的若干人生往事，以及為史家所不屑的現實生活中的點點滴滴，用自己獨特的方式解讀著那段為人所不易知曉的歷史。而這些看似粗鄙、瑣細的內容，恰是我們從事古代文學、歷史、文化尤其是戲曲研究所迫切需要的。

　　有鑒於此，幾十年來，我一直對這一領域懷有極大的閱讀興趣。那時，在我們學校，教師可以同時借閱三五十本書用作教研，且由於圖書館藏書比較豐富，教師相對較少，故在還書時間上並沒有任何限制。我每次借書，總是提一個大提包，所借幾十種圖書中，竟有一多半是筆記類雜著。我們圖書館收藏有宋人曾慥所編一套《類說》線裝書，我是趁星期六，跟管理古籍的老師商量妥定，用一包袱將其扛回家的，整整翻閱了好幾天。還記得在七十年代中期，筆者去圖書館借閱幾部明、清之時的筆記，因為當時人們的思想受到各種客觀條件的限制，這類書很少有人問津，我是在歷史類著作裏好不容易才找到這幾部塵封已久的圖書的。當時借書，必須填寫兩張卡片，一張為圖書管理員收存，一張則直接插入所借書籍封底的小紙袋中。在所借圖書

中，就有清人李斗的《揚州畫舫錄》。這是一部很常見的筆記雜乘作品，現在研究古代文學者幾乎人皆共知，但在當時，卻備受冷落。說來奇怪，時隔二十年，我再去借此書，結果，竟然仍是我當年所借的那一本，卡片上依然只有我一個人的簽名。

七十年代後期，本人從南京大學錢南揚教授讀書時，在先生的指導下，也閱讀了一些與戲曲史相關的筆記類雜著。記得當時我去位於頤和路的南京圖書館看書，接待我的是一位姓段的先生。他約摸五十多歲的年紀，頭部略見謝頂，上身穿一件褐色的中式便衣，很是樸素。爲人也頗爲和氣，每次看到我，都專門爲我安排一座位，並將我所需要的書找來。那時，到圖書館看書的人很少，連續多日，所遇者不過三五人而已。空蕩蕩的閱覽室，顯得尤其幽雅、清靜。中午，圖書管理人員休息，我便去山西路口的小吃店，隨便吃點酒釀元宵或麻團、小酥餅之類的點心，隨即就到山西路新華書店繼續看書。熬到下午上班的點，再至圖書館閱覽古籍。當時，圖書館工作安排得很有些人情味。工作人員儘管還未上班，但二樓樓梯口卻置有一几二椅，几上放著沏好的一紫砂壺茶水，還有兩隻小茶盅。恰巧，南京師範學院（今南京師範大學）著名教授段熙仲先生也趕來看書，老人家識得我，熱情得很，不僅在如何讀書上多所點撥，甚至還告訴我在南京擠公交車之法。老人家雖已歸道山多年，但他的音容笑貌，至今仍令我懷想不已，並時常給周圍的研究生敘及此事。

夏季的某一天下午，我正在南京圖書館看書，突然雷聲隆隆，閃電交加，繼而大雨傾盆。不過一兩個小時的工夫，頤和路、山西路一帶已是一片汪洋。稍後，大雨雖停，但積水成災，水深過膝，甚或齊腰。公交車已不能通行。當時，我剛在新街口中央商場買得一雙新皮鞋，當然不忍心穿著它涉水，只得挽起褲腿，將鞋子放進提包裏，一路蹚水，直抵位於三牌樓附近的住所。回到宿舍後，衣服已然濕透，但裝有從筆記雜乘中所摘錄的文獻史料的那個手提包，卻因一路被高高舉過頭頂，保存完好。

就這樣，幾十年來，我在教學與研究中，一直比較關注這一領域，邊閱讀，邊作點卡片或寫點讀書札記。這一長時期的積纍，對我問學之路眼界的拓展很有助益。在我所從事研究的五大重點領域（古代戲曲研究、古代小說研究、趙翼研究、元好問研究、學術史研究）中，歷代的各種筆記，都曾起到過很強的支撐作用。原本還曾想在前賢時彥既有成果的基礎上，對筆記類

作品作一點系統梳理，但畢竟年齡不饒人，已漸近古稀，且手上已經簽約的工作較多，因而力不從心，只得暫時捨棄。於是，便把希望寄託在年輕一代身上。當年，我所指導的研究生的畢業論文，諸如《〈聊齋誌異〉仿書研究》、《〈堅瓠集〉研究》、《〈耳談〉研究》、《〈寄園寄所寄〉研究》等，都是這一設想的初步實踐。

　　後來，經過幾年的努力，在校、院領導的支持和身邊同事、朋好的大力幫助下，我創建了江蘇師範大學（原徐州師範大學）的戲劇戲曲學碩士點，並長期負責這一學位點的學科建設與研究生培養。蔣宸是第二屆攻讀該專業的研究生。他在讀大學本科時，就曾接觸不少筆記類作品，經本院其他老師推薦，爲我所關注。考取研究生後，從我攻讀中國古代戲曲史專業。我給他所定的學位論文題目，論閾即是「清代筆記中的散見戲曲史料研究」。他花費幾年工夫，有了較爲豐厚的積纍，並以此申報課題，讀書期間獲得過兩項江蘇省教育廳研究生科研創新項目。後來，他又考入南京大學俞爲民教授門下，得名師點撥，人有進益。博士學位論文仍以此爲研究方向，在原有基礎之上大爲豐富、完善。他日前任職於溫州大學人文學院，並兼職南戲研究中心工作，深得師門信任。蔣宸待人眞誠，尤其是在尊師好學方面，爲青年人之翹楚，且上進心強，追求進步，謙虛謹愼，刻苦攻讀，同時協助俞爲民、朱萬曙、孫書磊、劉水雲等教授，開展古代戲曲的整理與研究工作，成果時出。幾年前，他知我正從事《清代散見戲曲史料彙編》（目前已出四編，凡十冊）這一大型叢書的編纂工作，就提出加盟，我當然樂意。所以，該編的成書，是我們師徒二人共同努力的結果。資料的搜集整理之功，主要在蔣宸博士；而「前言」、「後記」部分的撰寫及所收文獻的斟酌取捨、增補和校對，則由我承擔。

　　我雖說已從教學崗位上退了下來，但工作日程的安排依然很緊：

　　在學術活動上，除了頻繁奔赴各地參加學術會議外，還有各類系列化的講座：如作爲師德模範和勞模，從 2014 年即開始參加省、市等相關部門組織的「勞模精神進校園」事跡報告會；2015 年歲末，受省、市等有關部門的安排，分赴徐州各區、縣（市），作題爲《江蘇戲曲文化史》的學術講座，前後長達兩個月之久；位於雲龍山西麓的雲龍書院已正式開院，本人又承擔了新的學術講座任務，第一講《狀元李蟠的身世浮沉》，取得良好的社會反響，《徐州日報》、《彭城晚報》、《都市晨報》等媒體進行了大篇幅的報導。

　　在科研項目上，今年初將《莊一拂〈古典戲曲存目彙考〉補正》（2013 年國家社科基金後期資助項目）順利結題，隨即申報的《錢南揚學術年譜》，又獲得 2016 年國家社科基金後期資助項目立項。五位匿名評審專家均充分肯定了該成果的學術價值，認為「選題新」、「學風嚴謹、考訂精當、引證規範」、「為錢南揚先生作譜，具有重要的創新意義」、「為錢南揚先生編撰一部『學術年譜』，不僅對於譜主個人有很重要的學術意義，對於俗文學研究特別是南戲研究也有較高的學術價值」。在具體內容的評價上，則認為：「《錢南揚學術年譜》填補了這一領域的空白，它的出版不但會推動對錢南揚的研究，同時也會對中國古典戲曲理論研究產生重要影響，對改變目下浮躁的學風也不無助益。因此，該成果有著很高的創新性，也有著較高的學術價值和理論價值」；「該成果以年譜及資料附錄的形式對錢南揚先生的學術經歷及學術成就作出了系統梳理、補正，對研究中國現當代學術史具有積極意義，對學術探討中國戲曲藝術研究史意義尤為突出。成果在資料搜集、史實考訂、思想探討上均在前人研究基礎上有所推進，為有關研究的深入提供了系統的資料與視野。特別是對錢氏佚文的發現與校訂，更有補正錢氏文集不足的突出貢獻，其學術價值應予肯定」；「《錢南揚學術年譜》書稿將錢先生學術歷程進行編年，考訂學術史實，訂正各家記載之誤，力圖綜括呈現一部全面的、有歷史內涵的學術年譜，洵為有深度有厚度的著作。目前看來，書稿在學術選題、研究方法、史實考訂和文獻呈現上都有很多創新之處。學術價值、立意和格局都很高」；「作者在史料蒐集和考訂方面工作做得比較紮實，研究方法上也有創新，如佚文的輯集，以及《前言》中關於『錢南揚的學術緣起與交往譜系』、『錢南揚戲曲研究的邏輯進路、治學方法與特點』以及『錢南揚戲曲研究的治學精神』的論述都比較厚重。」如此之類，均對我是一個極大的激勵和鞭策，也使我更加堅信，沒有汗水揮灑的耕耘，就不會有滿場稻穀的收穫。當以各位專家的鼓勵為動力，刻苦鑽研，積極進取，為民族文化的傳承盡心盡力。這已是我連續主持的第三個國家級項目，在年紀彷彿的老年學者群體中或算是比較特別的。

　　在論著撰著上，2012 年出版的《話說〈封神演義〉》一書，近日由韓國學者翻譯後在該國推出了韓文版。所承擔的《曲寄人情：李玉戲劇研究》，於 2015 年底脫稿，出版在即；《兩漢伎藝傳承史論》已簽約三年之久，也於今夏擬就初稿，目前正在緊張錄入並修改。還有《宋元南戲》、《元曲三百首（注譯評）》、

《民國時期戲曲研究學譜》、《清代散見戲曲史料彙編（方志卷·二編）》等，均已基本完成。而古代小說《定情人》的整理與研究、「江蘇文脈工程·研究篇」項目《趙翼傳》的撰寫等任務，又紛至沓來，眞有歲月不居、時節如流之感。

　　每日繁重的腦力勞動之餘，最開心的就是逗逗孫子，調節一下生活。孫兒智周雖說才四歲多，但嘴卻巧得很，不時跑進我的書房，很神秘地對我說：「爺爺，我跟你說件事。」瞧著他煞有介事的樣子，我不得不擱下筆，俯下身來，聽聽他究竟想說點什麼。卻不料，他迅即從口袋中掏出一粒葡萄乾或一塊糖，也不管我情願與否，就塞進我的嘴裏，還嘟噥著什麼「好東西要分享」，然後轉身跑開。這孩子十分頑皮，只要在家，四十多平米的客廳竟能被他用玩具擺滿，但是從不在客廳的書架或我的書房裏亂翻，因爲家裏人都知道我的習慣。所以，每當來人，他也一本正經學著說：「爺爺的東西，誰都不許動！」倘若誰在家說話聲音稍大一些，他都會豎起食指放在嘴邊，輕輕噓聲，勸阻道：「爺爺在工作呢，不許講話！」這一切，都令我滿心歡喜。天倫之樂，正此謂也！

　　「後記」擬就，又有喜訊傳來。我傾十年之力寫成的《中國早期戲曲生成史論》（北京大學出版社2015年版）一書，2011年曾被列入國家社科基金後期資助項目（項目批准號：11FZW004），目下又獲得了江蘇省人民政府頒發的江蘇省第十四屆哲學社會科學優秀成果一等獎（係本屆評獎徐州地區唯一的一等獎），這是我校建校以來古代文學和戲劇戲曲學這兩個學科所獲得的最高學術獎項，實現了學科建設上的重大突破，領導和同事們紛紛向我表示祝賀。《新華日報》2016年10月20日第12、13兩版已對獲獎項目進行了公示。這一重要獎項的摘取，無疑是對我數十年學術堅守的莫大肯定和鼓舞，也說明學術公道自在人心。我將一如既往，堅持自己「熱中取冷」、「鬧中取靜」的學術旨趣，在「冷板凳」上認眞思考，勤於總結，並繼續與學術同好分享自己的所思所得！

趙興勤

2016年9月7日，日本東京旅次
2016年10月26日，徐州補記